Pensons ailleurs

DU MÊME AUTEUR

La Femme majeure
(avec E. Morin et B. Paillard)
Seuil, 1973.

Vieillesse des pauvres
(avec R. Cevasco et M. Zafiropoulos)
Éditions ouvrières, 1980.

Le Silence de la mémoire
Plon, 1989, Biblio Essais, 2001.

Le Livre retrouvé
(édition du manuscrit de Simha Guterman)
Plon, 1991, 10/18, 2001

Changer de nom
Stock, 1995.

La Famille providence
(avec C. Attias-Donfut)
La Documentation française, 1997.

Le Nouvel Esprit de famille
(avec C. Attias-Donfut et M. Segalen)
Odile Jacob, 2001.

Nicole Lapierre

Pensons ailleurs

Stock

Un ordre d'idées
Collection dirigée
par Nicole Lapierre

© Éditions Stock, 2004.

À Edwy

*Si le monde est si grand
C'est pour nous voir tous en lui dispersés*
Goethe

Chemin faisant

« Nous pensons tousjours ailleurs », écrit Montaigne.

La formule apparaît au détour d'un chapitre des *Essais* intitulé *De la diversion*[1] qui commence par des conseils avisés sur la bonne façon de consoler une dame endeuillée. On apprend qu'il est inutile et vain de prendre le chagrin de front, irritant et peu convaincant de le minimiser. Mieux vaut doucement distraire l'éplorée, l'entretenir d'un autre sujet, lui changer les idées en somme. Montaigne parle d'expérience. Après la disparition de son ami La Boétie en 1563, longtemps incapable de surmonter sa douleur, il a pris finalement le parti de fuir son tourment dans l'amour d'une femme et plus encore dans l'étude et le voyage. La diversion est, dit-il, « la plus ordinaire recepte aux maladies de l'âme[2] », une façon habile et agile d'échapper aux obsessions, à l'emprise des idées fixes, aux passions mortifères.

---

1. Montaigne, *Essais*, Livre III, chap. IV : « De la diversion », O. C., Paris, Gallimard, « Bibliothèque de la Pléiade », 1962, p. 812.
2. *Ibid.*, p. 810.

Montaigne n'a rien d'un austère cherchant la rédemption dans le malheur, rien d'un mélancolique non plus, il est du côté de l'embellie, du sauve-qui-peut la vie, du mouvement salvateur. Son humeur varie, son jugement évolue, dans un monde qui lui-même change au fil du temps, et il ne craint pas de se perdre pour autant. À ses yeux, la plasticité de la pensée et des sentiments est une aubaine, un atout pour la condition humaine : elle ouvre les possibles. Loin des morales rigides et des gravités opiniâtres, il affirme que l'esprit n'est pas fâcheusement versatile et inconstant, mais fort heureusement mobile et mouvant. Et c'est cette qualité qu'il cherche à saisir sans la figer. La formule est fameuse, elle dément les ontologies roides et les identités plombées : « Je ne peints pas l'estre. Je peints le passage [1]. »

Un mouvement entraînant l'autre, il est bon de changer de position pour changer de point de vue. Sortir de soi d'abord : se réjouir et s'étonner d'être si divers, se regarder agir, sentir son corps et suivre ses pensées dans leurs états successifs. Bref, se quitter un peu, se retrouver, se reprendre dans une conscience réflexive qui est aussi une conscience vagabonde, une sorte de rêverie, de jeu d'associations, d'« entre-deux » entre la rive des sens et celle de la raison, dit fort justement Jean Starobinski [2]. Et puis, sortir de chez soi : filer vers l'horizon, découvrir d'autres contrées, abandonner le confort rassurant des coutumes, car cela permet de déshabituer ses idées, de déplier des questions enfouies sous d'illusoires convictions. Montaigne n'apprécie guère l'esprit de clocher et les frontières qui bornent la réflexion : « Chacun appelle barbarie ce qui n'est pas de son usage ; comme de

---
[1] *Op. cit.*, Livre III, chap. II : « Du repentir », O. C., p. 782.
[2] Jean Starobinski, *Montaigne en mouvement*, Paris, Gallimard, 1993, p. 110.

vray, il semble que nous n'avons autre mire de la vérité et de la raison que l'exemple et idées des opinions et usances du païs où nous sommes[1]. » La barbarie d'ailleurs, il l'a sous les yeux, avec cette guerre de religions qui n'en finit pas d'embraser les têtes et de mutiler les corps. Le dogmatisme, l'intolérance, il en connaît les maux. Aimait-il La Boétie d'un amour charnel ? C'est possible. Quoi qu'il en soit, c'était alors indicible. La question elle-même est longtemps restée taboue, inconvenante pour un auteur classique enseigné dans les écoles aux jeunes têtes que l'on voulait bien faites. Rares sont les commentateurs qui la posent[2]. Curieusement, Gide n'en dit rien[3]. Jean Starobinski, discret, considère que Montaigne, en prenant femme, a voulu « substituer un objet présent à un souvenir douloureux, une liaison charnelle (hétérosexuelle) à un commerce spirituel (homosexuel)[4]. » Quant à Jean-Michel Delacomptée, s'interrogeant sur la nature de l'amitié entre Montaigne et La Boétie, il exclut l'homosexualité, au motif que le second était fort laid et que, chez le premier, le sens en éveil était l'ouïe (l'écoute, la conversation) et non la vue (le regard, la séduction)[5]. Cela n'est guère convaincant. Finalement, si les deux amis furent aussi des amants, on peut supposer que cette liaison cachée fut un élément de marginalité, de décalage par rapport aux normes de la société, bref de déplacement, contribuant à la

---

[1]. *Op. cit.*, Livre I, chap. XXXI, « Des cannibales », O. C., p. 203.
[2]. Les journalistes s'y risquent plus volontiers que les universitaires ; voir Joseph Macé-Scaron, *Montaigne, notre nouveau philosophe*, Paris, Plon, 2002, p. 174, et Jean Lacouture, *Montaigne à cheval*, Paris, Points Seuil, 1998.
[3]. André Gide, *Essai sur Montaigne*, O. C. par Louis Martin-Chauffier, t. 15, Paris, NRF, 1939.
[4]. Jean Starobinski, *Montaigne en mouvement*, op. cit., p. 242.
[5]. Jean-Michel Delacomptée, *Et qu'un seul soit l'ami. La Boétie*, Paris, Gallimard, « L'un et l'autre », 1995, p. 103-113.

liberté de penser et à cette ouverture à la différence dont faisait preuve Montaigne.

Était-il marrane, judaïsant en secret, comme on le dit parfois ? Les indices sont ténus. Mais il est vrai qu'en ce sujet également il ne saurait y avoir ni évidences ni preuves formelles, puisque cette constance-là était, par nécessité, cryptée, dissimulée, discrète. On reste donc dans un doute qui sied bien à notre homme. Ainsi, cette date du 1er mars 1580, placée en tête des *Essais* dans l'avis *Au lecteur* et qui correspond à la fête juive de Pourim, symbole de la persécution des Juifs [1], est peut-être un message codé [2], à moins qu'il ne s'agisse d'une simple coïncidence. De même, l'extrême rareté, dans toute l'œuvre, des références aux principales figures du catholicisme, ou encore l'admiration affirmée pour Julien l'Apostat, cet empereur romain du IVe siècle qui renia le catholicisme et revint, d'abord en secret, au paganisme, peuvent être interprétées comme des signes cachés. Elles peuvent aussi être considérées comme des traces involontaires. Des empreintes qui témoignent évidemment d'une religiosité de faible intensité et d'un respect de la liberté de croyance auxquels son histoire familiale a certainement contribué. Sa mère, Antoinette Lopez de Villanueva, « descendante de la famille Pazagon, bien connue dans la juderia de Calatayud [3] », était fille d'un converso venu d'Espagne à Bordeaux. Plusieurs de ses ancêtres, accusés de judaïser en secret, moururent sur les bûchers de l'Inquisition. De cette histoire tourmentée, que savait-il au juste ? Lui gardait-il une fidélité cachée ? C'est difficile à dire. Il est vraisemblable, en tous cas, que de cet héritage lui

---

1. Cette fête rappelle comment la reine Esther, épouse du roi Assuérus, révéla son identité juive et sauva son peuple de la destruction à laquelle le vouait Aman.
2. Sophie Jama, *L'Histoire juive de Montaigne*, Paris, Flammarion, 2001, p. 23.
3. Cecil Roth, *Histoire des Marranes*, Paris, Liana Levi, 1990, p. 178.

viennent son penchant pour la mesure, une forme de « relativisme religieux[1] » et une évidente propension au doute. « Rien de ce qu'il dit ne prépare à croire[2] », constate Merleau-Ponty qui décèle cependant, dans le scepticisme de l'auteur des *Essais*, « un mouvement vers la vérité ».

Point n'est besoin, bien sûr, d'avoir une généalogie marrane pour comparer les cultes et les voies du salut, réfléchir à l'inachèvement de l'homme et à son aléatoire existence, envisager sans préjugés la pluralité des sociétés et des cultures. Mais c'est, assurément, une circonstance favorisante. Car ces déplacements, ces migrations, ces conversions, ces changements de nom, dus aux persécutions, suscitent le désarroi, mais aussi la perplexité, la controverse, l'incertitude, voire l'incrédulité. Tout cela contribue à un chamboulement des idées qui est lui-même dans l'air du temps. En ce XVIe siècle survient en effet cette crise sceptique d'où va surgir la pensée moderne[3]. C'est à la fois une période de renouveau et de régression, d'ouverture et de clôture. C'est l'époque où des aventureux érudits veulent parcourir le monde, pour écrire l'histoire entière des civilisations[4]. Ce qui fait ces hommes-là jeunes, c'est une immense curiosité pour toutes les formes de civilité, la fraîcheur d'un désir de rencontres.

Partir loin ! Pour découvrir, connaître et embrasser tout ce qui est humain ! À ceux qui s'émeuvent de voir Montaigne, marié et vieux déjà (il a quarante-huit ans), braver l'inconfort des routes, laisser sa femme

---

1. Nathan Wachtel, *La Foi du souvenir. Labyrinthes marranes*, Paris, Seuil, « Bibliothèque du XXIe siècle », 2001, p. 324.
2. Maurice Merleau-Ponty, *Signes*, Paris, Gallimard, « Folio Essais », 2001, p. 329.
3. Richard H. Popkin, *Histoire du scepticisme d'Érasme à Spinoza*, Paris, PUF, 1995.
4. Marcel Detienne, *Comparer l'incomparable*, Paris, Seuil, « Bibliothèque du XXe siècle », 2000, p. 19.

et, pis, risquer de mourir loin de son lit, il rétorque qu'avec de telles craintes on ne quitte jamais sa paroisse. Il ajoute que l'éloignement échauffe le plaisir des retrouvailles et que le lieu de son trépas lui importe peu. La terre et ses morts ne le retiennent pas, c'est « la jouissance d'un autre air [1] » qui l'attire, irrésistiblement. Qu'importe l'âge s'il respire le vent du large ! Il aime les voyages, la saveur des mets inconnus, les amitiés imprévues, qui valent autant sinon plus que « celles auxquelles la communication du climat ou du sang nous joignent [2]. » Deux ans durant, il chemine au gré de son humeur. Attentif au « branle » du monde, curieux de tout, ouvert à l'étranger, il préfère les étonnements de la nouveauté à la tranquillité fade du voisinage. Estimant que tous les hommes sont ses compatriotes, il « embrasse un Polonois comme un François, postposant cette lyaison nationale à l'universelle et commune [3] ».

Son écriture aussi est voyageuse, itinérante, digressive. Il fait un bond chez Platon, de longs détours chez Plutarque, car le sage de Chéronée, si soucieux de concilier les cultures grecque et romaine, est son auteur favori (« celuy qui a mieux meslé l'art à la nature et le jugement à la science [4] »). Et puis, il passe d'un arrêt sur paysage à un mélange joyeusement débraillé d'anecdotes, d'impressions et de réflexions. Montaigne procède par associations, rapprochements et résonances. Il se joue des oppositions, d'où son goût des oxymores et des tournures surprenantes qui suggèrent un sens imprévu en frottant les contraires. Tout lui est bon à raconter et à penser, nulle hiérarchie entre ce qui serait haute culture et petit récit, grand

---
1. Montaigne, *Essais, op. cit.*, Livre III, chap. IX, « De la vanité », O. C., p. 955.
2. *Ibid.*, p. 950.
3. *Ibid.*, p. 950.
4. *Op. cit.*, Livre III, chap. VI, « Des coches », O. C., p. 876.

héritage de l'Antiquité et ordinaire du présent ; affaires du corps, du cœur et de l'esprit sont également sujets à sa philosophie. Confiant, et un rien facétieux, il s'en remet au lecteur pour suivre ses détours, ses escapades et cette « alleure poetique à sauts et à gambades » qu'il affectionne. « Mon stile et mon esprit vont vagabondant de mesme [1] », proclame-t-il. Comme un bonheur de se sentir vivre. Et vivre, c'est bouger.

Montaigne ou l'éloge du déplacement ! La lecture stimulante des *Essais* est une invitation à emprunter les trajets buissonniers explorés par Montaigne en prolongeant l'aventure, entre expérience du dépaysement et dépaysement de la pensée. Franchir la porte, passer le pont, traverser les frontières et partir au loin, tout cela requiert un peu (parfois beaucoup) d'audace et de curiosité. Mais concevoir la porte comme un seuil, le pont comme la matérialisation d'un désir d'autre rive et la frontière comme une ligne imaginaire, c'est réfléchir sur le sens des limites et les dépasser.

Bouger, donc, circuler, sortir des sentiers battus, s'en aller penser ailleurs. Pourquoi, en effet, faudrait-il rester à « sa » place ou s'y laisser enfermer ? Et pourquoi une place unique à chacun attribuée ? Ce possessif au singulier sent le renfermé, la catégorie, le classement, la hiérarchie et le rangement. D'un côté, il suggère un droit d'occupation, une position assurée dans la société, un coin bien à soi au milieu des siens, un statut reconnu dans un monde d'appartenance, éventuellement un pré carré pour gens « de souche ». De l'autre, et symétriquement, il évoque un devoir de respect des différences et convenances sociales, un espace assigné, des limites à ne pas dépasser, même,

---

1. *Op. cit.*, Livre III, chap. IX, « De la vanité », O. C., p. 973.

voire surtout, si elles sont invisibles. Ainsi, dans l'ambiance feutrée d'un salon, l'irruption sonore de celui ou celle qui rit trop fort déchire le fond continu et contenu des conversations et c'est la dissonance, la rupture de ton d'Odette s'esclaffant chez les Guermantes. Les règles de la bienséance en sont bousculées, les présents sont hésitants : s'arrêter de parler, se retourner, ignorer l'incident ? Rien n'est tout à fait approprié. Dans un groupe, la personne jugée déplacée, parce qu'elle n'est pas du même monde et que cela se perçoit, dérange tout le monde. Devant l'intrus qui, ignorant les codes, « ne sait pas se tenir », la contenance de tous est, un moment, en suspens. N'entre pas qui veut dans certains lieux ou milieux, celui qui se fait « remettre à sa place » l'apprend à ses dépens. Il est mal accepté, toléré un temps à la rigueur, mais il ne faudrait pas qu'il se croie chez lui, qu'il s'installe à demeure. On le prie, c'est bien clair, d'aller voir ailleurs. Triste rengaine qui recycle interminablement vieilles peurs et viles haines.

Face à cette logique des places gardées, la circulation non contrôlée de ceux qui ont passé les bornes, franchi les frontières, enjambé les barrières sociales sans y être invités, recèle un ferment de subversion, car elle révèle la vanité des positions établies et leur possible fragilité. En outre, elle attire l'attention sur un lieu vertigineux, un creux, un interstice entre le déjà plus et le pas encore, une zone d'indétermination et de mutation, le terrain d'aventure non balisé des identités vagues. Les gens déplacés sont littéralement *inter essant*, ils sont entre, un peu dedans, un peu dehors, au milieu du gué où rester est réputé malaisé. Leur position est inconfortable, leur sort peu enviable, voire risqué. Aussi peuvent-ils être tentés de rallier l'un ou l'autre bord, d'y chercher la conformité, sinon une communauté. Mais de l'expérience du dépaysement social peut surgir une pensée décalée, dérangeante et inventive.

Tous les déplacements, certes, ne sont pas également périlleux, ni intellectuellement fructueux. Il y a des voyages organisés, sécurisés, des migrations chic, des exils dorés et même des voyageurs si riches et si blasés qu'ils rêvent désormais de se payer la Lune. Ces déplacements-là n'ont pas le tremblé de l'aventure, en eux nul précipité de l'événement, ni véritable étonnement, ni incertitude féconde. Quand on promène avec soi son propre monde, comme sur ces gros paquebots où tout est prévu pour rassurer un passager qui ne goûte aux escales qu'un exotisme formaté, la pensée ne peut, au mieux, que se laisser distraire un peu.

Et puis, il y a des voyages au bout du désespoir pour ceux qui n'ont plus de place nulle part. Ou qui, comme Stefan Zweig, croient ne plus en avoir. Écrivain cosmopolite, célèbre, adulé, traduit et invité dans le monde entier, Stefan Zweig est devenu, en fuyant le nazisme, un exilé désemparé : « Il ne m'a servi à rien d'avoir exercé près d'un demi-siècle mon cœur à battre comme celui d'un "citoyen du monde". Non, le jour où mon passeport m'a été retiré, j'ai découvert, à cinquante-huit ans, qu'en perdant sa patrie on perd plus qu'un coin de terre délimité par des frontières[1]. » Après avoir fait une première halte à Bath, près de Londres, où il rendait régulièrement visite à un autre Juif viennois fameux, Sigmund Freud, puis une seconde à New Haven, près de New York, il s'est installé avec Lotte, sa jeune femme, à Petropolis, une station climatique dans la montagne au-dessus de Rio

---
1. Stefan Zweig, *Le Monde d'hier. Souvenirs d'un Européen*, Paris, Le Livre de Poche, 2000, p. 480.

de Janeiro. Dans ce refuge lointain, il lisait les *Essais* et travaillait à une biographie de Montaigne, dont il se sentait très proche. Les quatre siècles qui les séparaient importaient peu, tant, à ses yeux, le gentilhomme de la Renaissance en son retrait et lui, l'écrivain juif viennois en son exil, affrontaient pareillement des temps de barbarie. Il en parlait comme d'un ami, un frère et un conseiller qui avait su se protéger des tourments et folies de son temps en préservant la clarté et l'acuité de son esprit.

En Montaigne, Stefan Zweig admirait l'écrivain, mais plus encore l'homme de la liberté intérieure, « celui qui reste debout dans le chaos du monde[1] ». Il aurait tellement voulu suivre son exemple, écouter cette voix familière l'exhortant à ne pas se laisser abattre par « l'absurdité et la bestialité » d'une époque en déroute. Il n'y parvenait pas, l'exil de Petropolis n'était pas un abri suffisant, les nouvelles sombres s'accumulaient et il n'avait plus assez d'énergie pour les affronter. Lotte, malade et dépressive, ne pouvait guère l'aider. Ils se sont suicidés, ensemble, en février 1942. Dans sa préface à l'édition française du livre sur Montaigne, Roland Jaccard raconte que les amis de Stefan Zweig, réfugiés pour beaucoup aux États-Unis, n'ont pas compris son geste : rien ne le menaçait, il était à l'abri du péril comme du besoin, il continuait d'écrire dans cette retraite confortable, en compagnie d'une jeune et jolie femme... Sans doute. Mais lui se sentait arrivé « à ce point où l'on a plus à défendre que son moi nu[2] » et il n'en pouvait plus. Dans ces conditions, il avait perdu le courage de vivre, d'écrire et de penser. Car il faut, au moins, apercevoir un horizon au loin pour penser ailleurs. Dans un texte d'une

---
1. Stefan Zweig, *Montaigne*, Paris, PUF, « Quadrige », 1992, p. 14.
2. *Ibid.*, p. 17.

douloureuse âpreté, publié en 1943 et intitulé « Nous autres réfugiés », Hannah Arendt constate que « les suicides ne se produisent plus seulement parmi les populations affolées de Berlin et de Vienne, de Bucarest et de Paris, mais également à New York et Los Angeles, Buenos Aires et Montevideo[1] ». Avec lucidité, elle dit combien l'optimisme de façade et la gaieté que les réfugiés se sentent obligés d'afficher pour garder un semblant de dignité cachent mal « une dangereuse promptitude à mourir[2] ».

À Port-Bou, sur la frontière espagnole, dans la nuit du 26 au 27 septembre 1940, Walter Benjamin, voyant poindre le pire, se donnait lui aussi la mort en absorbant une forte dose de morphine. Un an avant, il avait été interné dans un camp pour ressortissants allemands, puis, au printemps 1940, il avait échappé à un nouvel internement plus menaçant, grâce à l'intervention du poète et diplomate Saint-John Perse, dont il avait été le premier traducteur en allemand. Répit de courte durée. Refoulé, fatigué et désespéré, il expliqua, dans une ultime lettre écrite à l'attention d'Adorno, cette nuit-là : « Dans une situation sans issue, je n'ai d'autre choix que d'en finir. C'est dans un petit village dans les Pyrénées où personne ne me connaît que ma vie va s'achever[3]. » Pourtant, si la chance, qui le boudait si souvent[4], avait pour une fois été au rendez-vous, il aurait pu passer, la veille ou le lendemain. Il s'en est fallu de peu. Il aurait alors sans doute rallié l'Institut de recherches sociales à New

---

1. Hannah Arendt, *La Tradition cachée. Le Juif comme paria*, Paris, Christian Bourgois, 1987, p. 63.
2. *Ibid.*, p. 61.
3. *Correspondance Adorno-Benjamin 1928-1940*, Paris, La Fabrique, 2002, p. 428.
4. Selon Hannah Arendt, il « eut de sa malchance une conscience extraordinairement nette », *Vies politiques*, Paris, Gallimard, « Tel », 1986, p. 250.

York, ce foyer de pensée critique dirigé par Max Horkheimer, où travaillait son ami Adorno, et qui deviendrait après guerre l'école de Francfort. Il aurait terminé son grand *Livre des passages* et poursuivi son œuvre décalée, déplacée, de penseur-flâneur, résolument à contretemps.

À New York, il aurait retrouvé l'écrivain et essayiste Siegfried Kracauer, qui lui avait fait rencontrer Adorno à Francfort en 1923. Un autre promeneur, devenu paria dans son pays et contraint au départ lui aussi, un marginal hors école et sans parti, un « intellectuel nomade [1] » qui aimait à se dire « exterritorial », en reprenant le mot au sociologue Georg Simmel. Il aurait également revu Hannah Arendt. Ils avaient fait connaissance en 1934 à Paris, s'appréciaient et se voyaient régulièrement. À Marseille, où ils s'étaient retrouvés en quête de visas pour les États-Unis, il lui avait confié des manuscrits, dont ses précieuses *Thèses sur le concept d'histoire*. Elle les lui aurait rendues, ils auraient repris leurs débats, ils auraient peut-être discuté du statut de l'étranger, de la situation de l'exilé ou de l'absence au monde du paria. Et puis, elle lui aurait fait rencontrer d'autres intellectuels juifs allemands réfugiés à New York. Par exemple Charlotte Beradt, qui connaissait Heinrich Blücher, le mari d'Hannah Arendt, depuis les années vingt à Berlin, et qui était devenue l'amie du couple.

Je les imagine tous réunis, un soir de 1942, une bien triste année, dans le petit deux pièces occupé par Charlotte et son époux, l'écrivain Martin Beradt. Les cheveux, par terre, ont été balayés, les peignes, brosses et bigoudis rangés car, pour vivre, Charlotte tient là

---

1. Voir le beau portrait intellectuel qu'en a dressé Enzo Traverso, *Siegfried Kracauer. Itinéraire d'un intellectuel nomade*, Paris, La Découverte, 1994.

un salon de coiffure pour dames dans la journée. Ils discutent de cette collection de trois cents cauchemars recueillis dans l'Allemagne nazie par la jeune femme, entre 1933 et 1939[1]. Benjamin, qui pensait justement qu'une époque se dit aussi par ses rêves, est à la fois accablé et fasciné par ceux-là : des rêves de soumission, de peur, d'humiliation, mais également de subtile transgression (rêver qu'il est interdit de rêver, par exemple), des scénarios grotesques et grinçants témoignant de la façon dont le totalitarisme pénétrait les consciences, tourmentait le sommeil et travaillait les songes. Kracauer, qui gagne difficilement sa vie en travaillant à la Film Library du Museum of Modern Art et pense déjà à l'ouvrage qu'il veut écrire sur le cinéma expressionniste allemand, souligne la ressemblance avec l'atmosphère inquiétante, mécanique et chaotique de ces films (il la définira plus tard comme « le triomphe complet de l'ornemental sur l'humain[2] »). Il leur parle de Caligari, du Dr Mabuse, de la passivité et de l'effroi. Hannah Arendt évoque l'univers de Kafka au sujet duquel elle écrira peu après, en 1944 : « Nous sommes aujourd'hui sans doute beaucoup plus conscients qu'il y a vingt ans que cet univers est davantage qu'un cauchemar et qu'il coïncide de façon inquiétante avec la structure de la réalité que nous sommes en train d'endurer[3]. » Comme en miroir, c'est précisément pour « aider à comprendre la réalité d'une structure sur le point de se transformer en cauchemar[4] » que Charlotte Beradt s'était lancée dans cette étrange et périlleuse aventure de collectionneuse des mauvais rêves de ses concitoyens à Berlin.

---

1. Charlotte Beradt, *Rêver sous le IIIe Reich*, Paris, Payot, 2002.
2. Siegfried Kracauer, *De Caligari à Hitler. Une histoire du cinéma allemand 1919-1933*, Paris, Flammarion, 1987, p. 102.
3. Hannah Arendt, *La Tradition cachée. Le Juif comme paria*, op. cit., p. 107.
4. Charlotte Beradt, *Rêver sous le IIIe Reich*, op. cit., p. 40.

Impressionnés par ces récits hallucinés, ils se souviennent du rôle donné par Freud, dans l'analyse du rêve, au déplacement, c'est-à-dire à la façon dont la censure induit la substitution d'éléments, d'images, de contenus nouveaux à d'autres, primordiaux et potentiellement conflictuels ou menaçants. Là, ce qui les frappe, c'est combien censure, surveillance et contrôle (ou autocontrôle) deviennent très souvent la matière même du rêve, comme si, en régime totalitaire, il n'y avait plus de déplacement possible, y compris dans l'activité onirique : un homme rêve qu'un décret supprime tous les murs, une femme qu'elle est épiée par son poêle, d'autres voient fondre sur eux d'innombrables et absurdes interdictions bureaucratiques ou s'humilient dans des situations grotesques et glaçantes. Le trait est forcé la nuit, il cerne d'autant mieux l'âpreté du jour.

« Si le nazisme pénètre les rêves, il peut également infiltrer la langue et l'empoisonner », fait remarquer Walter.

Martin s'insurge : « Ils peuvent brûler les livres, censurer toute expression libre, ils n'effaceront pas la mémoire des paroles et des textes ! »

La discussion, en allemand évidemment, et à propos de l'allemand, est animée. Ils aiment cette langue, avec elle ils peuvent exprimer toutes les nuances de leur pensée, c'est le seul bien vraiment précieux qu'ils ont pu emporter. Hannah, volontaire et vaillante comme son amie Charlotte, s'est néanmoins mise énergiquement à l'anglais. Walter, morose et las, ne peut s'y résoudre. Lui qui cherchait, dans « La tâche du traducteur », la visée d'un pur langage au-delà de la diversité des langues [1], n'est pas loin de considérer

---

[1]. Walter Benjamin, « La tâche du traducteur », in *Mythe et Violence*, Paris, Denoël, 1971.

(comme Adorno) que l'allemand est la langue philosophique et poétique par excellence. Son inquiétude n'en est que, plus grande. À ce moment-là, ils ne savent bien sûr pas que, en Allemagne même, le philologue juif Victor Klemperer, pour résister à l'oppression et sauvegarder sa raison, tient en secret un journal dans lequel il analyse les mécanismes langagiers et les mots-clés de la *Lingua Tertium Imperii*, cette langue nazie qui corrompt les esprits[1]. L'entreprise audacieuse et résolue de Victor Klemperer, qui s'apparente à celle de Charlotte Beradt, mais aussi au travail périlleux et obstiné d'Emmanuel Ringelblum et de tant d'autres chroniqueurs du désastre dans l'étau des ghettos[2], donne crédit à la fois au pessimisme de Walter Benjamin et au refus de Martin Beradt. Mais, pour l'heure, le pessimisme l'emporte.

« *Halt* ! C'est le maître mot de ces sombres temps, dit Hannah.

– Il claque comme un arrêt de mort », dit Walter.

Tous se taisent. « Un ange passe », dit l'un d'eux en français.

Cet ange du silence n'est pas celui de l'Histoire qu'invoquait Benjamin dans ses *Thèses*. Et cette rencontre, ces discussions, bien sûr, sont pure fiction. Mais il est vrai qu'alors tout était malmené, les êtres, les songes et les idées. Ces phrases, ils auraient pu les prononcer. Et si je refais un peu l'histoire, ce n'est pas seulement pour le plaisir de varier les possibles, c'est aussi pour mettre en scène mon propos en réunissant ces intellectuels juifs plus que jamais « sans attaches »,

---

1. Victor Klemperer, *LTI. La langue du IIIe Reich, Carnets d'un philologue*, Paris, Albin Michel, 1996.

2. Nicole Lapierre, « Les chroniqueurs du désastre », in Jean-François Chiantaretto et Régine Robin (dir.), *Témoignage et écriture de l'Histoire*, Paris, L'Harmattan, 2003.

selon l'expression du sociologue Karl Mannheim (dont Hannah Arendt avait suivi le séminaire à Francfort en 1930). Par leur vie, leur itinéraire, leurs travaux, ils correspondent à cette figure archétypale de l'intellectuel comme étranger analysée par Georg Simmel : celui qui est un peu dedans, un peu dehors, et dont l'expérience décalée aiguise les interrogations et stimule la pensée. Une figure, non un modèle. Et, j'espère le montrer, il est bien des manières d'être étranger.

De la mobilité biographique au mouvement des idées, de la condition existentielle d'exilé, d'émigré ou de transfuge social à la dissidence et à la créativité intellectuelles, il n'y a évidemment pas de causalité mécanique, pas d'enchaînement inéluctable, simplement des circonstances favorables. On peut certes penser ailleurs sans quitter sa contrée ou son milieu et vice versa. Mais la prise de distance et la dissidence par rapport à un monde social, ses normes, ses centres de pouvoir et ses institutions, sont, en revanche, des conditions nécessaires pour le comprendre, l'analyser, en saisir les tensions et les mutations. En somme, l'intellectuel critique est une personne déplacée, parfois au sens propre, en raison de son histoire ou de contingences historiques plus ou moins douloureuses, voire dramatiques, mais toujours au sens figuré, par nécessité épistémologique. Ce n'est pas la même chose et, surtout, cela n'implique pas les mêmes épreuves. Entre la distanciation, le dépaysement social ou le décentrement mental du chercheur et le dépaysement radical de l'émigré, le dénuement absolu du réfugié ou encore les difficultés du transfuge, il y a plus de marge que de commune marginalité, et je ne cherche pas à styliser la figure de l'intellectuel en écrivain banni ou en penseur paria. Les rapprocher, ce n'est pas les confondre, mais passer de la démarche des uns au parcours des autres. Circuler, justement.

D'où, comme une sorte de mise en pratique, cette invitation à suivre une réflexion itinérante, et même vagabonde, dans l'entre-deux des textes et des histoires, entre idées et expériences, aux frontières des disciplines et aux confins des territoires. Y compris quand je me risque, de temps en temps, à imaginer une rencontre impossible mais cependant plausible. Car jouer un peu avec la tentation de la fiction permet de prendre quelques libertés avec des potentialités qui n'ont pas pu se réaliser, offrant ainsi de fugaces aperçus sur une histoire non advenue.

1
Passages

En Bosnie-Herzégovine, à Mostar, le « vieux pont » (*stari most*) qui avait donné son nom à la ville a été détruit par les obus des Croates, le 9 novembre 1993. C'était un très beau pont, un véritable « croissant de lune en pierre », disait-on, un ouvrage d'art réputé et classé. Son arche parfaite, d'un seul tenant, enjambait la rivière Neretva. Ce chef-d'œuvre de l'architecture ottomane avait été achevé en 1566, après neuf ans de travaux. On raconte que les moellons auraient été soudés par un mortier fabriqué avec 99 000 œufs et que son constructeur, désespéré par l'ampleur de la tâche, se serait suicidé. Le pont, lui, était solide. Construit au temps de Montaigne, dans cet Orient si lointain pour lui, il avait tenu pendant plus de quatre siècles, malgré les tremblements de terre et les nombreuses guerres. Et voilà qu'en quelques minutes il ne restait plus rien. Des obus, il en était tombé beaucoup déjà sur la ville assiégée. Pour une fois, il n'y avait pas de morts. Cependant, un désastre irréparable était arrivé. Avec le pont, s'écroulaient à la fois un pan d'histoire, un monument de civilisation et le lieu symbolique du lien, de l'échange entre les populations et les cultures d'Herzégovine. « Ils ont détruit tous les ponts que nous aurions pu construire avec eux. Ils ont cassé le symbole des musulmans mais aussi de la ville. Nous ne l'oublierons jamais », expliquait alors un jeune combattant musulman [1]. Depuis, le *stari most* a été reconstruit, mais les blessures sont restées. Couper les ponts, meurtrir les hommes, fossoyer les civilisations, c'est tout un.

LA PROMESSE DU PONT

Le sociologue Georg Simmel avait le goût des ponts, des portes, des percées, des passages, de toutes les traversées matérielles et symboliques qu'il trouvait belles à voir et bonnes à penser.

Dans son œuvre, traduite tardivement et de façon quelque peu erratique (car ces indispensables passerelles de la traduction sont, elles aussi, trop rares), il n'y a pas de détail trivial, pas de sujet anodin, la compréhension de la société s'articule au quotidien, à la surface du visible et du manifeste, dans l'univers des productions matérielles et dans les multiples configurations des relations sociales. C'est d'abord affaire de regard, mais d'un regard déshabitué. Car, si l'on sait voir, les arts de faire les plus courants, les plus ordinaires, révèlent nos façons de raisonner et nos manières d'arraisonner le monde. Ainsi, quand l'homme, dans son environnement, fraie des voies et aménage des passages, c'est qu'il se voit en passant et qu'il pense en passeur. Tel est le thème central d'un texte court et dense, publié pour la première fois en Allemagne en 1909 sous le titre *Pont et Porte*[2]. Moins connu que d'autres essais de Simmel, il est considéré par plusieurs commentateurs, et notamment par

---
1. Cité par Jean-Baptiste Naudet, *Le Monde* du 16 novembre 1993.
2. Voir Georg Simmel, *La Tragédie de la culture et autres essais*, Paris, Rivages, 1988.

Julien Freund, comme un concentré de sa pensée[1]. Sa lecture nous conduit de la morphologie des objets, de l'apparence du donné le plus concret et le plus familier – l'arche d'un pont, le battant d'une porte, le tracé d'un chemin –, jusqu'aux strates profondes de la pensée et aux schèmes d'intelligibilité de la société.

Pour commencer, empruntons les chemins. En principe, ils mènent toujours quelque part, et les trajets, grâce à leur tracé, n'ont plus le caractère aléatoire de l'errance. Ouvrir une voie, construire une route sont des performances spécifiquement humaines car, dit Simmel, « c'est à l'homme seul qu'il est donné, face à la nature, de lier et de délier, selon ce mode spécial que l'un suppose toujours l'autre[2] ». L'animal peut certes parcourir de grandes distances, s'orienter, suivre des pistes, « mais il ne relie pas le début et la fin du parcours, il n'opère pas le miracle du chemin : à savoir, coaguler le mouvement par une structure solide, qui sort de lui[3] ».

Le pont, plus encore que la route, témoigne de cette capacité humaine à concevoir à la fois l'écart et la jonction, la distance et la destination. En effet, pour nous, les rives ne sont pas seulement éloignées, nous les percevons comme séparées, ce qui implique de les associer et ce qui conduit à vouloir les rapprocher : « Surmontant l'obstacle, le pont symbolise l'extension de notre sphère volitive dans l'espace[4]. » Faisant passer le franchissement du pensable au possible, il réalise le désir de l'autre rive et matérialise durablement

---

1. Julien Freund, Introduction à Georg Simmel, *Sociologie et Épistémologie*, Paris, PUF, 1981, p. 14.
2. Georg Simmel, *La Tragédie de la culture et autres essais, op. cit.*, p. 159.
3. *Ibid.*, p. 160.
4. *Ibid.*, p. 160.

l'intervalle, la transition, l'espace de médiation qui permet à la fois la séparation et la relation. De là sans doute cette séduction si particulière des ponts qui, du moins « avant que l'accoutumance quotidienne n'émousse nos réactions », nous donnent « le bizarre sentiment de planer entre ciel et terre un instant[1] ». Plus ironique, Daniel Oster dit autrement le même suspens : « Sur un pont on est toujours entre guillemets, parfois entre parenthèses. Il n'est pas tout à fait terrestre, pas vraiment aérien et son rapport à l'eau n'est pas clair[2]. » Qu'il s'agisse d'une construction grandiose, d'un gigantesque pont suspendu enjambant un bras de mer ou de vieilles arches de pierre, la rêverie et l'imaginaire flânent volontiers sur les ponts. Ce sont des espaces poétiques, des lieux privilégiés du rapprochement, de la rencontre, du rendez-vous, du coup de cœur ou du coup de foudre.

Et parfois du désespoir. Dans la nuit du 19 au 20 avril 1970, le poète Paul Celan se donne la mort en se jetant dans la Seine, sans doute du pont Mirabeau. Le temps, pour lui, s'est arrêté, d'ailleurs il n'a pas pris sa montre. Ce suicide, il l'avait anticipé. Dans le dernier poème du recueil *La Rose de personne* intitulé « Et avec le livre de Tarussa », écrit en 1962, on lit comme un avertissement : « À toi/ dit et prédit et dit en passant », suivi de ces vers : « De la dalle/ du pont, d'où/ il a rebondi/trépassé dans la vie volant/ de ses propres blessures, du/ pont Mirabeau[3] ».

D'un autre pont de Paris, un autre homme saute dans le fleuve, cette fois, c'est du cinéma. Dans *Boudu sauvé des eaux* (1932) de Jean Renoir, Michel Simon,

---

1. *Ibid.*, p. 163.
2. Daniel Oster, « Fragments d'un cadastre », *Territoires, frontières, passages, L'Inactuel*, n° 8, automne 1997, p. 63.
3. Paul Celan, *La Rose de personne*, traduit de l'allemand par Martine Broda, Paris, Le Nouveau Commerce, 1979, p. 149.

en clochard mélancolique, veut en finir depuis le pont des Arts (mais lui sera sauvé, sinon par un livre, du moins par un libraire). Les ponts sont des lieux éminemment cinématographiques, car ils offrent comme un redoublement à cet art du mouvement. Le très beau film du Japonais Shohei Imamura, *De l'eau tiède sous un pont rouge* (2001), raconte l'histoire d'une femme sensuelle, libre et un peu mystérieuse. Souvent, elle appelle à grands cris son amant qui traverse le pont en courant pour la rejoindre, leur étreinte passionnée provoque chez elle une jouissance en forme de geyser qui les inonde tous deux. Entre le flux de la rivière qui charrie de sombres histoires anciennes et cet étonnant flot du plaisir, le pont ouvragé et peint d'un superbe vermillon est ainsi le passage obligé de leur union.

Simmel, lui, n'a connu que les prémices du développement du cinéma en art de masse qu'analysera plus tard son élève Siegfried Kracauer. Le mouvement de la modernité, il l'observait, en ce tout début du XXe siècle, dans la tension nerveuse des métropoles – là où les montres à gousset réglaient le temps uniforme d'hommes pressés qui se protégeaient des stimuli incessants et des proximités envahissantes par le retrait d'une attitude blasée. Mobilité des individus, progression des échanges monétaires, circulation de l'argent, tout changeait et se monnayait dans ce monde agité qu'était déjà Berlin. Simmel, qui y a passé l'essentiel de sa vie jusqu'à sa nomination tardive à Strasbourg, était lui-même très marqué par cette effervescence urbaine. On retrouve chez lui « la mentalité des grandes villes », dira Vladimir Jankélévitch en précisant avec justesse : « Il y a, dans cette pensée mobile et comme perpétuellement inquiète, je ne sais quoi de fiévreux, d'angoissé et de vibrant qui est spécifiquement moderne [1]. » Il était à la fois dedans et dehors, en somme, profondément attaché à Berlin, immergé dans la cité et l'esprit de son temps tout en en étant assez dégagé pour les étudier ; il a su emprunter le pont de la réflexivité qui permet de passer du point d'ancrage au point de vue.

Sa pensée, intranquille, toujours déplacée, reprise, inachevée, récuse à la fois le refuge dans l'idéalisation d'une tradition qui ne laisse guère de place à l'individu et la célébration pure et simple de la modernité, qui promeut l'individu mais l'aliène en même temps. Pour autant, il me semble qu'il n'était pas pessimiste, comme l'affirme Jankélévitch, mais plutôt romantiquement mélancolique et par là même hypersensible à cette *Tragédie de la culture* où le mort, immanquablement, saisit le vif, où l'élan de la vie et le mouvement créateur se retrouvent figés dans la forme objectivée d'une institution ou d'une représentation. Un peu comme sur ces photographies instantanées qu'il n'appréciait guère et dont il contestait la prétendue vérité [2]. Ce ne sont qu'images glacées, inanimées, dans lesquelles « les personnages semblent gelés dans leur pose », disait-il, anticipant la critique de l'art à l'ère de la reproductibilité technique qu'allait développer Walter Benjamin [3].

À l'arrêt sur image, Simmel préférait donc le passage, la réalité et la promesse du pont dont la valeur est esthétique autant que symbolique : le pont donne une vision nouvelle du lieu dans lequel il s'inscrit et avec lequel il entre en harmonie. « Pour l'œil, il se trouve dans une relation bien plus étroite et bien moins fortuite avec les rives par lui reliées que par

---

1. Vladimir Jankélévitch, « Georg Simmel, philosophe de la vie », introduction à Georg Simmel, *La Tragédie de la culture et autres essais*, *op. cit.*, p. 87.
2. Georg Simmel, *Rembrandt*, Paris, Circé, 1994, p. 65.
3. Lilyane Deroche-Gurcel, Postface à Georg Simmel, *Rembrandt*, *op. cit.*, p. 262.

exemple une maison avec le sol qui la porte et disparaît sous elle au regard[1]. » Structure stable rendant possible et visible la mobilité, il allie la perfection de la forme à l'expression d'un sens caché : il évoque une dynamique, projette une traversée, suggère un élan, une échappée au-delà des lignes de partage... C'est pourquoi, selon lui, les ponts ont si souvent la faveur des peintres. Ils ouvrent le paysage et donnent au tableau cette grâce du mouvement, cette « troisième dimension derrière la surface[2] » qu'offrent également les plus beaux portraits, tels ceux de Rembrandt, capables de restituer à la fois « l'être et le devenir » par la vivacité d'un visage[3]. Dans le livre qu'il a consacré au peintre flamand, Simmel loue son immense talent et insiste sur la modernité de son art, qui « transporte dans l'instant unique du regard tout le mouvement de la vie[4]. »

Moderne, Rembrandt ? Sans aucun doute, et audacieux en son temps. Mais au temps de Simmel, dans ce Berlin bouillonnant, n'y avait-il donc rien qui retînt son regard ? Prompt, agile et subtil pour comprendre les mutations du monde alentour, le sociologue l'était apparemment moins pour saisir et apprécier ce qui émergeait simultanément dans le domaine des arts. La critique d'Adorno, sur le « bon goût » sage et conventionnel de Simmel, bien que rude, n'était pas dénuée de fondement[5]. Car celui-ci, rétif à l'art de son époque, récusait en bloc l'impressionnisme, le futurisme, l'expressionnisme et l'abstraction comme autant de modalités de ce « naturalisme » qui, selon

---
1. Georg Simmel, *La Tragédie de la culture et autres essais*, *op. cit.*, p. 161.
2. Georg Simmel, *Rembrandt*, *op. cit.*, p. 67.
3. *Ibid.*, p. 16.
4. *Ibid.*, p. 18.
5. Theodor W. Adorno, « L'anse, le pichet et la première rencontre », *Notes sur la littérature*, Paris, Flammarion, 1984.

lui, fourvoyait l'art moderne dans les illusions du progrès ou l'impasse de l'instantanéité[1]. Or, tandis qu'il célébrait la grandeur avérée de Rembrandt, l'élan de la vie en peinture était porté par un groupe d'artistes inaugurant l'expressionnisme et s'intitulant justement Die Brücke (Le Pont). Cette avant-garde picturale, en laquelle il ne voulait voir qu'une « dissolution de la forme dans le transitoire[2] », était sans doute trop radicale pour l'esthétique de Simmel, plus sensible aux innovations de la pensée qu'à celles de la création artistique. Pourtant, l'histoire et la production de ce groupe sont à l'unisson de sa réflexion, dont elles fournissent, en quelque sorte, une illustration.

Fondé à Dresde, en 1905, par quatre étudiants en architecture – Fritz Bleyl, Ernst Ludwig Kirchner, Erich Heckel et Karl Schmidt-Rottluff –, Die Brücke avait adopté ce nom, sur proposition de Schmidt-Rottluff, parce que « c'était un mot à sens multiple qui ne désignait aucun programme précis, mais conduisait dans un certain sens d'une rive à l'autre[3] ». Une façon, en somme, de filer vers l'inconnu : ils voulaient rompre avec l'académisme, l'« art bourgeois » et les contraintes de la tradition, en cherchant à saisir et à exprimer de façon spontanée une réalité vivante, impétueuse et vibrante. Leur programme, gravé sur bois et diffusé par tracts en 1906, tenait en deux phrases : « Croyant en l'évolution d'une nouvelle génération de créateurs et de consommateurs de l'art, nous en appelons à toute la jeunesse ; et en tant que jeunesse porteuse de l'avenir, nous mettons à leur

---

1. Georg Simmel, « Le conflit de la culture moderne », *Philosophie de la modernité II*, Paris, Payot, 1990.
2. Selon l'expression de Lilyane Deroche-Gurcel, *Simmel et la modernité*, Paris, PUF, 1997, p. 97, qui défend le point de vue de Simmel en situant le débat sur le rapport à la temporalité dans l'art.
3. Erich Heckel, cité par Magdalena M. Moeller, *Die Brücke*, Munich, Hirmer Verlag, 2000, p. 11.

disposition nos bras et notre vie pour lutter contre les forces anciennes, bien établies. Sont des nôtres tous ceux qui traduisent de manière directe et authentique l'impulsion qui les pousse à créer[1]. » Die Brücke ne prônait pas un style mais un état d'esprit, revendiquait une liberté dans l'existence et dans l'art, une glorification de la spontanéité, de l'intuition et de la jouissance au service des œuvres. Les membres du groupe avaient « le sentiment que la vie leur fournissait leur impulsion créatrice et qu'ils se soumettaient au vécu », dira Kirchner dans sa chronique rétrospective[2], en 1912.

Les innovations formelles d'Erich Heckel, Ernst Ludwig Kirchner ou encore Max Pechstein – tant dans la simplification de la forme et la force du trait de la gravure sur bois que dans l'explosion violente des couleurs et l'énergie sauvage et primitive des toiles représentant des paysages intenses ou des nus en mouvement – ont marqué une véritable rupture, notamment avec le symbolisme dont ils étaient tous issus. La période de Dresde fut la plus féconde et celle où le groupe fut le plus soudé, à la fois par un mode de vie libre exaltant la nature, des échanges continuels et des recherches artistiques communes. En 1911, les principaux animateurs de Die Brücke déménagèrent à Berlin, centre culturel et métropole des arts où ils espéraient se faire mieux connaître. Happés par la vie urbaine, ils furent moins proches les uns des autres tant personnellement que du point de vue stylistique. Kirchner a opté pour un expressionnisme plus âpre et des thèmes nouveaux : des scènes de rue et de café, des spectacles de cirque, de danse ou de variétés,

---

1. Cité par Magdalena M. Moeller, *Die Brücke, op. cit.*, p. 11.
2. Cité dans le catalogue de l'exposition *Paris Berlin 1900-1933*, Centre Georges-Pompidou, Paris, 1978, p. 108.

peints de manière plus anguleuse, aiguisée et brutale, la rage hachurée du trait évoquant le caractère trépidant, agité et anxieux de la grande ville. Le groupe en tant que tel n'a pas survécu au choc de la métropole, à ce mélange de nervosité, d'évitement et d'individualisme si bien décrit par Georg Simmel ; il s'est finalement dissous en 1913.

Mais, auparavant, Die Brücke avait été d'une rive à l'autre. Comme la pensée, l'art s'invente et se renouvelle en regardant au-dehors. Si les peintres du groupe puisèrent une partie de leur inspiration dans une sorte de force élémentaire intérieure de type nietzschéen, elle venait aussi d'avant ou d'ailleurs. Ils ont fréquenté le cabinet des estampes de Dresde, où ils ont vu la collection de gravures de Frédéric-Auguste II, comprenant des Cranach, des Dürer et, évidemment, des Rembrandt... Quand le musée ethnographique de la ville a enfin montré une partie de ses collections, en 1910, ils ont découvert avec émotion des bronzes du Bénin, des sculptures d'art nègre et surtout une poutre sculptée des îles Palau dont les figures foisonnantes, énergiques et expressives racontaient des centaines d'histoires fascinantes : c'était exactement le langage vigoureux, élémentaire et puissant qu'ils cherchaient. Et puis, il y avait aussi, de l'autre côté de la frontière, qui n'était pas encore une barrière fermée, l'explosion du fauvisme en France. Les hommes et les œuvres ont circulé, rencontres, reconnaissances, influences, des styles et des manières se sont retrouvés des deux côtés. En même temps montaient les hostilités et le refus d'accepter ces tribulations de la création. « L'art allemand doit voler de ses propres ailes – nous avons le devoir de nous séparer des Français –, le temps d'un art allemand "indépendant" est venu », écrivait Emil Nolde, autre membre du groupe, en

1912[1]. Son affiliation précoce au parti nazi allait confirmer son nationalisme et son antisémitisme virulents.

Par temps de nationalisme exacerbé, il fallait exalter un génie singulier, élever les barrières, creuser la distance et nier les influences, y compris en falsifiant la chronologie. Il y eut ainsi quelques mensonges sur des dates de voyages ou d'expositions, destinés à minimiser les échanges entre Die Brücke et les Fauves. Le différend durera longtemps. C'est finalement et symboliquement dans le catalogue de l'exposition *Paris-Berlin* de 1978, soixante ans après la Grande Guerre, que Gabrielle Linnebach fera l'histoire de ces ponts et passerelles de la création en déclarant la querelle, enfin, dépassée[2].

Quarante ans avant, en 1938, Kirchner, persécuté par le nazisme pour son « art dégénéré », s'était tiré une balle dans le cœur. Un suicide encore. On se tue toujours faute d'issue, au fond de l'impasse, qui en anglais se dit *dead end*.

LA PORTE ET LE SEUIL

On aurait tort de croire qu'à la liaison du pont s'oppose la séparation de la porte. Car celle-ci sépare et relie à la fois. C'est même en cela que cet objet banal et familier résume étonnamment (à condition, encore une fois, de déshabituer son regard) cette « corrélation entre division et réunion[3] » à travers laquelle l'homme s'approprie le monde. Dans la mobilité de la porte se révèle cette dynamique des

---
1. Cité par Gabrielle Linnebach, « La Brücke et le fauvisme », in *Paris Berlin, op. cit.*, p. 72.
2. Gabrielle Linnebach, art. cit., p. 70.
3. Georg Simmel, *La Tragédie de la culture et autre essais, op. cit.*, p. 162.

contraires, de la clôture à l'ouverture, du dedans au dehors, du discontinu au continu, qui, selon Simmel, structure la vie individuelle et sociale. « En elle, la limite jouxte l'illimité, non à travers la géométrie morte d'une cloison strictement isolante, mais à travers la possibilité offerte d'un échange durable[1]. » Une porte est faite pour s'ouvrir, pour entrer ou sortir, elle est symboliquement promesse d'hospitalité ou de liberté.

L'architecture et l'organisation de l'espace viennent parfois préciser ou accentuer le bon sens du passage. Ainsi, note Simmel, « lorsque, dans les cathédrales romanes ou gothiques, l'ouverture des murs se rétrécit progressivement vers la porte strictement dite et qu'on atteint celle-ci entre des demi-colonnes et des figures plastiques de plus en plus rapprochées les unes des autres, le sens prêté à ce genre de porte est visiblement qu'elles conduisent l'arrivant au-dedans et non au-dehors ». Et il ajoute : « Une pareille structure mène l'arrivant sur le droit chemin, avec sûreté, comme par une douce contrainte allant de soi[2]. » Le pèlerin, le fidèle sont incités à franchir le porche ; à l'intérieur, de même, le jeu de perspective des colonnes qui semblent se rejoindre les guide vers l'autel, généralement surélevé, parachevant la montée du monde profane au monde sacré.

Il semble bien qu'en toute construction humaine, qu'elle soit solide et grandiose ou fragile et modeste, on retrouve un dispositif matériel et symbolique marquant le seuil. Cette transition entre l'extérieur et l'intérieur, le monde étranger et la sphère domestique, le public et le privé ou le profane et le sacré, peut prendre une grande variété de formes, s'étendre, se

---

1. *Ibid.*, p. 163.
2. *Ibid.*, p. 164.

dilater en zone intermédiaire (*pronaos*, narthex, vestibule, perron...) ou se réduire à la plus sommaire des portes ; dans tous les cas, elle ménage le passage et l'institue socialement. Françoise Dubost a observé comment se matérialise la limite entre espace public et espace privé « quand le seuil se dédouble », dans ces habitations de campagne ou ces pavillons de banlieue où l'on entre par la cour ou le jardin, déjà inclus dans la sphère domestique, avant de pénétrer dans la maison proprement dite [1]. De l'allée imposante du château à la haie de l'habitat pavillonnaire, des tilleuls majestueux aux plantes d'ornement du jardinet de façade et aux diverses façons de décorer portails et perrons, les marquages des abords de la maison expriment à la fois un souci de distinction et le besoin de solenniser la double fonction d'accueil et de protection du seuil. Ainsi, les « agréments de l'entrée » font-ils signe au visiteur qui passe la porte, comme au passant qui longe la haie.

Philippe Bonnin, lui, a étudié les manières d'habiter au Japon [2]. Dans l'architecture traditionnelle comme dans les maisons de ville de Kyoto qui en ont conservé le modèle, les claies de bois, les cloisons coulissantes de papier ou de tissu, les clôtures et les ouvertures en matériaux légers n'opposaient pas véritablement de barrière à l'entrée, mais des rituels de franchissement codifiés (gestes à faire, paroles à prononcer) venaient fixer les limites et renforcer le sens et l'importance du passage. Aujourd'hui, là-bas comme ici, l'habitat urbain, son architecture, ses systèmes de clôture et ses dispositifs d'entrée instaurent de nouveaux rapports entre public et privé, familier et étranger, dedans et

---

1. Françoise Dubost, « Les agréments de l'entrée », *Communications*, n° 70, Paris, Seuil, 2000, p. 53-64.
2. Philippe Bonnin, « Dispositifs et rituels du seuil, une topologie sociale. Détour japonais », *Communications, op. cit.*, p. 65-92.

dehors. Alors que seuils et espaces intermédiaires tendent à se réduire jusqu'à l'indistinction, il y a multiplication des systèmes de protection, digicodes, interphones, œilletons et caméras vidéo [1], pour interdire l'accès aux inconnus. Les villes japonaises sont réputées particulièrement sûres et la petite délinquance y est très faible, qu'importe ! Les portes se ferment tandis que les signes, les mots, les codes de politesse qui jalonnaient l'espace de l'échange s'effacent, remplacés éventuellement par la voix synthétique sortant d'un paillasson imitant le gazon qui dit en japonais « Soyez le bienvenu » quand on pose le pied dessus [2].

Rituels restreints à presque rien, seuils virtuels et affaiblissement des liens vont ainsi de pair avec la multiplication des limites et des défenses du chez-soi, dans un univers urbain où la pluralité des mondes s'étend au gré des mouvements et croisements des populations. Partout, on se barricade, à Tokyo comme à Paris. La brutalité des relations grandit quand l'espace des médiations se réduit, la solidité des barrières s'accroît quand s'effacent les zones intermédiaires, et, faute de seuil, l'hospitalité régresse. La porte, alors, n'est plus la percée engageante par où l'homme, cet « être-frontière qui n'a pas de frontière » selon la belle expression de Simmel [3], offre et se donne le moyen de franchir les bornes qu'il a lui-même assignées à son monde.

Nul hasard, comme le remarque Julien Freund [4], si les images du pont et de la porte sont récurrentes et centrales dans les textes de cet auteur atypique et

---

1. Voir Jean-Claude Kaufmann, « Portes, verrous et clés : les rituels de fermeture du chez-soi », *Ethnologie française*, XXVI (2), 1996, p. 281-288.
2. Philippe Bonnin, « Dispositifs et rituels du seuil, une topologie sociale », art. cit., p. 90.
3. Georg Simmel, *La Tragédie de la culture et autres essais*, op. cit., p. 166.
4. Julien Freund, Introduction à Georg Simmel, *Sociologie et Épistémologie*, op. cit., p. 15.

résolument non systématique, car son œuvre tout entière repose sur une pensée du passage. Dans *La Transcendance de soi*, livre posthume où l'influence du vitalisme de Bergson est nettement perceptible, il définit la connaissance comme un franchissement permanent : « La conscience que nous prenons de notre limitation nous place au-dessus de notre limitation. Nous la nions dans l'instant que nous la savons limitation... Et c'est parce que nous savons notre savoir et les ignorances dont il est tissé, c'est parce que nous savons le savoir de cette ignorance et le savoir de ce savoir, et ainsi sans fin, c'est pour cela que le mouvement de la vie spirituelle apparaît sans fin [1]. » Foisonnante, évolutive et mouvante, sa réflexion est marquée par un dualisme fondamental fait de relation et de disjonction, de continuité et de rupture, de contingence et de nécessité. Ainsi, « la société a besoin d'un certain rapport quantitatif d'harmonie et de dissonance, d'association et de compétition, de sympathie et d'antipathie pour arriver à une forme définie [2] ». Pour autant, les antagonismes ne se résolvent pas, selon lui, dans un dépassement dialectique de type hégélien. L'interaction des contraires est une interrelation dynamique et positive entre polarités opposées qui génère une tension, créatrice de vie, de socialisation et de culture.

Les terrains vagues de l'aventure

L'aventure, dont Simmel fait l'éloge, est un bon exemple de cette interaction féconde des contraires :

---

1. Traduit par Vladimir Jankélévitch, « Georg Simmel, philosophe de la vie », introduction à Georg Simmel, *La Tragédie de la culture et autres essais, op. cit.*, p. 33.
2. Georg Simmel, *Le Conflit*, Paris, Circé, 1992, p. 22.

elle marque un tournant dans le cours d'une vie, tout en restant dans une certaine continuité avec celle-ci, « elle est un corps étranger dans notre existence, qui pourtant est lié en quelque façon avec le centre[1] ». Telle est son « exterritorialité » et sa parenté avec le rêve. L'aventurier n'est pas ballotté par les événements : il bifurque selon les opportunités qui se présentent à lui, d'une certaine façon il se laisse porter par les circonstances et semble céder à l'improvisation du moment, mais c'est aussi en raison de son tempérament, de son histoire et de l'idée qu'il se fait de sa vie qu'il se lance. L'aventure mêle ainsi la contingence événementielle à la nécessité intérieure.

Fin lecteur de Simmel, Vladimir Jankélévitch, dans un beau texte sur l'aventure, poursuit la réflexion. Non sans nous avertir : attention à ne pas confondre l'aventureux, dont le style de vie comprend une réelle part de risque, et l'aventurier, un professionnel de l'équipée programmée pour qui « le nomadisme est devenu une spécialité, le vagabondage un métier, l'"exceptionalité" une habitude[2] ». C'est évidemment le premier qui l'intéresse ; le second, biffé d'un méprisant trait de plume, n'est finalement qu'« un bourgeois qui triche au jeu bourgeois[3] », un bohème à bon compte qui ne poursuit que des buts prosaïques. Saisi par l'épopée, il peut gagner en gloire et faire illusion, tel Ulysse, « aventurier par force et casanier par vocation[4] », dont les pérégrinations ne sont au fond qu'une suite de haltes et de détours sur le chemin d'un retour désiré vers sa patrie, sa Pénélope et sa

---

1. Georg Simmel, « L'aventure », in *Philosophie de la modernité I*, Paris, Payot, 1989, p. 306.
2. Vladimir Jankélévitch, *L'Aventure, l'ennui, le sérieux*, Paris, Aubier, 1963, p. 9-10.
3. *Ibid.*, p. 9.
4. *Ibid.*, p. 26.

maison [1]. Au héros d'Homère et à son périple antique dans une mer fermée, Jankélévitch oppose l'aventure moderne de l'Ulysse de Dante qui, tels les grands voyageurs de la Renaissance, ne vogue pas vers Ithaque ou tout autre rivage familier, mais cingle droit vers l'inconnu, au risque de s'y perdre. Car il n'y a pas d'aventure sans ouverture, sans inconnu, sans imprévu. L'aventureux est celui qui s'oriente dans l'instant, saisit au vol « l'avènement de l'événement », cède à la tentation ambiguë de l'impromptu comme à un délicieux et périlleux vertige. « L'aventure est liée à l'extemporanéité de l'improvisation [2] », elle flotte hors des temps balisés, le futur des projets, espérances ou eschatologies, comme le présent déjà fixé ou l'actualité maîtrisée de l'homme d'action. Elle oscille, aussi, entre le jeu et le sérieux. Faute de l'un, elle sombre vite dans la tragédie ; faute de l'autre, elle demeure un futile passetemps. En somme, « pour qu'il y ait aventure, il faut être à la fois dedans et dehors, [...] à la fois extérieur au drame comme l'*acteur*, et intérieur à ce drame, comme l'*agent* inclus dans le mystère de son propre destin [3] ». Et Jankélévitch de s'amuser avec le principe d'identité, le principe de non-contradiction et les évidences du sens commun : on ne peut être à la fois dedans et dehors, une porte ne saurait être en même temps ouverte et fermée, c'est « spatialement impossible et logiquement impensable », soit, « mais on peut

---

[1]. On trouve un jugement tout aussi sévère chez Lévinas, qui voit dans ce périple en vase clos la métaphore de la philosophie occidentale : « L'itinéraire de la philosophie reste celui d'Ulysse dont l'aventure dans le monde n'a été qu'un retour à son île natale – une complaisance dans le Même, une méconnaissance de l'Autre », *Humanisme de l'autre homme*, Paris, Biblio Essais, 1972, p. 43. Voir aussi le beau livre de François Hartog, *Mémoire d'Ulysse. Récits sur la frontière en Grèce ancienne*, Paris, Gallimard, 1996.
[2]. Vladimir Jankélévitch, *L'Aventure, l'ennui, le sérieux*, op. cit., p. 12.
[3]. *Ibid.*, p. 15.

aussi être *sur le seuil,* passer et repasser de l'intérieur à l'extérieur[1] », une simple question de circulation, au fond. Ainsi la vie humaine est-elle entrebâillée sur l'aventure comme sur la connaissance.

Dans l'aventure intellectuelle de Simmel, psychologie individuelle, sociologie, esthétique, philosophie, les approches se mêlent. L'audace de sa pensée est précisément de s'attarder sur les seuils, de se tenir aux lisières des certitudes positives sans pour autant basculer dans un relativisme absolu ; de fréquenter les frontières disciplinaires et d'investir non point seulement l'entre-deux, encore moins l'entre soi « spécifiquement unitaire [2] », identitaire, fermé sur lui-même, mais l'« entre » en tant que tel. C'est-à-dire un site transitoire, un lieu intermédiaire permettant à la fois la distance et la proximité, ou un moment provisoire, un temps en suspens ménageant transitions et mutations. Dans la langue, le mot « entre » ne tient pas tout seul, il est comme inachevé et appelle les guillemets comme des étais. Pour Jacques Derrida, il fait partie de ces « lieux de pivotement indéfini », qui défient la philosophie et échappent à sa maîtrise dans la mesure où ils « admettent dans leur jeu la contradiction et la non-contradiction[3] ». L'« entre » n'est « ni purement syntaxique, ni purement sémantique, il marque l'ouverture articulée de cette opposition[4] ». Des termes qui pourraient parfaitement qualifier la perspective de Simmel. Ce dernier, s'en tenant à la sémantique, distingue « le double sens du mot "entre" », qui renvoie à la fois à la réciprocité d'une relation (deux voisins qui se fréquentent) et à une interposition dans l'espace (l'écart entre leurs deux

---
1. *Ibid.*
2. Georg Simmel, *Le Conflit, op. cit.*, p. 23.
3. Jacques Derrida, *La Dissémination*, Paris, Seuil, 1972, p. 250.
4. *Ibid.*, p. 252.

maisons), pour mieux souligner leur conjonction sociologique : « L'action réciproque fait de l'espace, jusqu'alors vide et néant, quelque chose *pour nous*, elle le remplit tandis qu'il la rend possible[1]. »

L'espace créé par l'interaction, ce pourrait être aussi une excellente définition de la géographie selon Marie-Claire Robic. À une conception de cette discipline exclusivement centrée sur les lieux d'établissement humain et volontiers crispée sur « le découpage des territoires, le repérage obsessionnel des limites spatiales et l'association déterministe entre les configurations naturelles et ce puzzle des "pays" par où s'ancreraient fondamentalement les processus identitaires[2] », elle en oppose une autre, axée sur les confins, les marges et les lieux de passage. C'est celle que met également en œuvre Roger Brunet en s'intéressant à ces « synapses », points de contact et de jonction que sont « les isthmes, les détroits, les estuaires, les carrefours, les ports, les ponts, les cols[3] ». L'approche n'est pas complètement nouvelle, mais on l'avait curieusement oubliée. La relecture attentive de Marie-Claire Robic révèle en effet un Vidal de La Blache méconnu, où l'on voit l'auteur du célèbre *Tableau de la géographie de la France* s'intéresser aux routes, aux carrefours, aux voies de circulation et d'échange, mais également aux marches des régions, aux bords et abords des villages et des bourgs, aux confins des pays. Espaces tampons, ce sont des zones de contrebande, de contact, de découverte, des franges indécises, à la fois inquiétantes et fascinantes, surtout quand

---

[1]. Georg Simmel, *Sociologie. Études sur les formes de la socialisation*, Paris, PUF, 1999, p. 601.
[2]. Marie-Claire Robic, « Confins, routes et seuils : l'au-delà du pays dans la géographie française du début du XXe siècle », *Communications*, n° 70, *op. cit.*, p. 93.
[3]. Roger Brunet, *Champs et contrechamps. Raisons de géographe*, Paris, Belin, 1997, p. 45.

l'environnement naturel s'en mêle et que forêts ou marais les recouvrent.

Parfois, les confins se retrouvent à la lisière des villes et même au cœur des agglomérations. Enfant, j'habitais dans le quinzième arrondissement à Paris ; à la limite de celui-ci, au-delà du boulevard que l'on disait alors « extérieur », il y avait ce qu'on appelait la « zone », un terrain vague du côté de la porte de Vanves où, pendant le terrible hiver 1954, les sans-abri de l'époque trouvèrent refuge sous les tentes de l'abbé Pierre. La zone, c'était le lieu indéfini et un peu inquiétant de ces pauvres dont Simmel disait justement qu'ils étaient à la fois rejetés à l'extérieur de la société et inclus dans une sorte de cercle ultime délimité par l'assistance dont ils faisaient l'objet[1]. Depuis, la zone a disparu, fondue dans le double anneau du périphérique et de la banlieue. Éric Hazan a bien montré comment Paris, d'une enceinte à l'autre (le périphérique étant la sixième), a étendu ses limites par strates concentriques, qui correspondaient, chaque fois, à des moments de mutations techniques, sociales et politiques[2]. Cependant, malgré les effacements successifs, d'anciens pourtours ont laissé leur trace dans la ville. Ainsi, la voie ferrée désaffectée de l'ancienne petite ceinture est un espace ensauvagé, une friche où la nature prolifère et où la poésie des herbes folles est associée à la « mauvaise graine » des marginaux suspectés de trafics illicites. Il ne fait pas bon s'y promener, dit-on, à la tombée de la nuit.

Les terrains vagues échappent à l'ordre et à la loi, ils sont réputés dangereux, surtout « entre chien et loup », entre domestique et sauvage en somme, dans

---

1. Georg Simmel, *Les Pauvres*, Paris, PUF, « Quadrige », 1998.
2. Éric Hazan, *L'Invention de Paris. Il n'y a pas de pas perdus*, Paris, Seuil, 2002, p. 23.

ce crépuscule indécis où montent les peurs. On peut y faire de mauvaises rencontres, y croiser un voleur, un violeur, un tueur, voire un notable transformé en ogre sanguinaire. À Bruay-en-Artois, le 6 avril 1972, le corps d'une adolescente de seize ans, Brigitte Dewèvre, fille de mineurs, fut retrouvé nu et mutilé (mais non violé) dans un terrain vague, entre la cité des corons et un quartier plus bourgeois de la ville. On songea d'abord à un rôdeur, celui-ci incarnant dans l'imaginaire la menace diffuse et insaisissable des confins. Mais très rapidement, et sur des indices extrêmement ténus, les soupçons du juge auprès du tribunal de Béthune, Henri Pascal, se portèrent sur un notaire, Pierre Leroy, inculpé dès le 13 avril, puis sur l'amie de celui-ci, dont la propriété jouxtait le lieu du crime. On passa alors du fait divers local à l'événement national. L'affaire, suivie par une noria de journalistes, devint un drame social qui, durant plusieurs mois, passionna le pays. Il opposait la colère du coron à la complicité des exploiteurs et des débauchés, la justice populaire à la justice de classe. Un article du *Nouvel Observateur*, le 24 avril, rapportait que, le soir du crime, tandis que la petite Brigitte partait seule de chez elle pour aller dormir chez sa grand-mère, le notaire « avait avalé la presque totalité d'un énorme steak de huit cents grammes ». Récit repris et amplifié le 1er mai dans un numéro spécial de *La Cause du peuple*, journal de la Gauche prolétarienne (maoïste) qui, faisant écho aux rumeurs les plus folles, désignait le coupable : ce notable carnassier, symbole d'une bourgeoisie avide, monstre insatiable et dépravé au point de dévorer aussi la vie d'une enfant d'ouvriers. Sous le titre « Il n'y a qu'un bourgeois pour avoir fait ça », on apprenait que la petite avait été « mise en charpie » et que c'était « un acte de cannibalisme ». Nous avions donc là, selon la formule ironique de Claude Fischler, une manifestation du « cannibalisme en tant que stade suprême du capitalisme [1] ». Le « petit juge », devenu une célébrité, prit stature de justicier. Refusant toute connivence avec la bourgeoisie, il se dressait seul contre les nantis du Rotary (dont le riche notaire faisait partie) qu'une rumeur insistante accusait d'orgies. Son action, controversée, était soutenue par les militants du « Comité Vérité et Justice », lancé avec succès par les maoïstes à Bruay, et dont le modèle allait ensuite essaimer dans le pays [2].

Notre jeune équipe de chercheurs du « groupe de diagnostic sociologique [3] », créée par Edgar Morin pour étudier « à chaud » l'émergence d'événements perturbateurs, et par là même révélateurs de courants sociaux souterrains, se passionnait pour ce nouveau spécimen de mythologie moderne. Il valait bien, pensions-nous, l'affaire Dominici, analysée par Roland Barthes [4], ou encore la rumeur d'Orléans étudiée par Edgar Morin quelques années avant [5]. Il dévoilait, en effet, sous des figures archétypales et des formes régressives, le malaise suscité par les mutations qui affectaient la société. Dans ce pays houiller en crise où cinq puits sur six avaient déjà été fermés, le chômage croissant, les reconversions difficiles, la perte d'une forte identité et d'une forte solidarité ouvrières, mais aussi l'atomisation des modes de vie et les nou-

---

1. Nicole Benoit (Lapierre), Philippe Defrance, Claude Fischler, Bernard Paillard, « Deux études de sociologie événementielle », Rapport CORDES (Commissariat du Plan), Paris, avril 1973, p. 120.
2. Hervé Hamon, Patrick Rotman, *Génération 2. Les années de poudre*, Paris, Seuil, 1988, p. 428-439.
3. Une enquête analogue fut également menée sur un autre fait divers retentissant de l'époque, l'incendie d'une boîte de nuit, le 5/7 à Saint-Laurent-du-Pont, qui, dans la nuit du 31 octobre au 1er novembre, fit 146 victimes de quinze à trente ans. Nicole Benoit (Lapierre), Philippe Defrance, Claude Fischler, Bernard Paillard, « Deux études de sociologie événementielle », *op. cit.*
4. Roland Barthes, *Mythologies*, Paris, Seuil, 1970.
5. Edgar Morin, *La Rumeur d'Orléans*, Paris, Seuil, 1969.

velles aspirations de la jeunesse, favorisaient un sentiment d'insécurité agrégeant peurs, rancœurs et désespoirs. De la brèche ouverte par le fait divers, la violence des antagonismes anciens ressurgissait sous les traits menaçants de ces représentations archaïques du danger que sont l'ogre et le rôdeur. À Bruay, dans un monde de la mine voué à disparaître, sur fond de désarroi social et à la faveur d'un crime sexuel non élucidé, on racontait à la fois *Germinal*, *Le Petit Chaperon rouge* et des histoires de loup-garou.

Investis par l'imaginaire populaire et ses légendes, peuplés de monstres et de chimères, « lieux de passage entre nature et culture, sauvage et domestique, les confins apprennent et permettent de penser l'altérité et la différence [1] ». De l'expérimenter aussi. Ils attirent les curieux intrépides, les aventureux tentés par l'inconnu, y compris celui qui gît au fond d'eux-mêmes. Car ceux qui prennent le risque de s'y rendre peuvent en revenir métamorphosés. C'est d'ailleurs aussi pourquoi, à l'inverse, il faut y aller pour muter : dans de nombreuses sociétés traditionnelles, de l'Ouest africain notamment, les jeunes doivent ainsi quitter l'abri du village pour affronter, seuls dans la brousse ou la forêt, les épreuves initiatiques et les rites de passage qui leurs permettront d'entrer dans une nouvelle classe d'âge.

De ces rituels, un ethnologue et folkloriste original a très tôt saisi la forme et le sens. En 1909, l'année où Simmel publiait en Allemagne *Pont et Porte*, Arnold Van Gennep faisait paraître en France *Les Rites de passage*, dont le long sous-titre précisait l'ambition : *Étude systématique des rites de la porte et du seuil, de l'hospitalité, de l'adoption, de la grossesse et de l'accouchement, de la*

---

[1]. Martin de La Soudière, « Le paradigme du passage », *Communications*, n° 70, *op. cit.*, p. 18.

naissance, de l'enfance, de la puberté, de l'initiation, de l'ordination, du couronnement, des fiançailles et du mariage, des funérailles, des saisons, etc[1]. L'approche était radicalement nouvelle, trop peut-être. L'ouvrage, aujourd'hui considéré comme canonique, fut alors accueilli avec un certain mépris : rien de bien sérieux dans tout cela, une recherche illusoire de lois et un vagabondage historique et ethnographique, écrivit Marcel Mauss dans une recension de *L'Année sociologique*[2]. Injuste traitement pour un livre important qui fut, selon son auteur, « le résultat d'une sorte d'illumination interne qui mit subitement fin à des sortes de ténèbres où [il se] débattai[t] depuis près de dix ans[3] ». Jusque-là, les rites observés par les ethnologues présentaient une telle diversité selon les peuples et les cultures que l'on se perdait dans l'émiettement des descriptions et des explications par la magie et le tabou. Tout s'éclairait si on leur trouvait une armature commune. Telle est bien la révélation de Van Gennep : de très nombreux rites correspondent à une même logique et suivent un même schéma spatio-temporel, ils accompagnent un changement de place, d'état, d'occupation, de situation sociale ou de génération affectant l'individu ou le groupe. Ils ménagent ainsi les transitions, rassurent en prévenant à-coups et ruptures, et scandent les trois phases du passage : la séparation d'avec le groupe ou l'état antérieurs, la marge, intermède et moment de flottement entre l'avant et l'après, et enfin l'agrégation qui marque l'accès à l'état ou au groupe nouveaux.

Cette séquence en trois phases, d'ampleur variable, est un schéma universel que l'on retrouve, plus ou

---

1. Arnold Van Gennep, *Les Rites de passage* [1909], Paris, Picard, 1994.
2. T. IX, 1906-1909, p. 200-202.
3. Arnold Van Gennep, *Religions, mœurs et légendes*, Paris, Mercure de France, t. V, 1914, p. 39-40.

moins accentué, dans les sociétés modernes d'aujourd'hui[1], et qui permet notamment de saisir en termes sociaux et culturels les grands événements biologiques que sont la naissance, la puberté, la fécondité et la mort. Van Gennep, d'emblée, l'associe aux passages matériels qui en sont bien souvent le support ou le modèle. Le cycle cérémonial des rites de passage inclut en effet fréquemment un déplacement, un franchissement physique autant que symbolique et, en particulier pour la phase de marge, une relégation, un renvoi dans un hors lieu autant que dans un hors temps. Cette étape intermédiaire, et les rites liminaires (de *limen* : seuil) qui la ponctuent, ont été, à la suite de Van Gennep, étudiés par Victor Turner[2], qui souligne son caractère littéralement extraordinaire. Les anciens repères sont défaits, les nouveaux ne sont pas encore acquis, le novice, avant d'être initié, intronisé, adoubé, est dépouillé de ce qu'il fut, il arrive qu'on lui enlève son nom, ses vêtements, ses attributs et même, de façon simulée, sa vie, puisqu'il s'agit pour lui de renaître différent. Il est alors, selon les cas, considéré comme un mort vivant ou traité comme un nouveau-né vagissant. Fragile, en marge et en péril, il est en même temps un mutant inquiétant, dangereux pour les membres à part entière de la société, qui prennent soin de l'éviter[3].

Turner note également que cette mise à l'épreuve et à l'écart des relations sociales organisant les groupes d'appartenance, hors statut et hors milieu, peut conduire à une forme de solidarité fraternelle et

---

1. Voir Pierre Centlivres et Jacques Hainard (éd.), *Les Rites de passage aujourd'hui*, Lausanne, L'Âge d'Homme, 1986, et Martine Segalen, *Rites et rituels contemporains*, Paris, Nathan, 1998.
2. Victor W. Turner, *Le Phénomène rituel. Structure et contre-structure*, Paris, PUF, 1990.
3. Mary Douglas, *De la souillure. Études sur la notion de pollution et de tabou*, Paris, La Découverte, 1992, p. 114.

marginale qu'il nomme la *communitas*. Un phénomène manifeste dans diverses sociétés traditionnelles et dont il retrouve une analogie dans certaines bandes de jeunes ou certains mouvements contre-culturels tel celui des hippies. Libre communauté d'égaux, émancipée des règles et hiérarchies habituelles, la *communitas* est régulatrice si elle n'est qu'un intervalle ou un intermède (comme d'ailleurs le carnaval ou le charivari), mais elle est vite jugée menaçante et subversive si elle s'éternise. Il ne faut pas que cela dure et que cela s'étende, il faut que jeunesse et marginalité passent, que chaque personne et chaque chose revienne à sa place.

L'entre-deux est un site périlleux.

LIMITES ET FRONTIÈRES

En temps de guerre, les ponts (matériels et culturels) sont souvent coupés ou détruits. Libéral, hostile à l'empereur Guillaume II, Georg Simmel était, bien que patriote, « très affecté par l'interminable prolongation de la guerre qui isolait l'Allemagne de l'Europe en laquelle il croyait[1] ». Une guerre dont il n'a pas vu le terme, car il est mort le 26 septembre 1918, à Strasbourg, où il avait fini par obtenir, peu avant, une chaire de professeur, après s'être longtemps heurté à l'antisémitisme dans l'Université allemande et avoir attendu, longtemps et en vain, une nomination à Berlin. Outre son origine juive, on lui reprochait son intérêt pour des auteurs alors peu académiques, tels Schopenhauer (qui avait notamment écrit *Contre la*

---

1. Jean-Louis Vieillard-Baron, Introduction à Georg Simmel, *Philosophie de la modernité, op. cit.*, p. 19.

philosophie universitaire[1]) ou Nietzsche, ce qui était encore pire. Dans une lettre au philosophe Heinrich Rickert, qui avait tenté sans succès de soutenir sa candidature à Heidelberg, haut lieu de la philosophie allemande, il brocardait ainsi la mauvaise foi de ses détracteurs : « Tantôt je suis trop spécialiste, tantôt trop polyvalent, ici je ne suis "au fond qu'un sociologue", et là je ne suis "que d'une subtilité talmudique", en général je ne suis que "critique et négateur", etc. J'ai cessé de me battre contre ces inepties[2]. » En dépit de la renommée de son enseignement (ou peut-être à cause de ce succès, de ses nombreuses publications en Allemagne comme à l'étranger, de ses textes publiés dans les quotidiens...) et de forts soutiens, dont celui du puissant Max Weber, il n'eut donc d'autre choix que ce poste peu convoité, dans une université alors de seconde zone, sise dans une ville frontière, aux confins de l'Empire... Une affectation tardivement concédée à celui qui fut un « *border sociologist* », selon l'expression de Danilo Martuccelli[3].

Ce n'était pas, pour autant, un marginal ou un aventureux (en dépit de sa belle analyse de l'aventure) et, si sa pensée fut audacieuse, son existence fut plutôt calme et sédentaire. Jusqu'à sa nomination à Strasbourg, hormis quelques voyages dans les pays européens, il n'a guère quitté Berlin, où il est né le 1er mars 1858, dans une famille juive assimilée et convertie au protestantisme. Ayant connu dans sa jeunesse des difficultés matérielles en raison des revers de fortune de son père qui mourut tôt, le laissant orphelin à seize

---
1. Arthur Schopenhauer, *Contre la philosophie universitaire*, Paris, Payot & Rivages, 1994.
2. Lettre du 26 décembre 1915, citée par Karine Winkelvoss, Préface à Georg Simmel, *Le Cadre et autres essais*, Paris, Gallimard, « Le cabinet des lettrés », 2003, p. 11.
3. Danilo Martuccelli, *Sociologies de la modernité*, Paris, Gallimard, « Folio Essais », 1999, p. 375.

ans, il put cependant poursuivre des études de philosophie grâce au soutien de son oncle Julius Friedländer, fondateur des éditions musicales Peters. Ce dernier lui laissa, à sa mort en 1889, un héritage qui le mit définitivement à l'abri du besoin et lui permit de continuer son enseignement à l'université en tant que *Privatdozent*, c'est-à-dire au niveau le plus bas et quasiment sans rétribution, mais devant une foule d'étudiants que lui enviaient certains collègues titulaires d'une chaire. Chaque semaine, il donnait aussi à domicile un séminaire renommé auquel Ernst Bloch, Bernard Groethuysen, Siegfried Kracauer, Karl Mannheim, György Lukács et bien d'autres eurent l'occasion d'assister. Charles du Bos a raconté l'atmosphère de concentration particulière qui régnait dans ce cénacle : à un bout d'une longue table prenait place Gertrud, l'épouse de Simmel, lui occupait l'autre extrémité, une dizaine d'auditeurs attentifs et captivés l'écoutaient parler d'esthétique, de sociologie, de philosophie, dans la fumée montante des cigarettes [1]. Le bonheur d'être admis là était aussi un honneur.

À peu près à l'époque où Georg Simmel fut nommé professeur à Strasbourg, Arnold Van Gennep avait obtenu, à Neuchâtel, le seul poste universitaire de toute sa carrière. Mais cela ne dura que trois ans, de 1912 à 1915, car il fut congédié et expulsé de Suisse pour motifs politiques. En fait, une lamentable affaire où se mêlèrent la réaction sourcilleuse des autorités au sujet de quelques articles critiques de Van Gennep sur la Suisse et des rapports de basse police hautement fantaisistes, fondés sur des analyses graphologiques et le soupçon d'une prétendue dissimulation d'identité [2].

---

1. Dans une lettre à Bernard Groethuysen, parue in *Cahiers du Sud*, n° 297, 1949, citée par Jean-Louis Vieillard-Baron, introduction à Georg Simmel, *Philosophie de la modernité, op. cit.*, p. 10.
2. Voir l'article de Pierre Centlivres et Philippe Vaucher, « Les tribulations d'un

Elle témoigne du climat de méfiance qui régnait alors dans la Confédération helvétique sur fond de guerre, comme du caractère ombrageux et inapte aux concessions de cet ethnologue dont on pourrait dire qu'il fut, lui, un *border anthropologist*. Et, bien plus que Simmel, un frontalier tout court, assorti d'un frondeur. Le parcours atypique de cet anticonformiste aux sympathies anarchistes a été, en effet, jalonné de passages, de voyages, de déplacements multiples.

Étonnant personnage que cet Arnold Van Gennep, injustement oublié ou relégué dans le fonds poussiéreux des précurseurs dépassés, et auquel seuls de rares ethnologues ont rendu hommage [1]. Né le 23 avril 1873 à Ludwigsburg dans le Wurtemberg, d'un père descendant de Cévenols exilés après la révocation de l'édit de Nantes et d'une mère d'origine hollandaise, il est parti pour la France avec cette dernière après le divorce de ses parents quand il avait six ans. De ce père officier prussien, qui battait femme et enfants au sabre lorsqu'il avait trop bu, il n'a pas voulu garder le nom de Kurr et a préféré prendre celui de sa mère (ce changement de nom sera un des motifs de soupçon des limiers suisses). Ayant grandi entre Nice, où son beau-père médecin exerçait, et Challes-les-Eaux, en Savoie, dont ce dernier était maire, il s'est épris de cette région des marches passée de l'Italie à la France, qui sera un de ses terrains de prédilection. Esprit curieux, avide de connaissances, il a préféré à la Sorbonne une formation moins académique, apprenant l'arabe à l'École des langues orientales, ainsi que la

---

ethnographe en Suisse. Arnold Van Gennep à Neuchâtel (1912-1915) », *Gradhiva*, n° 15, 1994, p. 89-101.

[1]. Voir notamment Nicole Belmont, *Arnold Van Gennep : le créateur de l'ethnographie française*, Paris, Payot, 1974, et Isac Chiva, « Entre livre et musée. Émergence d'une ethnologie de la France », in Isac Chiva et Utz Jeggle (éd.), *Ethnologies en miroir. La France et les pays de langue allemande*, Paris, Éditions de la MSH, p. 22-25.

linguistique générale, l'égyptologie, l'arabe ancien et les religions des peuples non civilisés et islamiques à l'École pratique des hautes études, où il a soutenu une thèse intitulée *Tabou et totémisme à Madagascar.* Ce boulimique avaleur de savoirs était aussi un remarquable polyglotte. Dans un article de 1927 sur l'apprentissage des langues [1], il disait en connaître dix-huit, sans compter les dialectes.

Après ses études, ayant rompu avec sa famille qui désapprouvait son mariage avec une jeune fille désargentée, il est parti pendant quatre ans enseigner le français à Czestochowa, en Pologne. Là, outre le polonais, le russe et quelques autres langues slaves, il s'est aussi intéressé au yiddish. Puis il a travaillé sept ans au ministère de l'Agriculture en tant que « chef des traductions ». Curieuse et paradoxale situation : traduire, au fond, est une façon de se déplacer, mais là, dans cette administration, c'était un pis-aller, et notre homme n'était pas fait pour la vie de bureau. Seules l'ethnologie et l'étude du folklore le passionnaient. Un folklore qui, pour lui, n'était pas un patrimoine de vestiges embaumés et surannés, mais la matière bien vivante des manières et coutumes. Aussi, quand Alfred Valette, le directeur du *Mercure de France,* lui a proposé une chronique ethnologique dans cette revue qui réunissait alors quelques intelligences effrontées, il a accepté, enthousiaste. Il y écrira régulièrement, de 1909 à 1949, des textes acérés et vivra désormais chichement d'articles, de traductions et de conférences, pour pouvoir consacrer l'essentiel de son temps à son œuvre d'ethnologue [2].

C'est au Mercure de France qu'il publie notam-

---

1. Arnold Van Gennep, « De l'utilisation du subconscient dans l'étude des langues vivantes », *La Psychologie et la vie,* 1re année, n° 3, mai 1927, p. 9-13, cité par Nicole Belmont, *Arnold Van Gennep, op. cit.*, p. 12.
2. Voir Nicole Belmont, *Arnold Van Gennep, op. cit.* et Daniel Fabre, « Le *Manuel*

ment, en 1911, un livre insolent intitulé *Les Demi-Savants*, dans lequel il brocarde quelques spécimens de collègues trop étroitement spécialisés pour comprendre quoi que ce soit à la vitalité des faits sociaux. Avec un sens aigu de la dérision, il y raconte une savoureuse histoire qui débute en 2211. Cette année-là, un cataclysme se produit, l'Europe s'affaisse brutalement en une nuit, la majeure partie du territoire disparaît sous les flots, ne laissant émerger que les massifs montagneux. Le continent est ainsi devenu un archipel dans lequel, pendant quelques siècles, se développeront États et civilisations. « Mais le vieil instinct de lutte et de rapine des habitants de l'Archipel Européen n'était point mort. Il y eut des guerres et des massacres, et vers la fin du quatrième millénaire après Jésus-Christ l'Archipel Européen se trouvait complètement dépeuplé [1]. » Pendant cinq ou six mille ans, les peuples des autres continents, dont les sciences et les techniques étaient très avancées, ne virent aucune utilité à coloniser ces contrées. Puis un mouvement d'émigration s'amorça, précédé par quelques savants chargés d'explorer systématiquement les terres vierges où il y avait eu d'antiques richesses. C'est ainsi que T. D. B. Abdallah Sénoufo, professeur d'épigraphie comparée à l'Université des États-Unis du Tchad, prit la tête d'une mission archéologique en 9040. La chance voulut qu'il tombât sur deux vestiges de grande importance, deux plaques de cuivre très érodées, l'une représentant un visage joufflu entouré de rayons et l'autre, l'inscription MACL. De la première, il a déduit que les autochtones rendaient un culte au Soleil vers la fin du deuxième millénaire après Jésus-

---

de folklore français d'Arnold Van Gennep », in Pierre Nora (dir.), *Les Lieux de mémoire*, III. *Les France*, 2. *Traditions*, Paris, Gallimard, 1992, p. 642-675.
1. Arnold Van Gennep, *Les Demi-Savants*, Paris, Mercure de France, 1911, p. 115.

Christ. La seconde lui donna plus de mal, était-ce un ex-voto dédié à une déesse connue sous le nom de IMAKULEKONSEPSION ? Le début d'un de ces noms propres plutôt en usage dans le Scotishland ? Finalement, le professeur Sénoufo conclut brillamment que c'était le signe d'une alliance entre les quatre tribus de la région dont on retrouvait les initiales, les M EDULLES ; A LLOBROGES ; C EUTRONS ET L IGURES. Confiant en son savoir et fort de cette théorie indiscutable, il éclata de rire quant son petit-fils émit l'hypothèse selon laquelle MACL signifiait en vieux français : MAISON ASSURÉE CONTRE L'INCENDIE. Il fallait être un jeune fou pour envisager une telle « impossibilité épigraphique [1] ! »

Le Professeur Sénoufo était un de ces érudits trompés par la rigidité de leur pensée. Dans l'interprétation des traces de cette Europe engloutie, il s'était fourvoyé avec une certitude obstinée. Quant à l'auteur de cette petite anticipation parodique, il n'avait pas seulement le goût de l'ironie et de l'impertinence. Rebuté par toutes les formes de conservatisme, dans les sciences comme dans la société, il s'intéressait aux radicalités de l'époque. Son chemin avait ainsi croisé celui de deux grands révoltés, Kropotkine, le prince révolutionnaire et anarchiste russe qui fut aussi explorateur et savant, et Henry Havelock Hellis, homosexuel insurgé contre l'ordre moral de l'Angleterre victorienne et fondateur de la sexologie. Dans un article de 1932, Arnold Van Gennep dénonçait ces deux entraves à l'épanouissement humain que sont « un système de civilisation où la distribution des biens est en sens inverse de leur production [2] » et la répression

---
1. *Ibid.*, p. 133.
2. Arnold Van Gennep, « La sexualité, fait naturel », *La Psychologie et la vie*, 6ᵉ année, n° 8, août 1932, p. 210, cité par Nicole Belmont, *Arnold Van Gennep, op. cit.*, p. 165-166.

de la sexualité essentielle au développement de la vie psychique et dont « dépendent l'art plastique, la musique, la littérature, mieux encore : la science[1] ».

Arnold Van Gennep aurait pu rencontrer Georg Simmel à Berlin, il se rendait en effet souvent en Allemagne où il aimait visiter les musées d'ethnologie, dont la France, si mal lotie, aurait bien fait de s'inspirer, selon lui. Les deux hommes auraient pu également se voir en Suisse, où Simmel passait volontiers ses vacances. Optons pour Berlin, un jour de l'automne 1910, observons la scène et écoutons leur discussion imaginaire, certes, mais intellectuellement plausible. Cela se passe chez Simmel, dans la salle enfumée où vient de se terminer le séminaire hebdomadaire. Les élèves sont partis, Gertrud, l'épouse du maître, s'est éclipsée aussi. Georg, plus âgé de dix-sept ans et beaucoup plus renommé qu'Arnold, le laisse parler, il est un peu bousculé par la fougue radicale de ce cadet passionné, mais en même temps séduit par sa culture et son aplomb. Ils sont l'un et l'autre attirés par une philosophie d'inspiration vitaliste et également attentifs à la prise en compte des forces psychiques dans le dynamisme des faits sociaux. Et puis, ils partagent un même jugement sévère sur l'école sociologique française et ses représentants. Georg a un contentieux avec Émile Durkheim, qui a éreinté sa *Philosophie de l'argent* en parlant d'un « genre de spéculation bâtard où le réel est exprimé en termes nécessairement subjectifs, comme dans l'art, mais abstraits comme dans la science[2] ». Arnold en veut à Marcel Mauss, qui a traité ses *Rites de passage* de

---

1. *Ibid.*, p. 211.
2. Émile Durkheim, « Compte rendu de Georg Simmel : *Philosophie des Geldes* », *L'Année sociologique*, V, 1900-1901, p. 145.

« vagabondage ethnographique », et sur les travaux duquel lui-même a écrit quelques chroniques peu amènes. Bâtardise et vagabondage, ces deux-là ne pensent pas droit, c'est encore un point commun, ils en ont d'autres : tous deux sont connus sans être reconnus ; accueillis dans les sphères universitaires, ils n'hésitent pas à écrire hors des lieux académiques pour un plus large public et chacun, à sa manière, transgresse les usages disciplinaires. Ce sont deux hommes à part.

À propos de rites de passage, Georg raconte le scandale qui eut lieu lors de sa soutenance d'habilitation en philosophie, en 1883 : le texte initial qu'il avait déposé avait pour titre « Études psychologiques et ethnographiques sur les origines de la musique », un beau sujet aux yeux d'Arnold, mais pas pour le jury qui avait préféré retenir un travail plus classique concernant « Les différents points de vue de Kant sur l'essence de la matière ». Tout se passait au mieux quand, soudain, le vieux professeur Theobald Ziegler affirma que l'âme était une réalité en forme de point localisée au milieu du front. Quel sot ! C'en fut trop pour Simmel, qui protesta avec insolence et se retrouva sanctionné par six mois d'ajournement de son diplôme d'habilitation [1]. L'épisode amuse Arnold, décidément, l'un comme l'autre ont eu maille à partir avec l'institution.

Puis, la discussion s'engage sur cette forme particulière de passage qu'est la frontière. Une limite arbitraire, une ligne de partage tracée par l'homme et sujette à variations historiques et politiques, sur ce point ils sont bien d'accord. La frontière renforce la cohésion interne des éléments qu'elle sépare et en

---

1. D'après le récit de Hans Simmel, fils de Georg, cité par Jean-Louis Vieillard-Baron, introduction à Georg Simmel, *Philosophie de la modernité, op. cit.*, p. 17.

même temps conjoint dans leur limitation réciproque ; bref, par son tracé, elle crée des entités et des identités, martèle Simmel. Et il remarque que les frontières dites naturelles (montagnes, mers ou déserts), bien qu'elles puissent protéger et isoler une région, donnent moins intensément le sentiment d'une unité différenciée que la ligne géométrique des frontières politiques. Une analyse clairement énoncée deux ans plus tôt, dans le chapitre 9 de *Sociologie* : « La frontière n'est pas un fait spatial avec des conséquences sociologiques, mais un fait sociologique qui prend une forme spatiale [1]. »

Van Gennep approuve : pas plus que le climat, l'espace et sa configuration ne sauraient expliquer les contrastes de sociétés et de cultures, les frontières n'ont rien de naturel, ce sont des productions humaines qui peuvent bouger, voire disparaître. D'ailleurs, selon lui, elles tendent à s'effacer dans les sociétés modernes, comme il l'a écrit au début du chapitre II des *Rites de passage* : « De nos jours, et sauf pour les rares pays qui ont conservé le passeport, ce passage est libre dans les régions civilisées. La frontière, ligne idéale tracée entre des bornes ou des poteaux, n'est visible que sur les cartes, exagérément [2]. » N'oublions pas que nous ne sommes qu'en 1910. Cinq ans plus tard, injustement soupçonné de dissimuler son identité, expulsé de Suisse en tant qu'« indésirable étranger », sans doute ne dirait-il pas la même chose.

Georg le met en garde : « Bel optimisme ! Qui sait même si vous pourrez continuer à voyager à votre guise. Écoutez alentour, nul besoin de tendre l'oreille bien loin pour entendre gronder les passions nationales de part et d'autre de frontières qui ne font que se

---

[1]. Georg Simmel, *Sociologie. Études sur les formes de la socialisation, op. cit.*, p. 606.
[2]. Arnold Van Gennep, *Les Rites de passage, op. cit.*, p. 19.

renforcer. Je crains que nous n'allions à la guerre. Et que faites-vous de ces frontières sociales qui séparent, au sein des collectivités, le membre de plein droit et celui qui ne l'est qu'à moitié ou au quart ? Accepté, mais seulement pour une part, il ne peut que ressentir douloureusement cette participation conditionnelle [1]. La fin des frontières ? Une idée libertaire qui n'est pas près de se réaliser !
— Pas libertaire, mais kantienne ! » rétorque Arnold, un peu surpris (son interlocuteur sait-il qu'il a fréquenté Kropotkine ?) mais bien décidé à avoir le dernier mot.

Il en convient cependant, Georg a raison sur cette civilisation où règne l'injustice et sur l'époque qui s'assombrit. Tous deux sont des intellectuels européens qui se méfient des nationalismes avec leur cortège d'alibis essentialistes : l'âme ou le génie des peuples, les mythes d'origine et les traits culturels éternels...

Soixante ans plus tard, quand Fredrik Barth, dans l'introduction à un livre collectif qu'il a dirigé sur les relations interethniques, théorisera la notion d'*ethnic boundaries*[2], selon laquelle ce ne sont pas des traits culturels fixes qui définissent les identités ethniques mais la dynamique des interactions, inclusions, exclusions par lesquelles elles se différencient, il sera dans la droite ligne de Simmel, pionnier oublié dont la perspicacité fut sans doute trop précoce. La diffusion des idées est évidemment aussi une question de conjoncture. « La perspective antisubstantialiste de

---
1. Voir Georg Simmel, *Sociologie, op. cit.*, p. 610.
2. Fredrik Barth, *Ethnic Groups and Boundaries. The Social Organisation of Culture Difference*, Bergen, Oslo, Universitetsforlaget, 1969. Traduction française : « Les groupes ethniques et leurs frontières », in Philippe Poutignat et Jocelyne Streiff-Fenart, *Théories de l'ethnicité*, Paris, PUF, 1995.

Barth a constitué une étape essentielle de la réflexion et a eu une influence considérable sur la recherche », rappelle Dominique Schnapper, citant le propos de Léo A. Desprès selon lequel il y a la période B.B. (*Before Barth*) et la période A.B. (*After Barth*)[1]. Barth, lui, venait à son heure : celle de la décolonisation et des remises en question qui l'accompagnaient, dans le domaine de l'anthropologie.

Ces frontières ethniques se multiplient aujourd'hui autour des crispations communautaires, des replis et des fondations légendaires ou mythiques qui les soutiennent. Sur les seuils dits « de tolérance » (comme les maisons closes d'autrefois), les portes se ferment. L'idée d'une vocation de l'Amérique à repousser la frontière entre le monde sauvage et la civilisation, telle que l'avait expliquée l'historien Frederick Jackson Turner, dans sa célèbre conférence, en 1893, revient au goût du jour. Quant aux frontières des États, elles deviennent des barrières provisoires et souvent dérisoires face à l'importance des flux migratoires et au développement de réseaux plurilocaux. Pour contrer ces flux, apparaissent de nouveaux espaces de marge et de mise à l'épreuve, camps de réfugiés, abris temporaires, lieux de rétention des immigrés clandestins, zones d'attente pour les demandeurs d'asile, qui ne constituent pas, pour autant, comme dans le schéma de Van Gennep, l'étape transitoire vers une intégration. Car aux frontières comme dans ces non-lieux qui les bornent, où les identités sont contrôlées, on refoule une population manquant de tout et qui, pour cela même, reviendra comme une houle.

---

1. Dominique Schnapper, *La Relation à l'autre. Au cœur de la pensée sociologique*, Paris, Gallimard, 1998, p. 160.

2
Déplacements

Ma première rencontre avec Isac Chiva fut marquée d'inquiétude. Il siégeait dans mon jury de thèse et je ne savais pas pourquoi. L'idée avait été suggérée à Edgar Morin par Dominique Schnapper qui, sollicitée, avait refusé. Elle m'avait dit alors : « Vous avez écrit vos *Tristes tropiques*, c'est bien mais ce n'est pas de la sociologie, donc ce n'est pas pour moi », un compliment et non des moindres, doublé d'un désaveu disciplinaire parfaitement clair. Ma démarche et mon texte sur la mémoire des Juifs de Plock[1] étaient hybrides, certes, mais Isac Chiva, l'ethnologue ruraliste, le fidèle adjoint et vieux complice de Claude Lévi-Strauss au laboratoire d'anthropologie sociale, était-il plus expert en hybridité et en mémoire juive ? Il l'était.

Depuis, nous nous sommes liés d'amitié et j'ai appris son itinéraire. Sa vie comme sa démarche intellectuelle sont frontalières. Juif roumain, rescapé du pogrom de Jassy en juin 1941, Isac Chiva a découvert à Bucarest, dans l'immédiat après-guerre, l'École de sociologie rurale qu'animaient alors Dimitrie Gusti et Henri H. Stahl. Marquée par les travaux des historiens

---
1. Nicole Lapierre, *Le Silence de la mémoire. À la recherche des Juifs de Plock*, Paris, Biblio Essais, 2001.

des Annales et teintée d'austro-marxisme, cette École s'opposait à l'autre courant ultraréactionnaire, qui célébrait l'esprit du peuple, l'âme paysanne et les vertus de l'autochtonie. Pour Chiva, suivre cet enseignement était un choix à la fois exotique et politique. Exotique, parce que les Juifs étaient exclus du monde rural, dans ce pays « envahissant par sa ruralité », et sans doute y avait-il là, inconsciemment, une part de fascination et de transgression. Politique, car après l'expérience de la guerre, dominée par la peur, il était attiré par cette pensée critique, inspirée par un marxisme ouvert.

Mais cette ouverture était menacée par les noces du stalinisme et du nationalisme qui s'annonçaient ; il valait mieux partir. Il est arrivé à Paris, en janvier 1948, comme Serge Moscovici et quelques mois plus tard Paul Celan, ses amis. En France, il est devenu ruraliste pour explorer une réalité « proche » qui avait l'attrait d'une *terra incognita*. Lui qui est resté, dit-il avec ironie, « profondément métèque » s'est mis à étudier les arts et traditions populaires de nos campagnes, puis s'est investi passionnément dans l'institution muséale et l'ethnologie patrimoniale, en défendant toutefois une conception historicisée, comparative et diversifiée des sociétés et cultures rurales de l'Europe, à l'opposé du mythe de l'éternité paysanne, qui avait en partie pollué l'histoire de l'ethnographie de la France rurale.

En Européen convaincu, il a aussi œuvré résolument à faire connaître les travaux de ses collègues d'outre-Rhin, à promouvoir les échanges et à jeter d'innombrables ponts entre les ethnologies de langue allemande et de langue française [1]. Dans ce va-et-vient, il a croisé une autre figure frontalière, celle d'Eugénie Goldstern. S'il ne l'a pas connue, elle lui est néan-

---

1. Voir notamment Isac Chiva et Utz Jeggle (éd.), *Ethnologies en miroir, op. cit.*

moins familière car, au fond, elle lui ressemble un peu. Née à Odessa en 1883, dans une famille juive polonaise originaire de Lemberg, Eugénie Goldstern, après avoir étudié en Autriche puis en Suisse, est devenue une spécialiste de l'ethnographie des Alpes, aux côtés d'Arnold Van Gennep. Comme Chiva, elle s'est laissé happer par l'altérité des sociétés rurales ; plus que lui, elle a cumulé les handicaps : femme, célibataire, juive, sans poste universitaire, autrichienne donc germanophone, elle était vraiment déplacée. À Bessans, village où elle a séjourné et enquêté deux ans, en 1913 et 1914, et auquel elle a consacré une très sérieuse monographie[1], on la prenait pour une espionne.

Eugénie Goldstern a été déportée, elle est morte à Izbica (Pologne) en 1942, et on l'aurait oubliée sans quelques rares obstinés, dont Isac Chiva fait partie. Il a exhumé son histoire et offert cette évocation à Freddy Raphaël dans un volume d'hommages[2]. Freddy Raphaël, un autre frontalier auquel l'amitié me lie depuis cette lointaine soutenance de thèse. Juif alsacien, professeur de sociologie à l'université de Strasbourg, comparatiste résolu, il n'a cessé de passer *D'une rive à l'autre*[3], et de défendre le point de vue de l'étranger, de « celui qui jette un regard neuf, non habitué, sur les êtres et les choses[4] », en se référant, évidemment, à Georg Simmel.

---

1. Eugénie Goldstern, *Bessans. Vie d'un village de Haute-Maurienne*, Apremont, Curandera, « Savoisiennes », 1987.
2. Isac Chiva, « L'affaire Eugénie Goldstern : l'histoire d'une non-histoire », *Hommage à Freddy Raphaël, Revue des Sciences sociales*, n° 31, 2003, p. 150-157.
3. Utz Jeggle et Freddy Raphaël (éd.), *D'une rive à l'autre. Rencontres ethnologiques franco-allemandes*, Paris, Éditions de la MSH, 1997.
4. Freddy Raphaël, « Critique de la raison identitaire », in *D'une rive à l'autre, op. cit.*, p. 26.

L'ÉTRANGER

Dans son fameux texte de 1908 intitulé « Digressions sur l'Étranger[1] », Georg Simmel définit celui-ci non comme l'itinérant de passage, mais comme l'homme venu d'ailleurs et installé à demeure ou du moins durablement, même s'il reste un voyageur potentiel. Celui qui est à fois à l'intérieur et à l'extérieur, dans l'entre-deux, sur le seuil : membre du groupe dans lequel il s'est fixé, il y occupe, ou s'y voit assigner, une position distincte, en raison de sa provenance ou de son origine, et se trouve renvoyé à une altérité qui, selon les contextes et les circonstances, sera admise ou jugée menaçante. Cette situation inconfortable et instable de l'étranger est, en même temps, tout à fait positive, explique-t-il, dans la mesure où elle favorise une relation plus objective au monde social : « Parce qu'il n'a pas de racines dans les particularismes et les partialités du groupe, il s'en tient à l'écart avec l'attitude spécifique de l'*objectivité*, qui n'indique pas le détachement ou le désintérêt, mais résulte plutôt de la combinaison particulière de la distance et de la proximité, de l'attention et de l'indifférence[2]. » Plus libre de ses opinions et moins contraint par la tradition, l'étranger est aussi moins enclin aux préjugés, plus apte à la pensée critique, d'où le fait qu'à lui plus qu'aux proches sont parfois confiés confidences et secrets.

À cette analyse fait écho celle d'Alfred Schutz. Dans un article intitulé « L'étranger », écrit en anglais et publié en 1944 aux États-Unis[3], où il avait fui la

---
1. In Yves Grafmeyer et Isaac Joseph (éd.), *L'École de Chicago. Naissance de l'écologie urbaine*, Paris, Aubier, 1990.
2. *Ibid.*, p. 55.
3. Alfred Schutz, « The Stranger : An Essay in Social Psychology », *American Jour-*

menace nazie, cet avocat passionné de philosophie et de psychologie s'attache à son tour, en phénoménologue du social, à décrire à la fois les difficultés et les capacités particulières de l'étranger. Celui-ci ne dispose pas de cette préconnaissance immédiate qui repose sur une cohérence de soi et du monde. Pour lui, le modèle culturel du groupe d'accueil, dépourvu de l'évidence d'un sens commun sans question ni distance, s'avère « un terrain d'aventure » hautement problématique. L'approche de Schutz est plus négative, il insiste sur le désarroi et le clivage de l'étranger, mais il souligne cependant, comme Simmel, cette propension particulière à l'objectivité, liée à l'expérience amère des limites de la pensée d'habitude (*thinking as usual*) et à la nécessité d'examiner et de comprendre ce qui, pour d'autres, va immédiatement de soi. Ainsi note-t-il : « L'étranger discerne, souvent avec une douloureuse clairvoyance, l'émergence d'une crise susceptible de menacer toutes les fondations d'une "conception relativement naturelle du monde", dont tous les symptômes passent inaperçus pour les membres du groupe qui restent dans la continuité de leur mode de vie coutumier [1]. » Les questions de l'étranger, qui dérangent les certitudes, sont malvenues, ses hésitations, ses doutes et ses étonnements sont souvent interprétés comme de l'ingratitude, sa loyauté est mise en doute. Il entre dans un labyrinthe sans plan ni boussole et on lui reproche, dit encore Schutz, de ne pas s'y sentir chez lui et à l'abri.

Le modèle explicite de Simmel est la position des Juifs, commerçants et intermédiaires nécessaires, donc tolérés, tout en étant stigmatisés, dans la société

---

nal of Sociology, 49, 6, 1944. Repris in *Collected Papers II. Studies in Social Theory*, édités par Arvid Brodersen, La Haye, Martinius Nijhoff, 1976.

1. Alfred Schutz, *Collected Papers II, op. cit.*, p. 104.

précapitaliste. Mais au-delà, il vise un état, une situation à la fois mouvante et permanente qui est celle de l'individu appartenant à une minorité ayant plus ou moins droit de cité. D'ailleurs, cet étranger, installé tout en étant décalé, c'est un peu lui : Juif assimilé dans un pays où l'antisémitisme est affirmé notamment à l'Université, philosophe et sociologue renommé observant une société dont il fait partie, mais qui ne l'accepte pas tout à fait. Il a vécu une expérience de marginalisation relative qui n'a pu que favoriser sa distance réflexive.

Alfred Schutz, qui renvoie en note à Georg Simmel ainsi qu'aux travaux des sociologues de Chicago (notamment ceux de Robert Park, autre ancien élève de Simmel à Berlin), part d'une définition plus générale de l'étranger : « Un individu adulte de nos temps et de notre civilisation qui cherche à être accepté de façon permanente ou au moins toléré par le groupe qu'il approche [1]. » Mais, dans le contexte américain où prévaut l'idéologie du creuset de l'intégration, il inscrit cette figure dans une temporalité limitée. Celui dont il parle est le nouveau venu (*newcomer*), l'immigrant récent, l'homme dépaysé dont on ne sait pas encore s'il va rester un « hybride culturel », un « homme marginal [2] », ou s'il va s'assimiler en perdant ses spécificités, mais en même temps ses difficultés, d'étranger. Schutz, lui aussi, parle d'expérience : quand il publie ce texte, cela fait six ans qu'il est arrivé aux États-Unis, après avoir séjourné un an à Paris. C'est un immigré récent, qui fréquente d'autres intellectuels immigrés, notamment d'anciens élèves de

---

1. *Ibid.*, p. 91.
2. Alfred Schutz fait référence à la notion forgée par Robert E. Park et développée par Everett Stonequist. Robert E. Park, « Human Migration and the Marginal Man », article de 1928 repris dans *Race and Culture*, Glencoe (Illinois), Free Press, 1950 ; Everett Stonequist, *The Marginal Man*, New York, Charles Scribners, 1937.

Husserl avec qui il forme un cercle et anime une revue de phénoménologie. À New York, comme auparavant à Vienne, il gagne sa vie en étant avocat d'affaires et reste en marge du système universitaire. Bien qu'associé, dès le début, à l'Université en exil fondée par Alvin Johnson (qui va devenir la New School for Social Research), il n'y obtiendra un poste de professeur qu'en 1958, un an avant sa mort prématurée.

Étranger à demeure, comme Simmel, étranger ailleurs, comme Schutz, ces deux formes d'étrangéité, qui étonnent l'esprit et aiguisent le regard, ont été vécues successivement par de nombreux intellectuels juifs allemands, contraints de s'exiler après l'arrivée au pouvoir d'Hitler. Cet exil judéo-allemand, d'une ampleur considérable, fut aussi une immense transhumance des idées et des sciences, en particulier vers les États-Unis. Et certains de ces intellectuels décalés, puis exilés, et par là même enclins à la réflexivité, ont cherché sous les traits de l'exterritorial, du paria, de l'intellectuel sans attaches ou encore de l'outsider, à cerner leur propre expérience et son incidence sur leur rapport au monde.

DU MARGINAL À L'EXTERRITORIAL

« Un marginal se fait remarquer [1] », c'est ainsi que Walter Benjamin saluait, en 1930 à Berlin, la parution du livre *Les Employés* de Siegfried Kracauer, une étude brillante et novatrice qui, vingt ans avant *Les Cols blancs* de Wright Mills, analysait les conditions de vie et l'univers aliéné des employés de bureau [2]. « Le compor-

---

[1]. Cité par Enzo Traverso, *Siegfried Kracauer. Itinéraire d'un intellectuel nomade, op. cit.*, p. 83.
[2]. Siegfried Kracauer, *Les Employés*, Paris, Avinus, 2000, et Charles Wright Mills, *Les Cols blancs (essai sur les classes moyennes américaines)*, Paris, Maspero, 1966.

tement de Kracauer à l'égard de l'expérience était toujours celui de l'étranger, transposé dans le domaine de l'esprit. Il pense comme s'il avait transformé le traumatisme infantile de la question de savoir à qui on appartient en une manière de voir, où tout se présente comme au cours d'un voyage, même la grisaille de l'habituel, comme un sujet d'étonnement plein de couleurs », notait, de son côté, Theodor Adorno [1].

Né en 1889 à Francfort, Siegfried Kracauer a étudié l'architecture, la philosophie et la sociologie, et a suivi le séminaire privé de Simmel, dans les années dix à Berlin. Encore peu connu en France – en dépit de plusieurs traductions ou études récentes [2] et de la remarquable biographie intellectuelle que lui a consacrée Enzo Traverso [3] –, il fait partie de cette génération rebelle d'intellectuels juifs qui vécut la rupture de la guerre et l'effondrement de l'empire wilhelmien comme des événements fondateurs, s'éleva contre la philosophie du progrès, dénonça la vision positiviste du développement technique et contesta l'ordre bourgeois [4]. Engagé comme feuilletoniste par le prestigieux quotidien libéral *Frankfurter Zeitung*, il a participé activement à l'effervescence créatrice, culturelle et politique, de la gauche de Weimar, avant de connaître les

---

1. Theodor Adorno, « Un étrange réaliste. Siegfried Kracauer », in *Notes sur la littérature III*, Paris, Flammarion, 1984, p. 273.
2. *De Caligari à Hitler, op. cit.* ; *Jacques Offenbach ou le secret du Second Empire*, Paris, Le Promeneur, 1994 ; *Rues de Berlin et d'ailleurs*, Paris, Le Promeneur, 1995 ; *Le Voyage et la Danse. Figures de ville et vues de films*, Paris, Presses universitaires de Vincennes, 1997 ; *Les Employés, op. cit.* Voir également Claudia Krebs, *Siegfried Kracauer et la France*, Paris, Éditions Suger, 1998, ainsi que Nia Perivolaropoulou et Philippe Despoix (éd., avec la collaboration de Joachim Umlauf), *Culture de masse et Modernité. Siegfried Kracauer sociologue, critique, écrivain*, Paris, Éditions de la MSH, 2001.
3. Enzo Traverso, *Siegfried Kracauer. Itinéraire d'un intellectuel nomade, op. cit.*
4. Voir Michael Löwy, *Rédemption et Utopie. Le judaïsme libertaire en Europe centrale*, Paris, PUF, 1988 ; Enzo Traverso, *Les Juifs et l'Allemagne. De la « symbiose judéo-allemande » à la mémoire d'Auschwitz*, Paris, La Découverte, 1992 ; et Stéphane Mosès, *L'Ange de l'histoire. Rosenzweig, Benjamin, Scholem*, Paris, Seuil, 1992.

chemins de l'exil avec sa femme Lili, en France d'abord, où ils vécurent de 1933 à 1941, puis aux États-Unis. Son parcours croise celui des principales figures de cette époque bouleversée – amitiés, résonances, affinités de pensée et débats d'idées le lièrent à Theodor Adorno, Martin Buber, Ernst Bloch et Walter Benjamin –, tout en restant irréductiblement singulier.

Marginal, Kracauer l'était assurément, hors école et sans parti, inclassable, passant du journalisme à la sociologie, du roman à l'histoire, pour découvrir dans la quotidienneté urbaine, la culture de masse ou l'esthétique ordinaire les signes révélateurs d'une mutation de la société. Flâneur, il collectait reliefs de l'histoire et bribes de réalité, tel un « chiffonnier dans l'aube blafarde », disait encore Walter Benjamin, qui reconnaissait chez lui une démarche analogue à la sienne, attentive aux traces, aux restes du passé incrustés dans le présent et porteurs d'une promesse de rédemption. Enzo Traverso a bien montré le parallélisme de leur recherche de la modernité dans le Paris du XIXe siècle : dans une « biographie sociale » de Jacques Offenbach reflétant la vie parisienne sous le Second Empire pour Kracauer, dans la fresque inachevée du *Livre des passages*[1] pour Benjamin. Des livres qui parlaient aussi des trouées de l'exil dans la ville. L'un et l'autre avaient – comme leur aîné Georg Simmel analysant le comportement blasé du passant dans la nervosité des grandes cités – une fascination pour les scènes de la rue, l'atmosphère particulière des métropoles et le comportement des citadins.

Ce que Siegfried Kracauer a retenu de Georg Simmel, c'est d'abord l'attention portée à la surface des choses, des phénomènes, des comportements, dans

---

1. Walter Benjamin, *Paris, capitale du XIXe siècle. Le livre des passages*, Paris, Éditions du Cerf, 1989.

leur extrême diversité, et à ce qui se révèle, à travers elle, des formes, c'est-à-dire des schèmes d'intelligibilité d'une société. À propos de la démarche de son ancien maître, il écrit ainsi : « Le monde ne montre plus rien d'opaque ou de misérable ; on dirait qu'il est devenu aussi transparent que du verre, et qu'on peut voir en lui, et à travers lui, jusqu'à des niveaux de l'être qui se voilent en même temps qu'ils se découvrent[1]. » Les études de Kracauer sur le cinéma, les revues de music-hall, les enseignes lumineuses, la photographie, les rues et cafés de Berlin restituent par fragments l'esprit d'une époque et ébauchent l'espérance d'une autre. Philippe Despoix, grâce à qui l'on dispose, en français, d'un choix des chroniques parues dans la *Frankfurter Zeitung* entre 1921 et 1933, les présente comme des « mythographies » et les rapproche des *Mythologies* de Roland Barthes[2].

Dans l'une d'elles (datant de 1930), Kracauer confesse son « amour pour les gares », une passion de l'entre-deux, de l'intervalle, du déjà plus et du pas encore : « Comme les ports, ce sont des lieux où l'on ne demeure pas. Ici, les gens ne s'attardent pas, ici ils ne se rencontrent que pour se séparer. Si partout ailleurs, ils ont des attaches, à la gare, malgré leur bagage, ils sont libres de tout lien. Tout est possible, l'ancien est derrière eux, le nouveau est indéterminé. Pour un laps de temps, ils redeviennent des vagabonds ; même si l'horaire régule strictement leurs errances[3]. » La gare, « monde de passages » et de « liens faibles », écrit de son côté Isaac Joseph, en se

---

1. Siegfried Kracauer, « Georg Simmel », in *Das Ornament der Masse*, cité et traduit par Claudia Krebs, *Siegfried Kracauer et la France, op. cit.*, p. 114.
2. Philippe Despoix, Avant propos de Siegfried Kracauer, *Le Voyage et la Danse, op. cit.*, p. 7.
3. Siegfried Kracauer, « Le chemin de fer », in *Le Voyage et la Danse, op. cit.*, p. 85.

référant lui aussi à Simmel[1]. Qui aime les gares, leur atmosphère particulière, leurs courants d'air et leurs lignes de fuite, aime aussi les trains. Siegfried Kracauer avoue préférer les express internationaux, ceux « où l'on est réellement arraché à son lieu attitré et où l'on pense que l'on ne s'arrêtera nulle part[2] ».

Les trains, en effet, réservent des surprises et aiguillent l'imaginaire sur des trajets imprévus. On peut parler, en reprenant la notion de Mikhaïl Bakhtine, d'un « chronotope » du train, une de ces configurations particulières de l'espace et du temps qui donnent une signification et une unité particulières à un récit[3]. En témoigne cette durable affinité entre le chemin de fer, l'aventure et le cinéma, célébrée par l'Association des cheminots cinéphiles, qui chaque année, au moment du festival de Cannes, décerne son Rail d'or en faisant sienne cette déclaration de Wim Wenders : « Les beaux films et les beaux voyages en train ouvrent les yeux et le cœur et créent des aventures dans l'espace et le temps. » Cette affinité aurait pu être un thème de prédilection pour le critique cinématographique que fut avec talent Kracauer, passionné par ce qui était pour lui un nouveau médium aux immenses virtualités. On la trouve dans les westerns, bien sûr, tant la conquête du rail repoussant la frontière et les inévitables attaques des convois font partie de la légende de l'Ouest américain. Souvent, arrivées ou départs dessinent les lignes du destin selon une figure classique de l'épopée, comme dans *Le train sifflera trois fois* (1952) de Fred Zinnemann, où la tension monte alors qu'approche le convoi à bord duquel Ian MacDonald, jouant le dangereux Frank Miller sortant de prison, se prépare

---

1. Isaac Joseph, *La Ville sans qualités*, Paris, Éditions de l'Aube, 1998, p. 123.
2. Siegfried Kracauer, « Le chemin de fer », in *Le Voyage et la Danse, op. cit.*, p. 86.
3. Mikhaïl Bakhtine, *Esthétique et Théorie du roman*, Paris, Gallimard, 1978, p. 237.

à défier Gary Cooper en shérif Kane ; ou comme dans *Le Dernier Train de Gun Hill* (1959) de John Sturges, quand tristesse et fatalité accompagnent le shérif Mat Morgan (campé par Kirk Douglas), debout sur le marche-pied du wagon qui l'éloigne de la dépouille de son vieil ami Craig Belden (joué par Anthony Quinn), qu'il a été contraint de tuer parce qu'il était devenu le père vengeur et menaçant d'un meurtrier.

Nombreux sont également les films policiers et les films d'espionnage où un meurtre survient dans le huis clos mouvementé d'un train, comme dans *Le Crime de l'Orient-Express* (1974) tourné par Sidney Lumet d'après un roman d'Agatha Christie, *Une femme disparaît* (1938) d'Alfred Hitchcock, ou bien encore l'étonnant *Berlin Express* (1948) de Jacques Tourneur. Mystère et suspense sont aiguisés par la vitesse et la réunion aléatoire de ces voyageurs embarqués dans une intrigue aussi inquiétante qu'implacable. Et puis, la saga ferroviaire, c'est aussi celle du développement industriel et de la relation de l'homme à la machine, sur le mode burlesque avec l'imperturbable et désopilant Buster Keaton soignant amoureusement sa locomotive dans *Le Mécano de la « General »* (1926) ou le délire réjouissant des Marx Brothers quand Harpo retient les wagons dans *Go West* (1940), et, sur le mode grave, dans une version ouvrière puissamment mythologique, avec Jean Gabin en conducteur de train dans *La Bête humaine* (1938), le très beau film de Jean Renoir. Sans oublier Charlot en trimardeur, passager clandestin sautant d'un wagon à l'autre, au gré des opportunités et des menaces, Charlot l'itinérant dont la singulière silhouette, de dos, se détache sur une route qui mène on ne sait où.

Pour Siegfried Kracauer, Charlot est l'antihéros par excellence, celui qui enfreint naïvement les lois, l'autorité et les conventions. Clown poétique et décalé, nomade déraciné, éternel inadapté, il affronte, vaillant mais désemparé, la modernité et la brutalité de la société. C'est aussi, pour Hannah Arendt, le paria, l'éternel suspect, l'homme frêle en conflit incessant avec les représentants de l'ordre, l'anxieux insolent, le « pauvre petit Juif qui n'admet pas la hiérarchie du monde car il n'y perçoit pour lui-même ni ordre, ni justice [1] ». Ses mésaventures, revers et déveines évoquent celles du *shlemiel* de la littérature yiddish, un pauvre type, innocent et sympathique qui attire toujours la guigne. En fait, la judéité de Chaplin a souvent été discutée et, selon un ouvrage récent [2], il serait d'origine tsigane mais, par solidarité, n'aurait pas souhaité, au moins jusqu'à la chute du nazisme, démentir l'idée répandue depuis la sortie du *Dictateur* selon laquelle il était juif. Qu'importe, d'ailleurs, son rire est libérateur pour tous [3], « le petit bonhomme de Chaplin tire sa grandeur de sa capacité à incarner la peur ancestrale des parias, de tous les parias devant les représentants d'un ordre qui les met à part [4] ». Tel est aussi Ginster, le personnage comique et maladroit inventé par Kracauer, comme une sorte de double, dans son roman éponyme publié en 1928 [5]. Dans ses tribulations chaotiques, Ginster, ce « Chaplin littéraire » selon Joseph Roth [6], s'efforce de fuir l'armée, le patriotisme et la guerre. Spontanément déplacé et récalcitrant, il vagabonde entre aliénation et subversion.

---

1. Hannah Arendt, *La Tradition cachée, op. cit.*, p. 200-204.
2. Ian Hancock, *We Are the Romani People*, Hatfield, University of Hertfordshire Press, 2003, cité par Eleni Varikas, « La figure du paria : une exception qui éclaire la règle », in Martine Leibovici et Eleni Varikas (éd.), *Le Paria. Une figure de la modernité, Tumultes* n° 21-22, novembre 2003, Paris, Kimé, p. 105.
3. Michael Hardt et Antonio Negri y verront la figure prophétique de la multitude, in *Empire*, Paris, Exils, 2000, p. 204.
4. Eleni Varikas, « La figure du paria : une exception qui éclaire la règle », art. cit., p. 105.
5. Siegfried Kracauer, *Genêt*, Paris, Gallimard, 1933.
6. Compte rendu pour la *Frankfurter Zeitung*, cité par Enzo Traverso, *Siegfried Kracauer, op. cit.*, p. 14.

Ce vagabondage que Siegfried Kracauer recherche dans l'art du voyage et la promesse des trains qui vont vite et loin – ou que Joseph Roth recherchait, lui, dans la vie d'hôtel[1] – n'est pas seulement une affaire de goût, mais un état d'esprit, un refus des emprises, des ancrages et des installations définitives. Ce n'est pas le but, l'arrivée qui l'attirent, car ils annoncent de nouveaux espaces clos ; ce qu'il désire et décrit admirablement, c'est le suspens, le flottement... Une dimension qui se perd dans le monde rétréci et l'exotisme fabriqué du voyage moderne, note-t-il dans un autre texte datant de 1925[2] et d'une étonnante actualité, où l'on retrouve la manière et l'esprit de Simmel. Il y traite, à la fois, du voyage et de la danse, très en vogue chez ses contemporains. Et il interprète l'un et l'autre comme une sorte de compensation face à la perte de transcendance et au désenchantement de la société moderne. L'homme, ne pouvant plus être « citoyen de deux mondes », existant « dans l'entre-deux », c'est-à-dire « constamment à la fois dans l'espace et au seuil de l'infini supra-spatial, dans le flux du temps et dans le reflet de l'éternité[3] », trouve dans la mobilité du voyage ou le rythme de la danse une sorte de culte esthétique de substitution. Ce qui compte alors, c'est d'être en dehors un moment, hors de l'espace ou du temps quotidiens, comme au cinéma. Un désir d'outre-temps, d'outre-lieu, dont l'expression est aliénée sans doute, mais qui porte néanmoins la trace ténue d'un refus de l'ici et maintenant tels qu'ils sont. Pas vraiment une contestation, mais plus qu'une diversion : une échappée.

---

1. Enzo Traverso, *Les Juifs et l'Allemagne. De la « symbiose judéo-allemande » à la mémoire d'Auschwitz*, *op. cit.*, chapitre 3.
2. « Le voyage et la danse », dans le recueil du même nom, *op. cit.*
3. *Ibid.*, p. 27.

Peter Gay a montré combien les hommes de Weimar, et tout particulièrement ceux qui avaient été les étrangers de l'intérieur sous l'Empire, avaient par leurs curiosités, leur cosmopolitisme rebelle, leur « internationalisme naturel », donné une extraordinaire vitalité culturelle à cette jeune République vite menacée, avant de se retrouver eux-mêmes en péril[1]. Et Jean-Michel Palmier a magnifiquement restitué la faiblesse pathétique et, en même temps, la formidable fécondité créative de *Weimar en exil*[2]. En 1933, en Allemagne, on brûlait les livres de Kracauer dans un autodafé. Leur auteur avait déjà quitté Berlin pour la France, où il connut une existence précaire, le morne décor des chambres d'hôtel, puis le camp d'internement. Le promeneur était devenu un exilé dont la vie comme la pensée étaient plus que jamais sans attaches. Et s'il a finalement trouvé aux États-Unis, où il émigra en 1941, une relative stabilité et une certaine célébrité lors de la parution de son livre *De Caligari à Hitler*, quelque chose en lui était toujours ailleurs. Dans *History*, une réflexion sur l'élaboration de l'histoire inspirée de ses travaux sur la photographie et le film (découpage et montage de la réalité, passage du fragment du document aux épisodes du récit), il comparait l'historien à l'étranger, conduit à entrer dans un monde auquel il n'appartient pas[3]. Et dans cet ultime ouvrage, demeuré inachevé à sa mort en 1966, il écrivait ceci de l'exilé, comme une sorte d'autoportrait :

---

1. Peter Gay, *Le Suicide d'une République. Weimar 1918-1933*, Paris, Gallimard, 1995, p. 23.
2. Jean-Michel Palmier, *Weimar en exil. Exil en Europe. Exil en Amérique*, Paris, Payot Histoire, 1990.
3. Lointaine résonance, Pascal Payen rappelle que l'exil fut en quelque sorte le passage obligé qui fit de Thucydide l'historien que l'on sait : Pascal Payen, « L'exil, cité de l'historien », *Diasporas. Histoire et Sociétés*, n° 1, 2ᵉ semestre 2002, p. 45.

« En fait, il a cessé d'"appartenir". Où vit-il alors ? Dans le quasi-vide de l'extraterritorialité[1]. »

LE PARIA CONSCIENT

Dans un entretien avec Günter Gaus, Hannah Arendt, évoquant l'année 1933 en Allemagne, dit que le choc qu'elle et d'autres ont ressenti n'était pas lié au succès des nazis et à l'arrivée au pouvoir d'Hitler, car tous savaient déjà depuis plusieurs années que ceux-ci étaient leurs pires ennemis et qu'une grande partie du peuple allemand les suivait. Non, le choc était dû à l'attitude des amis qui « s'alignaient », donc s'éloignaient, creusant un vide autour d'eux[2]. Ils étaient brutalement devenus infréquentables. Sa réflexion ultérieure sur la situation du paria, comme sa dénonciation de la démission des intellectuels, esquivant la réalité et toute forme de responsabilité dans ce qu'elle appellera « l'immigration intérieure[3] », sont évidemment sous-tendues par cette première expérience et ses conséquences. Pas question alors de rester en tant que « citoyen de seconde zone[4] », ni de demeurer passive. Hannah Arendt a pris des risques en réunissant des documents sur la propagande antisémite diffusée dans les associations et revues professionnelles. Arrêtée, elle s'en est sortie de justesse et a quitté l'Allemagne pour Paris, via Prague et Genève, au cours de l'été 1933. En France, elle a connu l'insécurité croissante qui était celle des étrangers menacés d'arrestation à la fin des années trente ; internée au camp de Gurs en

---

1. Siegfried Kracauer, *History. The Last Things Before the Last*, New York, Oxford University Press, 1969, p. 83.
2. Hannah Arendt, *La Tradition cachée, op. cit.*, p. 236-237.
3. Hannah Arendt, *Vies politiques*, Paris, Gallimard, « Tel », 2001, p. 28.
4. Hannah Arendt, *La Tradition cachée, op. cit.*, p. 227.

mai 1940, elle a réussi à s'en échapper et, menacée d'extradition vers l'Allemagne après l'armistice, elle est partie pour Lisbonne et de là pour New York, en mai 1941. Pas question, ensuite, de se réfugier dans le ciel des idées et de s'absenter du monde, si obscur et dur soit-il. Car il n'y a pas, désormais, pour les parias, d'autre alternative que la pensée politique et l'agir qu'elle implique.

Hannah Arendt revient, dans divers textes, au fil des ans et des événements, sur la condition du paria, en prolongeant les réflexions de Bernard Lazare dont elle a lu *Le Fumier de Job* pendant son exil parisien. Dans cet ouvrage inachevé, publié en 1928[1], vingt-cinq ans après la mort de son auteur, ce dernier rendait justice à la figure juive ostracisée du paria ; célébrant sa faiblesse et sa vaillance d'opprimé, il lui opposait la figure du parvenu, ce Juif d'après l'émancipation qui renie passé et identité pour tenter d'être admis chez les gentils. En 1948, dans *La Tradition cachée*, Hannah Arendt rend justice à son tour à ce grand oublié[2] que fut longtemps Lazare. Évoquant successivement la liberté ironique et poétique du « seigneur du monde des rêves » de Heinrich Heine, l'innocence insolente du suspect campé par Charlie Chaplin, ou la lucidité impuissante de l'homme de bonne volonté chez Franz Kafka, elle souligne combien tous sont dépourvus de prise sur la réalité. À la différence de Bernard Lazare, justement, présenté comme l'exemple incarné du « paria conscient » qui lutte contre toutes les oppressions (celle d'un monde hostile, comme celle des puissants parmi les siens), et qui « devient un rebelle dès

---

1. Bernard Lazare, *Le Fumier de Job*, Strasbourg, Circé, 1990.
2. Il sera redécouvert beaucoup plus tard et trois biographies lui sont désormais consacrées en français : Nancy Wilson, *Bernard Lazare*, Paris, Albin Michel, 1985 ; Jean-Denis Bredin, *Bernard Lazare*, Paris, Éditions de Fallois, 1992 ; et Philippe Oriol, *Bernard Lazare*, Paris, Stock, 2003.

lors qu'il entre activement sur la scène politique¹ ». Exemple à suivre car, si les parias, marginaux, méprisés, humiliés, sont susceptibles de développer, en raison même de leur déréliction, des qualités particulières, telles que la sensibilité aux injustices, l'humour, l'intelligence désintéressée, l'absence de préjugés, ils ne peuvent avoir quelque chance de changer leur condition qu'en revendiquant leur place dans le monde et la société. Et c'est bien ce double passage de l'existence à la conscience, et de la conscience individuelle à la mobilisation politique, qu'Hannah Arendt veut à la fois théoriser et mettre en pratique. Un passage qui mène aussi de la figure du paria juif à celle de l'homme privé de droits.

Dès novembre 1941, dans « Une patience active », l'un des premiers articles publiés à New York par *Aufbau*, journal juif de langue allemande, Hannah Arendt donne le cadre d'une analyse qu'elle approfondira par la suite, en distinguant les « parias sociaux » et les « parias politiques² ». Les premiers sont les Juifs du XIXᵉ siècle, qui n'avaient guère de place dans l'espace public mais pouvaient trouver toutefois une échappatoire individuelle en choisissant de devenir des parvenus dans une quête insistante et toujours déçue, ou en décidant de demeurer des parias, confinés dans leur ghetto, à l'écart de l'histoire. Les seconds sont les Juifs des sombres temps du XXᵉ siècle, fondus en un seul bloc puisque tous les parvenus sont redevenus des parias. Mais non plus à part, puisque la situation des Juifs a préfiguré le sort commun : « Toutes les nations européennes sont devenues des peuples parias, elles sont toutes contraintes d'accepter à nouveaux frais le combat pour la liberté et l'égalité des droits. Pour la

---

1. Hannah Arendt, *La Tradition cachée*, *op. cit.*, p. 196.
2. *Ibid.*, p. 52.

première fois notre destin n'est pas exceptionnel, pour la première fois notre combat est identique au combat que mène l'Europe[1]. »

Ce ton, relativement combatif, n'est pas celui de l'article, lucide et bouleversant, qu'elle publie en janvier 1943 dans *The Menorah Journal*, sous le titre « Nous autres réfugiés ». Elle y décrit, avec une tristesse implacable, le pathétique désarroi de ceux qui, ayant perdu leur ancien statut, se sentent humiliés d'être devenus des réfugiés, affichent un optimisme de façade pour masquer leur désespoir, et croient encore, ou feignent de croire, tels les parias sociaux d'avant la catastrophe, qu'ils peuvent s'en sortir en s'assimilant de nouveau[2]. Mais sa conclusion est la même : ils ne comprennent pas ce qui leur arrive et ignorent que, persécutés en tant que Juifs, ils n'ont pas d'autre solution que le combat, en leur nom, et aux côtés des autres nations assujetties. Car, pour Hannah Arendt, le douloureux enseignement de l'histoire juive moderne est bien que le retrait du monde, c'est-à-dire l'inexistence dans l'espace public, qu'elle soit subie ou choisie, sous la forme de l'exclusion ou du repli, est toujours un péril. Et ceci vaut pour tous les individus et les peuples privés de droits.

Cette conception, foncièrement politique, du paria, entée sur son expérience de Juive exilée, est au cœur de la réflexion qu'Hannah Arendt va amplement développer dans *Les Origines du totalitarisme*. Les parias ne sont pas seulement les minorités opprimées dans les nations, ce sont aussi ces millions de personnes sans protection, sans patrie et sans papiers qui sillonnent les routes et franchissent les frontières dès le lendemain de la Grande Guerre, les sans-État que l'annexion de

---

[1]. *Ibid.*, p. 54.
[2]. *Ibid.*, p. 57-76.

leur pays a privés de leur nationalité, ou qui en ont été déchus par un régime autoritaire, les apatrides que les persécutions ont chassés de leur pays. Parmi eux, Russes et Arméniens bénéficient du passeport Nansen, octroyé par le Haut-Commissariat aux réfugiés (HCR). Mais ce document, qui donne un semblant de statut à l'apatride, est un titre de circulation, non un titre de séjour, et sa portée ne saurait être étendue, car dans la logique nationale qui prévaut, fondée sur « la vieille trinité État-peuple-territoire », il ne peut y avoir que deux solutions au problème des réfugiés : le rapatriement ou la naturalisation [1]. Le premier se révélant impraticable et la seconde n'étant pas jugée souhaitable, ni même envisageable à une échelle de masse, cette population en permanente augmentation est perçue par les États comme indésirable et inutile. À la fin des années trente, le droit d'asile est constamment bafoué et prend notamment la forme d'une « contrebande d'hommes [2] », qui consiste à se débarrasser des réfugiés en les refoulant sur le pays voisin. Puis, quand toutes les frontières se bouclent et que la responsabilité glisse de la sphère politique à l'ordre policier, apparaît la dernière solution, celle de l'internement, présenté (et parfois vécu par les intéressés) comme un pis-aller, une forme minimale et dégradée de protection, qui va se révéler un piège.

Au cours de la Deuxième Guerre mondiale, on estime à près de trente millions le nombre de « personnes déplacées » selon la nouvelle terminologie désormais employée. « Le terme "apatride" reconnaissait au moins le fait que ces personnes avaient perdu la protection de leur gouvernement et que

---
1. Hannah Arendt, *Les Origines du totalitarisme*, Paris, Gallimard, « Quarto », 2002, p. 579.
2. *Ibid.*, p. 583.

seuls des accords internationaux pouvaient sauvegarder leur statut juridique. L'appellation, postérieure à la guerre, « personnes déplacées » a été inventée au cours de la guerre dans le but précis de liquider une fois pour toute l'apatridie en ignorant son existence[1] », souligne Hannah Arendt. Les personnes déplacées sont renvoyées à cette « abstraite nudité de celui qui n'est rien qu'un homme ». Or, ajoute-t-elle, « il semble qu'un homme qui n'est rien d'autre qu'un homme a précisément perdu les qualités qui permettent aux autres de le traiter comme leur semblable[2] ».

L'analyse d'Hannah Arendt n'a rien perdu de sa pertinence. Depuis qu'elle a écrit cela, en 1951, l'année où a été signée la Convention de Genève sur le droit d'asile (qui, en fait, laissait les modalités d'application, donc les éventuelles restrictions, aux États), la multiplication des conflits, des guerres civiles, des massacres ethniques a été telle que la question des réfugiés s'est étendue au monde entier, conduisant de très nombreuses populations brutalisées et persécutées à s'entasser dans des camps. Elles n'ont à leur dénuement que cette solution d'urgence, « humanitaire » et provisoire, et celle-ci tend à s'éterniser dans des régions où sévit déjà une très grande pauvreté. Seule une infime minorité accède au statut, envié, de réfugié dans un pays occidental. Face à la pression migratoire suscitée par la misère et à la mondialisation de la question des réfugiés, les portes se ferment, les contrôles s'amplifient, la constitution de fichiers et les procédures d'identification deviennent de plus en plus techniques et sophistiquées, pour tenter d'endiguer les flux et de déjouer les ruses de

---

1. *Ibid.*, p. 577.
2. *Ibid.* p. 604..

migrants de plus en plus misérables et d'autant plus audacieux. On ne les dit plus « déplacés » mais « en situation irrégulière », et la privation est claire – les termes de « sans-abri », « sans domicile fixe », « sans-papiers » désignant le manque pour toute identité. Le paria, individu sans condition, dépourvu de place, de protection et de droits, est bien une figure de la modernité, qui ne révèle pas seulement l'inachèvement de la démocratie, mais aussi ses contradictions et ses limites[1].

Femme, juive, persécutée et réfugiée, philosophe requise par le politique, capable de penser seule et contre les siens, Hannah Arendt est elle-même un exemple de ces parias conscients dont elle a loué la lucidité, l'audace et la révolte ; ceux qui refusent qu'une partie de l'humanité soit exilée du monde.

L'INTELLECTUEL SANS ATTACHES

De la figure de l'étranger ou de l'exilé à la posture du sociologue ou de l'historien, l'affinité soulignée par Simmel, Schutz et Kracauer tient donc à un manque d'appartenance, à un défaut d'adhérence qui ménage l'espace de la connaissance et le seuil de la critique. Sur ce seuil se tient aussi le paria conscient célébré par Bernard Lazare et Hannah Arendt. On retrouve l'analyse de cette affinité, développée et systématisée sous la figure de « l'intellectuel sans attaches », chez Karl Mannheim, qui fut un passeur, un frontalier et un exilé lui aussi.

Mannheim est né à Budapest le 27 mars 1893, dans une famille de la petite bourgeoisie juive assimilée.

---
1. Eleni Varikas, « La figure du paria : une exception qui éclaire la règle », art. cit.

Son père, Gustav, un marchand d'étoffes, était hongrois, sa mère, Rosa, était allemande, et l'éducation du jeune Karl fut d'emblée mêlée, même si, dans ces milieux juifs modernistes, la culture germanique dominait. Après avoir suivi un enseignement de philosophie à l'université de Budapest, il est parti étudier la sociologie à Berlin, où il a notamment suivi les cours de Georg Simmel et d'Ernst Cassirer, avant de revenir en Hongrie, en 1913. Budapest connaissait alors une vie intellectuelle intense, éclectique, polyglotte et cosmopolite, ouverte à de multiples influences, de l'idéalisme néokantien au matérialisme historique, du romantisme antirationaliste au positivisme scientifique. Clubs de discussion et sociétés de pensée s'organisaient hors des sphères universitaires, conservatrices et fermées, attirant nombre d'intellectuels juifs écartés des carrières et institutions officielles. Mannheim, après avoir fréquenté le Cercle Galilée, une association d'étudiants progressistes, lecteurs de Marx et de Bergson, puis appartenu à une loge maçonnique, a participé aux activités du Cercle du dimanche. Ce cénacle spiritualiste à l'atmosphère un peu ésotérique réunissait chaque semaine, autour de György Lukács, un groupe amical d'écrivains, d'artistes et de penseurs, tels le philosophe Adalbert Fogarasi, l'historien d'art Arnold Hauser, la poétesse Anna Leznai ou le compositeur Béla Bartók. Ensemble, ils avaient créé une sorte d'université parallèle à audience restreinte : l'École libre des Sciences de l'Esprit. Conférences et séminaires y développaient notamment une critique culturelle de la société industrielle et bourgeoise, dans laquelle résonnait le double écho du désenchantement du monde selon Max Weber (dont Lukács avait suivi l'enseignement à Heidelberg) et de la tragédie de la culture selon Simmel.

C'était un petit monde à part, passionné par la littérature et les idées, qui s'est rapidement politisé et radicalisé avec le mouvement révolutionnaire de 1918-1919. Selon Michael Löwy, « le caractère "librement flottant", déraciné et un peu marginal de ce cercle spiritualiste, et l'origine juive de la majorité de ses membres, expliquent peut-être la coloration utopique et radicale que commence à prendre chez eux (vers 1917-18) la culture néoromantique d'origine allemande, et leur adhésion massive à la Révolution (et souvent au Parti communiste) en 1919[1] ». Pour Joseph Gabel, deux « facteurs de décentration » ont favorisé l'essor de pensées critiques originales, et notamment de ce qu'il appelle un « marxisme de la démystification[2] ». D'une part, le nationalisme hongrois était écartelé entre le loyalisme monarchique et la nostalgie de l'indépendance, d'autre part, catholicisme et protestantisme étaient également répandus. La Hongrie de cette époque n'était donc pas un pays homogène, unifié par un projet national ou dominé par une seule religion, et cela laissait d'autant plus de place à la démystification, voire à la subversion. Loin d'être exclusive l'une de l'autre, les deux explications s'emboîtent, l'appartenance à un groupe marginal et minoritaire étant un « facteur de décentration » supplémentaire.

L'extraordinaire effervescence hongroise, qui culmina avec la République des conseils ouvriers dirigée par Béla Kun, fut de courte durée. La défaite de la République rouge et l'établissement du régime autoritaire et antisémite de l'amiral Horthy ont obligé Mannheim, comme bon nombre de ses amis, à fuir le

---

1. Michael Löwy, « Karl Mannheim, intellectuel sans attaches », *Critique*, t. XLVI, n° 517-518, juin-juillet 1990, p. 578.
2. Joseph Gabel, *Mannheim et le marxisme hongrois*, Paris, Méridiens Klincksieck, 1987, p. 17.

pays. Après avoir transité par un camp de réfugiés hongrois à Vienne, il est allé à Fribourg-en-Brisgau suivre les séminaires de Husserl et de Heidegger, puis à Heidelberg où il a fréquenté les cercles wébériens. Là, en dépit d'amitiés et d'appuis, sa situation est longtemps demeurée précaire, le milieu universitaire allemand nationaliste et conservateur étant peu accueillant pour ce Juif hongrois, réfugié politique de surcroît. Il finit cependant par obtenir un modeste poste d'enseignant à Heidelberg en 1923, puis, en 1930, la chaire de sociologie occupée auparavant par Franz Oppenheimer à l'université Goethe de Francfort-sur-le-Main. C'est là, cette même année, qu'Hannah Arendt a suivi son séminaire. Le département de sociologie était logé au rez-de-chaussée du bâtiment abritant l'Institut de recherches sociales dirigé par Max Horkheimer, haut lieu de la critique culturelle et sociale marxiste. Mannheim y retrouvait cette pensée radicale découverte à Budapest une dizaine d'années auparavant, tout en se rapprochant de ce que Dick Pels appelle « l'autre Francfort » : « un groupe de socialistes éthiques non marxistes et réformistes[1] », dont faisait notamment partie le théologien protestant Paul Tillich.

Cette période du premier exil est considérée par la plupart des commentateurs de Mannheim (anglais, allemands ou américains surtout, les Français étant rares) comme la plus riche et la plus féconde intellectuellement. Son essai sur les générations a été publié en 1928, et *Ideologie und Utopie*, l'ouvrage dans lequel il développe sa sociologie de la connaissance et consacre un chapitre à « l'intelligentsia sans attaches », est paru en 1929. Marqué par l'influence de son ami

---

1. Dick Pels, *The Intellectual as Stranger. Studies in Spokespersonship*, Londres/New York, Routledge, 2000, p. 86.

György Lukács et notamment par la lecture de *Histoire et Conscience de classe*[1], Mannheim y développe l'idée selon laquelle les idéologies, entendues comme visions du monde, sont arrimées à des positions sociales différenciées, inégales et antagonistes. Cela ne veut pas dire que ces idéologies sont mensongères ou illusoires, elles sont une source de savoir sur la réalité, mais un savoir partiel et partial, autrement dit un point de vue. Contre l'idéalisme régnant, l'auteur d'*Idéologie et Utopie* affirme clairement qu'il n'y a pas de connaissance pure, sinon peut-être dans ce que l'on appelle aujourd'hui les sciences dures, qu'il exclut explicitement de son propos. Ce qui l'intéresse, c'est la connaissance historico-sociale et celle-ci est toujours située, c'est une pensée « liée à l'être », compris comme être en société.

Pour autant, sa conception n'est pas implacablement déterministe ; dans ce qu'il appelle « la dépendance de la pensée à l'être », il y a du jeu, du mouvement, des formes transitoires de détachement. Elle n'est pas non plus irrémédiablement relativiste, car la diversité des groupes d'appartenance, d'identification et d'intérêt (les classes, mais aussi les générations, les milieux professionnels, les sphères religieuses, les cercles de pensée, etc.), en multipliant les points de vue en compétition, crée une dynamique, suscite des ébranlements réciproques, et favorise l'émergence de conceptions nouvelles et de « synthèses éclectiques » inédites. Celles-ci sont des avancées dans l'histoire du savoir, mais aussi des vérités provisoires, qui vont devenir le point de départ de nouvelles remises en cause, dans une démarche de connaissance à jamais inachevée. Mannheim ménage ainsi la possibilité d'un déplacement de la pensée et celle d'un

---

1. György Lukács, *Histoire et Conscience de classe*, Paris, Minuit, 1960.

horizon de vérité. L'historicisme de Simmel et ce que l'on pourrait appeler son « relativisme relatif » imprègnent cette sociologie de la connaissance dans laquelle on retrouve des thèmes chers au vieux maître de Berlin, tel le rôle fécond donné au conflit, à la confrontation, à l'interaction et à la complémentarité des points de vue. De Simmel à Lukács, Mannheim mêle les influences et pratique lui-même une « synthèse éclectique ». Il se détache toutefois du second sur un point décisif, en considérant le marxisme et la théorie de la lutte des classes comme une étape importante, certes, mais aussi comme un point de vue à dépasser. En somme : ni vérité, ni théorie, ni fins dernières !

Reste une question : si toute connaissance est socialement située, quelle est la situation permettant la plus large connaissance ? Et la fameuse réponse, souvent mal interprétée, de Mannheim : c'est celle, instable, flottante, des intellectuels sans attaches. Ceux-ci ne forment pas un groupe d'exception, dont l'accès au savoir serait délié de toute appartenance et de tous intérêts sociaux, ils ne sont pas hors de la société et de ses tensions, mais leur faible ancrage et le caractère labile de leur insertion sociale leur permet de se décentrer plus aisément, en multipliant les perspectives et en échappant ainsi, au moins pour partie, à un point de vue unilatéralement déterminé par leur condition ou leur identité. Leur compétence, dit-il, est celle d'un médiateur ou d'un traducteur ; mobiles, ils sont capables de passer d'un système idéologique à l'autre pour produire de la connaissance, comme on peut passer d'une langue à l'autre pour transcrire du sens.

Mannheim ne considère pas pour autant que les intellectuels, et en particulier les sociologues, soient au-dessus de la mêlée ou en surplomb de la société.

Ils sont au contraire requis ; compte tenu de leurs capacités propres, ils ont un rôle à jouer, une charge sociale et politique à assumer. Bref, ces intellectuels sont sans attaches mais pas sans responsabilité. Deux voies s'ouvrent à eux : soit « le ralliement volontaire à l'une ou l'autre des classes antagonistes[1] » dont ils deviennent les porte-parole, soit « l'accomplissement de leur mission en tant qu'avocats prédestinés des intérêts intellectuels de l'ensemble de la société[2] ». Mannheim préfère nettement la seconde option et assigne à la sociologie le premier rôle. Cette exigence et l'inévitable tension qu'elle implique entre engagement et distanciation, nécessité de l'action et retrait de la pensée, traversent son œuvre et sa vie, indissociablement. L'idée d'une responsabilité politique du sociologue vis-à-vis de la société ne l'a jamais quitté. Mais ses choix théoriques et politiques ont changé, comme les contextes dans lesquels il a vécu, entre la jeunesse à Budapest, le premier exil dans l'Allemagne de Weimar et le second, en Angleterre.

Favorable à la République hongroise des conseils ouvriers, Mannheim refusa cependant d'adhérer au Parti communiste comme son ami György Lukács. Et quand celui-ci, devenu commissaire du peuple à l'Éducation, le nomma, en 1919, professeur à l'université, il donna un enseignement résolument décalé en choisissant, dans l'effervescence du printemps rouge, de traiter de questions culturelles et non de sujets politiques. L'idée qu'il se faisait de la Révolution, peu compatible avec une adhésion sans réserve, était à la fois marquée par la tragédie de la culture simmélienne et imprégnée d'esprit libertaire. Il affirmait ainsi : « Il

---

1. Karl Mannheim, *Ideology and Utopia*, Londres, Routledge & Kegan Paul, 1968, p. 140.
2. *Ibid.*, p. 142.

faut préparer une révolution pour le cas où les institutions, pour lesquelles nous luttons aujourd'hui, deviennent des buts en soi... Tant que nous n'arriverons pas à l'état paradisiaque, dans lequel il n'y aurait plus d'institutions, il faudra toujours des révolutions [1]. » L'attitude de Mannheim, sa radicalité critique teintée d'inquiétude et son refus de rallier le parti en devenant acteur et porte-parole de la Révolution ne traduisaient pas seulement son ambivalence à l'égard du nouveau pouvoir. Ils exprimaient aussi, je crois, le refus plus profond, et à cette époque non exprimé comme tel, de devenir un intellectuel attaché, rallié à la défense d'une classe ou d'un parti.

Dix ans plus tard, quand parut en Allemagne *Idéologie et Utopie*, Mannheim était encore *Privatdozent* à Heidelberg, il se battait tout à la fois pour obtenir un poste de professeur, pour défendre sa discipline contre les illusions de l'idéalisme et pour affirmer que la sociologie avait bien une mission à jouer en éclairant la société sur elle-même, ses contradictions et ses conflits internes. Au gouvernement, certains étaient prêts à l'entendre, tel le secrétaire d'État et ministre Carl Heinrich Becker : ce réformateur de l'enseignement supérieur pensait que la sociologie pouvait ouvrir la voie d'une « citoyenneté authentique » et ainsi contribuer à consolider la république de Weimar [2]. Toutefois, à l'université, ses idées choquaient non seulement chez les philosophes, qui tenaient le haut du pavé, mais aussi chez nombre de sociologues. En 1928, lors du sixième congrès allemand de socio-

---

1. Karl Mannheim, « Die Grundprobleme der Kulturphilosophie », in Eva Karady, Erzébet Vezér (Hrsg), *Georg Lukács, Karl Mannheim und der Sonntagskreis*, Francfort-sur-le-Main, Sendler Verlag, 1985, p. 226, cité par Michael Löwy, « Karl Mannheim, intellectuel sans attaches », art. cit., p. 581.
2. Wolf Lepenies, *Les Trois Cultures. Entre science et littérature, l'avènement de la sociologie*, Paris, Éditions de la MSH, 1991, p. 246.

logie à Zurich, sa communication intitulée « La compétition comme phénomène culturel » (la compétition étant présentée comme le moteur du changement culturel et, par là même, le centre du savoir social) lui valut une volée de bois vert d'Alfred Weber. Le neveu de Max l'accusait de saper les fondements de toute connaissance, de brader sans vergogne les catégories kantiennes. Il lui reprochait, en outre, de ramener en contrebande une vision marxiste, sous couvert d'une prétendue dynamique sociale des conflits[1]. Non sans vaillance, le jeune Norbert Elias (qui préparait alors son habilitation sous la direction d'Alfred Weber) défendit Mannheim avec enthousiasme : il parla d'une « révolution intellectuelle » qui balayait enfin les mirages et les mystères d'une illusoire créativité humaine solitaire. Le débat fut virulent et la majorité des participants n'était pas prête à rallier cette révolution-là.

Comme le rappelle Wolf Lepenies, en Allemagne plus qu'ailleurs, un projet visant à rattacher le spirituel au social était perçu comme « une trahison envers l'esprit et une agression contre les valeurs traditionnelles[2] ». La sortie de *Idéologie et Utopie* valut à son auteur une vigoureuse attaque du romaniste et historien de la littérature conservateur Ernst Robert Curtius. Dans son compte rendu assassin, Curtius, usant du procédé de l'arroseur arrosé, retournait la critique sociologique contre Mannheim. Cet ouvrage n'aurait été au fond qu'une confession déguisée, l'expression du mal-être d'un intellectuel désorienté et donc porté vers une critique systématique de toutes les valeurs, bref vers un dangereux « nihilisme ». Nihilisme à

---

[1]. David Frisby, *The Alienated Mind : The Sociology of Knowledge in Germany 1918-1933*, Londres, Routledge, 1992, p. 187.
[2]. Wolf Lepenies, *Les Trois Cultures, op. cit.*, p. 319.

peine dissimulé sous la prétention arrogante de la nouvelle discipline sociologique à rendre compte de la modernité [1]. Cette discipline avait effectivement pris pied à l'Université et, si elle prenait la même ampleur que dans l'histoire intellectuelle de la Troisième République en France, elle menaçait de séduire et de corrompre la jeunesse allemande en la détournant des hauteurs de la culture et de l'esprit auxquelles seule la philosophie donnait accès. En 1932, dans *L'Esprit allemand en péril*, Curtius, à qui entre-temps Mannheim avait répliqué, durcit son argumentation, dénonçant les dangers d'un impérialisme sociologique corrodant l'unité de la culture et de la nation, non sans souligner ses affinités subversives avec le socialisme et le judaïsme. Cette charge conservatrice était violente mais, en quelque sorte, logique ; elle illustrait parfaitement le propos de Mannheim – il y avait compétition pour le savoir et pour le pouvoir (à l'université) – et confirmait en outre, à ses yeux, l'importance croissante prise par la sociologie.

Beaucoup plus dérangeant, en revanche, fut l'intérêt porté à sa propre théorie, notamment à la mission dévolue à la sociologie et au rôle de l'intelligentsia sans attaches, par les tenants de la révolution conservatrice. *Idéologie et Utopie* bénéficia en effet, dès sa sortie, d'un accueil aussi enthousiaste que peu souhaité par son auteur du côté de la droite radicale, regroupée autour du journal *Die Tat* (L'Action) dirigé par Hans Zehrer. Celui-ci, prônait une « révolution de l'intelligence » et une dictature des élites éclairées, seules capables selon lui de libérer les classes moyennes de l'oppression du capital et de la pression des partis socialistes de masse. Utilisant la pensée de Mannheim, en l'adaptant à ses vues au prix de quelques distor-

---
[1]. *Ibid.*, p. 311-313.

sions, il attribuait à une intelligentsia allemande culturellement aliénée, humiliée et déracinée (ayant perdu ses attaches...), une mission culturelle et politique décisive de restauration de la germanité et de dépassement (en une sorte de synthèse éclectique) de l'opposition du capital et du travail. De son côté, le sociologue Hans Freyer, auteur de *La Révolution de droite* paru en 1932, célébrait l'intelligentsia désincarnée du romantisme politique. Les défenseurs de la révolution conservatrice souhaitaient en finir avec le pouvoir jugé trop faible et trop partagé de la république de Weimar, ils voulaient un État fort, une société nouvelle, une renaissance de l'Allemagne. Or, selon Zehrer, dans une situation d'exception (crise ou insurrection), l'intelligentsia mobilisée pouvait jouer le rôle moteur d'une quasi-classe sociale, œuvrer comme une avant-garde en somme, non pas rouge mais presque brune, et qui allait le devenir tout à fait.

Il semble que Mannheim ait été conscient du danger et consterné par cette postérité non désirée, c'est ainsi du moins que l'on peut lire son avertissement (lors d'une conférence intitulée « Une analyse sociale et politique de l'intelligentsia », prononcée à l'automne 1932 à l'université d'Amsterdam) selon lequel « la formation d'un parti d'intellectuels conduirait inévitablement au fascisme [1] ». Un an après, en octobre 1933, un article de *Die Tat* louait les autodafés nazis comme un rituel salutaire marquant la rupture nécessaire et définitive avec l'héritage républicain de Weimar et l'influence de ses douteux intellectuels, dont Karl Mannheim. Quelques mois plus tard, un autre article annonçait « L'heure de la sociologie » et la tâche grandiose qui attendait cette « science de salut

---

1. Cité par Dick Pels, qui analyse en détail cette réception paradoxale, *The Intellectual as Stranger*, *op. cit.*, p. 94.

et d'assistance » dans la restauration de la communauté allemande[1].

Entre-temps, Mannheim s'était de nouveau exilé. Parti d'abord pour Amsterdam en avril 1933, il avait finalement gagné l'Angleterre. Accueilli comme lecteur à la London School of Economics puis à l'Institute of Education, où il fut finalement nommé professeur, il est mort prématurément, le 9 janvier 1947. Dans cette période anglaise, après la chute de Weimar, le choc du nazisme et le second exil, il était convaincu qu'il n'y avait d'issue que dans une amélioration de la démocratie favorisée notamment par un développement de l'éducation, et il voyait là une nouvelle mission pour la sociologie. Lui-même se consacrait à des projets d'éducation et de planification, œuvrait pour l'Unesco et était devenu membre du cercle The Moot, qui, de 1938 à 1947, réunit des théologiens (tel l'archevêque William Temple), des philosophes, des historiens et des écrivains dont T. S. Eliot, pour discuter d'une réforme de la société guidée par les valeurs de la pensée chrétienne. Le Moot prolongeait l'idée du salut par la culture qui, de la *clerisy* de Thomas Carlyle au projet d'éducation populaire de Matthew Arnold, s'était développée en Angleterre, au cours du XIXe siècle, face à la perte de spiritualité de la modernité. Mannheim, qui qualifiait ironiquement le cercle d'ordre monastique[2], y jouissait d'une autorité certaine, le sociologue éclairant la société y avait trouvé une nouvelle mission. En fait, il liait toujours pensée et politique, et assignait toujours aux intellectuels une place particulière dans la société, mais la place avait changé. L'intellectuel sans attaches était devenu une sorte d'intellectuel officiel, partie prenante d'une

---

1. Voir Wolf Lepenies, *Les Trois Cultures, op. cit*, p. 336-337.
2. *Ibid.*, p. 327.

élite directrice (*planning elite*) ; il était passé de la marginalité à la cléricature, en développant une conception dirigiste de l'intérêt général [1].

Les bifurcations dans la trajectoire de Mannheim n'ont sans doute pas favorisé la réception de son œuvre, notamment en France. Si son livre de 1928 sur la question des générations est considéré comme un classique, c'est depuis une douzaine d'années seulement (il n'a été traduit en français, grâce à Gérard Mauger et Nia Perivolaropoulou, qu'en 1990 [2]). Quant à son autre maître ouvrage, *Idéologie et Utopie*, il est peu connu et a été d'autant plus mal reçu qu'il a été traduit (en 1956) [3] à partir de la version anglaise de 1936 et, de ce fait, tronqué. Il y manque justement le chapitre portant sur la place de l'intelligentsia. Or ce chapitre fantôme en français, lu dans sa version originale par plusieurs sociologues de renom, a donné lieu à des interprétations simplificatrices qui n'ont guère arrangé les choses. On a l'impression que l'élitisme de sa période anglaise a rétroagi sur la lecture de ses travaux antérieurs. Pour Raymond Aron, par exemple, Mannheim, en se référant aux intellectuels sans attaches, songerait tout simplement au monde des professeurs [4], ce serait en somme un plaidoyer *pro domo*, corporatiste et simpliste. Georges Gurvitch, de son côté, lui reproche de façon sarcastique de soustraire arbitrairement la pensée d'une élite à tout cadre sociologique : « Les intellectuels de Mannheim rappellent à la fois le prolétariat de Marx qui, seul en préparant l'avenir d'une société sans classes, posséderait une connaissance non altérée par l'être social et l'esprit

---
1. David Kettler, Volker Meja, Nico Stehr, *Karl Mannheim*, Paris, PUF, 1987, chapitre 4.
2. Karl Mannheim, *Le Problème des générations*, Paris, Nathan, 1990.
3. Karl Mannheim, *Idéologie et Utopie*, Paris, Marcel Rivière, 1956.
4. Raymond Aron, *La Sociologie allemande contemporaine*, Paris, PUF, 1950, p. 88.

absolu de Hegel qui se retrouverait à travers toutes ses aventures dans le monde pour retourner vers l'absolu [1]. » L'incompréhension vient également d'un côté où on ne l'attendait pas : ainsi, Lucien Goldmann, marxiste non dogmatique et fin exégète de György Lukács, accuse Mannheim de substituer, à la conscience révolutionnaire du prolétariat, la prétendue lucidité de l'intelligentsia, en faisant « de la vérité le privilège d'un certain nombre de diplômés et de spécialistes de la sociologie [2] ».

Joseph Gabel, un des rares sociologues en France à s'être intéressés à cette œuvre et le seul à lui avoir consacré un ouvrage [3], fait litière de ces critiques qui le renvoient aux cadres d'un déterminisme sociologique implacable ou d'un marxisme vulgaire auxquels, justement, Mannheim avait voulu échapper. La lecture attentive du texte et ce que l'on sait par ailleurs du contexte de l'époque, notamment sur le conservatisme et l'académisme de la majorité du corps des universitaires allemands au temps de Weimar, montrent à l'évidence qu'il n'a jamais élaboré sa théorie en pensant à ses collègues de faculté. Mais sans doute se souvenait-il de l'effervescence singulière qui régnait chez les intellectuels du Cercle du dimanche, à Budapest à la fin des années dix, et il est vraisemblable que cette expérience, comme ensuite la fréquentation de l'intelligentsia juive de *Mitteleuropa* dans l'Allemagne de Weimar, lui ait servi de toile de fond.

Plus surprenante est la critique de Norbert Elias, qui fut l'assistant de Karl Mannheim à Francfort. Dans ses « Notes biographiques », il se montre sévère autant

---

1. Georges Gurvitch, « Problèmes de la sociologie de la connaissance », in Georges Gurvitch (éd.), *Traité de sociologie*, t. II, Paris, PUF, 1960.
2. Lucien Goldmann, *Sciences humaines et Philosophie*, Paris, PUF, 1952, p. 38.
3. Joseph Gabel, *Mannheim et le marxisme hongrois, op. cit.* Voir aussi, traduit de l'anglais : David Kettler, Volker Meja, Nico Stehr, *Karl Mannheim, op. cit.*.

qu'injuste avec son ancien maître et ami en critiquant la façon dont celui-ci, pour « échapper au désarroi d'un relativisme total », aurait cherché « des bouées de sauvetage » dans l'idée du détachement des intellectuels et dans la possibilité d'un accès à la vérité par la synthèse de points de vue partiels [1]. Cela n'empêche nullement Norbert Elias, dans le même ouvrage, de souligner avec force son propre refus des appartenances exclusives : « Je n'ai jamais partagé le point de vue selon lequel on ne peut ou ne doit s'identifier qu'avec un seul pays. Vous voulez visiblement me coller une étiquette, me fixer sur telle ou telle chose, et dans mon cas, ce n'est pas possible [2]. » Il précise que sa condition de Juif allemand, appartenant à une minorité stigmatisée tout en se sentant partie prenante du destin politique et social de la majorité qui le stigmatise, a sans doute favorisé son attirance pour la sociologie. Il ajoute que cette expérience de la relation établis/marginaux « ne fut certainement pas une mauvaise école pour un sociologue. Cela donnait à l'individu une bonne occasion de prendre ses distances par rapport à la société dominante et d'être sensible aux déformations et aux occultations des rapports de pouvoir au sein de la société [3]. » Bref, Norbert Elias, dans cet autoportrait, se décrit volontiers en marginal, en intellectuel sans attaches, ni sociales, ni politiques, ni même conjugales. Ce qu'il fut, en effet – de Breslau, où il est né, à Heidelberg puis à Francfort où il a étudié, de Paris où il s'est d'abord exilé à Londres où il s'est réfugié, de Leicester où il fut tardivement nommé professeur au Ghana où il enseigna –, avant de s'établir finalement à Amsterdam et de bénéficier

---

[1]. Norbert Elias, *Norbert Elias par lui-même*, Paris, Fayard, 1991, p. 133-135.
[2]. *Ibid.*, p. 94.
[3]. *Ibid.*, p. 159.

d'une notoriété longtemps espérée. Il fait ainsi non pas du Mannheim sans le savoir, mais à tout le moins sans vouloir le reconnaître.

Il est certain que leurs parcours intellectuels et professionnels ont divergé depuis Francfort. Quand Norbert Elias tient ces propos sur Karl Mannheim, dans les années quatre-vingt, bien après la mort de celui-ci, ils reflètent la distance qui s'est creusée entre leurs parcours respectifs. Ils portent en outre la trace d'une querelle non vidée, concernant la vision qu'avait chacun d'eux du rôle de la sociologie. Leurs situations se sont en quelque sorte inversées après 1933 : Mannheim, le Juif hongrois déjà exilé une fois, s'est adapté facilement en Angleterre, où il a tissé des liens et bénéficié d'une reconnaissance rapide ; Elias, le Juif allemand, irrémédiablement juif et profondément allemand, a peiné dans l'exil. Il a d'abord passé deux ans à Paris, où, pour vivre, il a monté avec des amis un petit atelier de jouets, mais en France la sécurité était incertaine et l'avenir bouché. Il est donc parti pour Londres, en dépit du fait qu'il connaissait mal l'anglais. Là, il a obtenu une bourse mais a attendu longtemps un poste, et bien plus longtemps encore la reconnaissance de ses travaux, venue seulement à l'âge de la retraite, alors qu'il était installé aux Pays-Bas. Tôt convaincu d'être « capable de faire quelque chose de relativement important [1] », il se vivait comme un chercheur trop novateur pour être compris, trop assuré aussi de ses idées pour accepter les compromis, et nourrissait de longue date (en fait depuis l'époque de Leicester) une sorte de fantasme récurrent, qu'il raconte ainsi : « Je parle au téléphone et la voix, à l'autre bout du fil, me dit : "Pouvez-vous parler un peu plus fort, je ne vous entends pas." Je me mets alors à

---

1. *Ibid.*, p. 86.

crier et la voix répète constamment : "Veuillez parler plus fort, je ne vous entends pas[1]." » L'intervieweur lui demande dans quelle langue lui parle cette voix. Anglais, allemand, néerlandais, c'est indifférent, dit-il, agacé, « Je suis un voyageur ! »

En somme, Karl Mannheim s'est établi, tandis que Norbert Elias est resté durablement marginal. Le premier n'a-t-il pas assez aidé le second ? C'est possible. Ont-ils eu l'occasion de comparer leur vision de l'Angleterre, ont-ils parlé de la guerre, du fascisme et d'Hitler, ont-ils confronté leurs points de vue sur le rôle de l'intellectuel et mesuré leur divergence sur la question de l'engagement et de la distanciation ? Je l'ignore. Mais je ne résiste pas, là encore, à imaginer un échange.

Norbert Elias est très préoccupé, car il n'a pas réussi à retenir ses parents venus de Breslau le voir à Londres, en cette année 1938. Les mauvaises nouvelles s'amoncellent et il sent qu'il ne les reverra pas. Il est sombre et un peu agressif à l'égard de cet aîné trop bien adapté au climat anglais. Mais il se reprend, pas question de céder aux émotions. Il y a chez Elias une sorte de raideur, peut-être pour brider des sentiments trop violents quand ils affleurent. Cela me paraît très net dans ses entretiens de 1984 : le contrôle des émotions n'est pas seulement une concept important dans ses travaux, c'était aussi une manière d'être. L'homme n'est pas austère pour autant. À Paris, il aimait la bonne chère et allait volontiers danser à L'Apache, un bastringue du côté de la Bastille. Il a toujours écrit de la poésie et apprécié la peinture (au Ghana, il s'est intéressé également à l'art africain), mais ces activités étaient bien compartimentées, la priorité allant aux travaux scientifiques.

---

1. *Ibid.*, p. 93.

C'est donc du point de vue de la science, de la raison et de leur commune méfiance à l'égard des idéologies, qu'Elias brocarde les illusions de réforme par la culture et l'éducation dont se bercent ces théologiens et autres gentlemen chrétiens fréquentés par Mannheim à Londres. Il reproche à ce dernier de se laisser guider par des idéaux sociopolitiques préconçus, d'aliéner ses théories dans une alliance idéologique sans principes scientifiques, bref de lier sa pensée à son nouvel être social de membre de l'élite intellectuelle britannique. De surcroît, ajoute-t-il, le processus de civilisation ne se planifie pas !

Mannheim, qui n'apprécie guère la leçon de son ancien assistant, fait remarquer sèchement que la sociologie de la connaissance ne conduit pas à s'enfermer dans la tour d'ivoire de la science et à renoncer à toute utilité sociale du savoir et des savants. Il reproche à Elias son manque d'intérêt pour les questions politiques et lui rappelle, un peu perfide, qu'il n'est même pas allé voter quand, à l'évidence, la république de Weimar était sérieusement menacée. Et puis, ajoute-t-il : « Passer ses journées dans la bibliothèque du British Museum pour étudier le XVIIIe siècle français, n'est-ce pas continuer dans l'abstention en esquivant les responsabilités du présent ? »

Elias est agacé, blessé par l'attaque. Il sait bien, au fond, que seule compte l'œuvre qu'il veut faire aboutir, un refuge peut-être, ou une digue contre les mauvais temps, mais cela, il ne le dira pas. Alors il contre-attaque : « Comment, sans gravement se fourvoyer, prétendre agir politiquement sans analyser sérieusement, et donc historiquement, la question de la coercition, du contrôle de la force et des formes de gouvernement ? »

Chacun plaide pour ce qu'il est devenu et le cœur n'y est plus. Cette échange imaginaire est plutôt âpre, comme le sont parfois les relations entre exilés. Manière de rappeler qu'il n'y a aucune raison d'idéaliser l'exil, en n'y voyant que solidarité et créativité. Les faits connus sont plus ténus. On sait qu'Elias a dédicacé pour Mannheim un exemplaire du premier tome du *Processus de civilisation* (publié en allemand par un éditeur suisse, en 1938, et le tome suivant en 1939), mais aussi que les deux hommes ne se fréquentaient déjà presque plus à la fin des années trente[1]. Et il est avéré que, dans l'avancée résolue et solitaire de son œuvre, Elias oubliera ce qu'il doit à son ancien ami, pour mieux prendre ses distances[2].

« Norbert Elias était, à l'évidence, difficile à approcher, ombrageux et opiniâtre[3] », raconte l'historien George L. Mosse qui s'était querellé avec ce dernier au sujet de la nature du Parti national allemand (un parti raciste et antisémite, selon Mosse, et pas aux yeux d'Elias). Rencontre manquée, donc. Pourtant, les deux hommes auraient pu utilement dialoguer, par exemple sur les liens entre le processus de civilisation analysé par Elias et la construction des normes de la respectabilité bourgeoise étudiée par Mosse ; ou encore sur l'importance de la relation établis/marginaux dans la formation des stéréotypes concernant, notamment, les Juifs et les homosexuels. Sur ce dernier sujet l'important travail critique de Mosse s'appuyait aussi sur ce qu'il appelait sa « double marginalité », en tant que Juif exilé, d'une part, et en tant qu'homosexuel, longtemps caché, d'autre part[4]. Cette

---

1. *Ibid.*, p. 80.
2. Voir Richard Kilminster, « Norbert Elias and Karl Mannheim : Closeness and Distance », *Theory, Culture and Society*, vol. 10, n° 3, 1993.
3. George L. Mosse, *Confronting History. A Memoir*, Madison, The Wisconsin University Press, 2000, p. 210.
4. *Ibid.*, p. 5.

double marginalité a pesé sur sa réflexion et orienté ses choix d'historien.

Né en 1918, à Berlin, dans une famille puissante et renommée d'éditeurs et de patrons de presse appartenant à la grande bourgeoisie juive, chassé par le nazisme en 1937, parti aux États-Unis après des études à Cambridge, Mosse a consacré l'essentiel de sa carrière d'universitaire et de chercheur (il a été professeur à l'université Madison du Wisconsin et à l'université hébraïque de Jérusalem) à l'histoire culturelle du nationalisme européen. Profondément marqué, comme tant d'autres intellectuels judéo-allemands devenus américains, par la montée du fascisme dont il a été le témoin dans un pays qu'il considérait comme sien, il n'a cessé, de livre en livre (une bonne vingtaine d'ouvrages), d'en analyser les racines historiques et les mécanismes idéologiques. Et c'est à Mannheim qu'il songe en parlant de sa volonté de savoir : « Je suis resté un intranquille, la "fièvre du voyage" ne m'a jamais quitté. Si cela vient sans doute d'une expérience de sans-État (*statelessness*) pendant mes années de formation, la fascination durable pour les "intellectuels sans attaches" des années Weimar y a joué un rôle. Moi aussi, je voulais être un intellectuel sans attaches dans le temps et l'espace, seulement guidé par son esprit analytique ; quelque chose comme un éternel voyageur, analysant, observant, suspendu au-dessus des événements[1]. » Suspens relatif, car George L. Mosse fut également, tout au long de sa vie, un homme engagé, depuis les années de jeunesse à Cambridge, où la politisation passait par la défense des républicains espagnols, au soutien au mouvement « La paix maintenant » en Israël, en passant par la mobilisation contre la guerre du Vietnam.

---

1. *Ibid.*, p. 217.

Engagements qui ont, dit-il, longtemps éclipsé les questions liées à son homosexualité. Dans ses nombreux travaux, notamment sur les représentations du racisme et de l'antisémitisme [1], sur la symbolique politique des mouvements de masse en Allemagne [2], ou encore sur la figure du guerrier patriote dans la mémoire de la Grande Guerre [3], le stéréotype masculin réapparaît, insistant, mais en arrière-plan.

Changement de focale en 1985, quand Mosse a publié une remarquable étude sur l'articulation de l'ordre nationaliste et de la normativité sexuelle [4], un ouvrage salué par son ami Jim Steakley, lui-même de longue date historien de l'homosexualité, comme un « livre de *coming out* [5] ». Et plus encore quand, dans un ouvrage ultérieur, aussi démystificateur qu'original, il a entrepris l'histoire du stéréotype du mâle occidental moderne [6]. Car l'idéal masculin, certes particulièrement exalté par le nationalisme ou le fascisme, se déploie bien au-delà de ces idéologies réputées « viriles ». Il résiste aux mutations structurelles de la modernité, transcende les systèmes politiques, et on le retrouve, diversement accentué, dans « l'homme bolchevique » comme dans les valeurs et les normes de la société bourgeoise. C'est d'ailleurs cette dernière qui a promu le stéréotype masculin à la fin du XVIIIe siècle. Contre les modèles aristocratiques de l'honneur

---

1. George L. Mosse, *Toward the Final Solution : a History of European Racism*, New York, Howard Fertig, 1977.
2. George L. Mosse, *The Nationalization of the Masses : Political Symbolism and Mass Movement in Germany, from the Napoleonic Wars through the Third Reich*, New York, Howard Fertig, 1975.
3. George L. Mosse, *Fallen Soldiers, Shaping the Memory of the World Wars*, Oxford, Oxford University Press, 1990.
4. George L. Mosse, *Nationalism and Sexuality. Respectability and Abnormal Sexuality in Modern Europe*, New York, Howard Fertig, 1985.
5. George L. Mosse, *Confronting History*, op. cit., p. 180.
6. George L. Mosse, *L'Image de l'homme. L'invention de la virilité moderne*, Paris, Éditions Abbeville, 1997.

et des règles chevaleresques fondées sur le lignage, la bourgeoisie, dans son essor, généra alors une figure de l'homme de bien, non plus bien né, mais solidement constitué, doté de vertus manifestes dans sa prestance. L'image avait de l'importance en cette ère nouvelle qui accordait une part prépondérante au visuel. Encore fallait-il que les images prennent chair et que les hommes deviennent conformes au modèle. D'où le rôle donné à la culture physique dans l'instruction scolaire et militaire. À travers de nombreux exemples européens, Mosse a montré comment l'école, l'armée, les confréries étudiantes et les organisations ouvrières ont favorisé la diffusion d'un stéréotype qui a grandi en même temps que les consciences nationales, et donné à chacune son incarnation particulière.

Ce stéréotype a été conforté, évidemment, par la comparaison avec une féminité caractérisée par la faiblesse et l'inaptitude à gouverner les sentiments, mais fortifié aussi dans l'opposition à des « contretypes » : ces parias nerveux et agités, Juifs et homosexuels notamment (mais aussi Gitans, fous et vagabonds), dont les effrayantes figures fantasmatiques trahissaient tous les désordres de la perversité et du vice. « Ceux qu'on appelait des hommes efféminés provoquaient sans doute le plus d'angoisse, car, non contents d'afficher les traits du paria, ils franchissaient en outre la barrière entre les sexes[1]. » Et Mosse de rappeler combien la période dite « fin de siècle », des années 1870 à la Grande Guerre, a vu se renforcer à la fois l'idéal masculin et son envers. Les femmes cherchaient à quitter leur place assignée, l'homosexualité gagnait en visibilité, cependant que l'agitation ouvrière menaçait, le dépeuplement faisait peur et

---

1. *Ibid.*, p. 72.

les maladies (syphilis, tuberculose et hystérie) obsédaient. Plus que jamais, il fallait consolider la division entre sains et malades, citoyens respectables et réprouvés, dénoncer la décadence, médicaliser la déviance et défendre la mâle assurance de l'ordre social. Le national-socialisme a porté à l'extrême le stéréotype de la virilité moderne. Le communisme a échoué à inventer une humanité nouvelle. Reste à savoir si le « mâle bourgeois » a encore de beaux jours devant lui. À la fin de son livre, Mosse s'interroge sur le devenir d'un modèle défié comme jamais par le mouvement des femmes, l'évolution des mœurs, la diffusion d'une culture juvénile et les revendications des homosexuels. Il conclut que, si l'érosion de l'idéal masculin est un phénomène sans précédent, la force du stéréotype et son rôle structurant ne sont pas défaits pour autant.

Lui-même appartenait à une génération qui, loin de revendiquer la fierté d'être gay, avait vécu longtemps sa sexualité dans le secret. Il avait finalement, confiait-il, assumé sa double marginalité grâce à l'évolution de la société plus qu'à sa force d'âme. Et il affirmait, en connaissance de cause, au vu de son expérience personnelle comme de ses travaux d'historien, n'avoir aucune raison de regretter le monde qu'il avait perdu[1]. Il raconte ainsi, non sans ironie, l'ultime avatar d'une des demeures de son enfance. Après la restitution des biens possédés avant guerre par la famille Mosse, l'opulente maison de campagne de Schekendorf (achetée en 1896 par son grand-père maternel Rudolf Mosse), longtemps laissée à l'abandon sur le territoire de la RDA, fut vendue à « un Allemand charmant qui avait été adopté par un prince roumain portant l'ancien titre de comte Dracula, un titre qui avait

---

1. George L. Mosse, *Confronting History*, *op. cit.*, p. 219.

existé bien avant d'être associé à un noble suceur de sang[1] ». L'homme avait magnifiquement restauré la maison et George L. Mosse n'avait émis aucune objection au fait qu'il y installe un bar en plein air et que le lieu où il avait grandi et qu'il avait revu sans nostalgie soit devenu un parc à thème Dracula. Cela amusait plutôt cet héritier détaché, dont nous reste une œuvre profondément originale et insuffisamment traduite en français.

L'INTELLECTUEL EXILIQUE

Nul hasard si, au cours du XXe siècle, le lien entre déplacement, détachement, exil et pensée critique a été si souvent exploré par des intellectuels juifs, tant cette réflexion se fondait sur leur propre expérience. Récemment, cette exploration a été poursuivie par Zygmunt Bauman, qui inscrit la figure de l'intellectuel comme étranger dans la postmodernité[2]. Pour autant, ce n'est pas une exclusivité juive et l'un de ceux qui ont pris brillamment le relais est un Américain d'origine palestinienne, Edward Said. Son concept de « théorie nomade » (*Travelling theory*[3]) qui circule et dont on peut suivre le parcours, du premier départ aux diverses haltes et détours, n'est pas seulement mis en œuvre dans son travail de critique littéraire, il est aussi mis en pratique dans son périple d'intellectuel expatrié transportant expériences et idées.

Dans *Reflexions on Exile*[4], il part de cet apparent

---
1. *Ibid.*, p. 215.
2. Zygmunt Bauman, *Modernity and Ambivalence*, Cambridge, Polity Press, 1991.
3. Edward W. Said, *The World, the Text and the Critic*, Cambridge (Massachusetts), Harvard University Press, 1983.
4. Edward W. Said, *Reflexions on Exile*, Cambridge (Massachusetts), Harvard University Press, 2002.

paradoxe : l'exil est une douloureuse expérience de perte et, en même temps, un puissant facteur d'enrichissement de la culture moderne. Cela tient au fait que la modernité est elle-même un âge d'anxiété et d'étrangeté, une époque spirituellement orpheline et aliénée. C'est pourquoi les plus à même de l'exprimer sont les étrangers, les exilés et les réfugiés, dont la production a été si importante dans la première moitié du XXe siècle, aux États-Unis en particulier. Pour autant, on ne saurait tout mélanger : « C'est une chose de voir un poète en exil, une autre de lire la poésie de l'exil [1] », la créativité artistique ou intellectuelle née du déplacement est également une façon de traduire, par l'art ou la pensée, une souffrance bien réelle. Edward Said se méfie d'une idéalisation des migrations trop oublieuse des réalités, comme des confusions entre les diverses situations de déplacement. À l'origine, rappelle-t-il, l'exilé était l'homme frappé de bannissement, à son nom est attachée une « touche de solitude et de spiritualité ». Le réfugié, lui, est une création de l'État-nation moderne du XXe siècle, et le terme a d'emblée une connotation politique. Leur condition est différente de celle de l'émigré qui, pour diverses raisons, a changé de pays et, plus encore, de celle de l'expatrié qui vit volontairement à l'étranger, et dont la souffrance est évidemment bien moindre. Ce dernier peut cependant éprouver un sentiment de solitude et d'étrangeté, d'où sa capacité à comprendre et à exprimer l'insécurité qui défigure l'existence des réfugiés et des exilés.

Cette insécurité favorise aussi déréalisation et dérives. Le monde de l'exil s'apparente un peu à l'« apatridie » de la fiction analysée par Lukács dans *Le Roman historique* : à la différence de l'épopée classique,

---

[1]. *Ibid.*, p. 174.

conçue dans une culture stable et dans laquelle le héros, fidèle à son identité, accomplit son destin, le roman européen, né dans une société en évolution, campe des héros naviguant entre l'ancien et le nouveau, en quête d'autres mondes possibles. Tel est l'exilé, entre perte et projet. Et parfois il s'égare. Edward Said analyse sans complaisance ce qu'il appelle l'« état de jalousie » des exilés [1] : repliés sur un sens exagéré de la solidarité de groupe, ils ont tendance à se montrer systématiquement hostiles à ce qui vient de l'extérieur, et méfiants à l'intérieur, vis-à-vis de toute critique ou de tout écart par rapport à la ligne ou la norme, perçus comme des déloyautés à l'égard de la communauté. La question est cruciale, elle concerne tous les exilés, y compris les Palestiniens : « Comment surmonter la solitude de l'exil sans tomber dans le langage brutal et complaisant de la fierté nationale [2] ? » Elle avait déjà été posée, rappelle Said, par la philosophe Simone Weil, qui insistait sur le dilemme entre besoin d'enracinement et dangers de l'étatisme. Les deux écueils, insiste-t-il, sont le narcissisme fétichiste de l'exil, qui isole du monde, et l'affiliation sans conditions, qui abolit « réserve intellectuelle et courage moral [3] ».

Entre ces écueils, la voie est incertaine, mais c'est bien celle qui relie expérience du déplacement et capacité critique. Said y revient dans plusieurs textes, et évoque notamment les travaux que l'exil a inspirés à deux célèbres Juifs allemands, pendant la Deuxième Guerre mondiale : ceux du philosophe Theodor Adorno, à New York, accumulant dans *Minima Moralia* les fragments de « la vie mutilée », et ceux du philologue et

---

1. *Ibid.*, p. 178.
2. *Ibid.*, p. 177.
3. *Ibid.*, p. 183.

critique littéraire Erich Auerbach, à Istanbul, écrivant *Mimésis*, une somme sur la littérature occidentale[1]. Tous deux étaient chasseurs d'illusions, l'insécurité et l'étrangéité dans lesquels ils se trouvaient ont sans nul doute favorisé, dit Said, leur lucidité critique. Dans une modernité préfabriquée dépourvue d'humanité, dans un « monde où la domination règne ouvertement sans médiation[2] », il n'y a plus de lieu où l'homme puisse moralement s'abriter, « le temps de la maison est passé[3] », constatait le premier, pour qui seule restait la demeure de l'écriture. Quant au second, à distance, loin de son univers familier, sans milieu professionnel ni bibliothèque spécialisée, mais par là même dégagé des appartenances et des conformités, il écrivait aussi pour surmonter le manque. Or, souligne Said, c'est précisément cette transformation de la distance existentielle et culturelle en principe critique qui fait la valeur et la qualité de *Mimésis*[4]. Transformation sur laquelle Said, à son tour, fonde sa démarche de « critique séculière » (*secular criticism*).

Lui-même est un outsider, un « homme dépaysé », selon l'expression de son ami Tzvetan Todorov[5]. Dans ses mémoires, titrés *À contre-voie*, il raconte les « discordances » qui, dès l'enfance et tout au long de sa vie, ont contribué à forger sa personnalité et sa pensée. Né à Jérusalem dans une famille palestinienne mais chrétienne, doté d'un prénom très britannique

---

1. Erich Auerbach, *Mimésis. La représentation de la réalité dans la littérature occidentale*, Paris, Gallimard, « Tel », 1977.
2. Theodor W. Adorno, *Minima Moralia. Réflexions sur la vie mutilée*, Paris, Petite Bibliothèque Payot, 2003, p. 46.
3. *Ibid.*, p. 47.
4. Edward Said, *The World, the Text and the Critic*, *op. cit.*, p. 8.
5. Voir Tzvetan Todorov, « Portrait partial d'Edward Said », *Esprit*, mai 2004, p. 34. Dans son essai autobiographique, *L'Homme dépaysé*, Paris, Seuil, 1996, Todorov esquisse une figure de l'étranger de l'intérieur, à la fois dedans et dehors, qui s'apparente à celle de Simmel.

mais d'un patronyme arabe, ayant grandi au Caire puis étudié aux États-Unis, où il a enseigné à Columbia jusqu'à son décès, en 2003, ce Palestinien détenteur d'un passeport américain, qui vivait entre deux mondes, a acquis une solide renommée internationale en tant que critique subtil d'une culture occidentale dont il était pétri. Défenseur de la cause palestinienne, il n'en pourfendait pas moins toute forme de nationalisme, y compris chez les « siens », et disait « préférer être un peu à côté, en décalage [1] ».

Son œuvre, elle aussi, navigue entre deux mondes et se réfère à deux figures : celle, solitaire, de l'intellectuel européen exilé du XXᵉ siècle, témoin et critique de la modernité, avec lequel résonances et affinités sont évidentes, et celle, démultipliée, des réfugiés sans abri et des migrants errants de la postmodernité, au sort desquels il se sent lié. Homme de culture démontant les faux-semblants de la culture, épris de musique et de littérature, amateur de résonances et de « lectures contrapuntiques », il s'enchantait de ce propos : « C'est encore un voluptueux, celui pour qui la patrie est douce. C'est déjà un courageux, celui pour qui tout sol est une patrie. Mais il est parfait, celui pour qui le monde entier est un exil [2]. » Ce sont là des mots voyageurs : écrits par Hugues de Saint-Victor, un moine saxon du XIIᵉ siècle qui invitait par là au détachement du monde, retrouvés et souvent cités par Erich Auerbach, ils s'échouent ainsi, provisoirement, dans un livre d'Edward Said qui les traduit et les réinterprète à sa manière.

---

1. Edward W. Said, *À contre-voie. Mémoires*, Paris, Le Serpent à Plumes, 2002, p. 430.
2. Cité par Edward W. Said, *Culture et Impérialisme*, Paris, Fayard/Le Monde diplomatique, 2000, p. 463.

3

Mobiles

Dans une nouvelle intitulée *Au sud de la Fente* et écrite en 1909[1], Jack London raconte l'histoire insolite de Freddie Drummond, sociologue du travail de l'Université de Californie. La Fente, c'était le sillon du câble métallique auquel s'arrimait le tramway qui traversait la vieille ville de San Francisco. C'était aussi la ligne de partage entre deux mondes : au nord les théâtres, les banques, les beaux quartiers, au sud les usines, les ateliers et les taudis ouvriers. Freddie Drummond passait de l'un à l'autre pour les besoins d'une série d'enquêtes que l'on dirait aujourd'hui participantes. Il faisait de longs séjours au sud, sur son « terrain », où il partageait les conditions de vie et de travail des classes laborieuses, puis il retournait au nord, dans son bureau de professeur, pour tirer de son expérience « de saines et conservatrices généralisations » et rédiger de savants ouvrages d'économie sociale. Ses capacités d'adaptation étaient si remarquables qu'il s'opérait en lui une véritable mutation quand il franchissait

---

1. Publiée pour la première fois en français dans le mensuel des intellectuels communistes *Monde* en 1936, puis rééditée par Francis Lacassin dans le recueil *Les Temps maudits*, Paris, 10/18, 1973, elle n'avait pas échappé à la vigilance amusée de René Lourau qui s'y réfère dans *Le Gai Savoir des sociologues*, Paris, 10/18, 1977, p. 11-13.

la Fente : l'universitaire aux mœurs austères et au tempérament si réservé et distant qu'on le surnommait « le frigorifique » devenait, de l'autre côté, « le gros Bill Totts », un prolétaire haut en couleur, bagarreur et bon vivant. Quand Bill finit par s'éprendre de l'accorte et vaillante Mary Condon, présidente de l'Union internationale des gantières, Freddie comprit que ce va-et-vient, devenu périlleux, ne pouvait plus durer. Il décida de s'ancrer solidement dans son milieu d'origine et se fiança à la respectable Catherine Van Vorst, fille du seul membre fortuné de la faculté, qui était aussi le chef du département de philosophie. Un choix raisonnable, un avenir enviable, du moins le croyaient-ils tous deux. Jusqu'à ce jour où, la voiture du couple se retrouvant coincée par une manifestation violente, Catherine vit soudain son compagnon rugir, bondir dans la mêlée, puis disparaître en enlaçant la taille d'une vibrante créature. Il n'y eut plus de livre publié sous le nom de Freddie Drummond ; mais un nouveau chef du parti travailliste, appelé William Toots, organisa de grandes grèves et suscita la formation de plusieurs syndicats, dont celui des plumeurs de volaille et celui des croque-morts.

L'histoire est savoureuse bien que manichéenne et, par là même, discutable. Dans la vision qu'elle propose, il y a deux cultures et deux identités en tout opposées, d'un côté celle du bourgeois docte et distant, de l'autre celle du prolétaire combatif et truculent. Les sphères sociales sont étanches et chacun est à sa place, ayant les idées et valeurs de sa classe. Dans ce monde coupé en deux, on peut éventuellement changer de camp, comme Drummond, mais pas aller et venir ou se tenir dans l'intervalle ; ce qui veut dire aussi qu'il n'y a pas de connaissance sociale capable d'échapper au déterminisme des appartenances et de transcender la dynamique des conflits (selon Simmel), la lutte des classes ou la compétition des groupes en présence (selon Mannheim).

Drummond est un bourgeois qui s'épanouit en devenant ouvrier (ou plus exactement leader syndical, ce qui n'est pas la même chose). London, lui, en s'arrachant à la condition ouvrière, n'a jamais pu se reconnaître et se plaire en bourgeois. Il était taraudé par ce tourment du transfuge, si bien restitué dans cette autobiographie romancée qu'est *Martin Eden*[1], publiée cette même année 1909. Fils naturel d'un astrologue itinérant qu'il n'a pas connu et d'une spirite qui a songé à se suicider avant sa naissance, Jack London est né à San Francisco en 1876, sous une mauvaise étoile. Honte de la bâtardise, humiliation de la pauvreté, exploitation à l'usine dès l'âge de treize ans, il n'aura de cesse de s'en sortir. Comme Jeannot, personnage d'une nouvelle de 1906 significativement titrée « Le renégat[2] » (The Apostate) – Jeannot est un jeune vieillard de quatorze ans, usé par le travail à la chaîne, qui passe pour fou quand il décide, un matin, de tout laisser tomber et de sauter dans un train –, il voulait fuir cette vie qui n'en était pas une et partir à l'aventure. Il s'est fait trimardeur sur les routes des États-Unis et du Canada, chercheur d'or en Alaska et même chasseur de phoques au Japon. Mais surtout il a décidé à vingt et un ans de devenir écrivain professionnel et, après trois années de galère, a publié *Le Fils du loup* qui lui valut aussitôt la notoriété. Membre du Parti socialiste aux envols libertaires, ancien prolétaire devenu romancier à succès, bourlingueur autodidacte épris d'une jeune fille de la bonne société qui ne le comprenait pas, peintre de la misère lu par les bourgeois, il était précisément dans cet entre-deux, jamais à « sa »

---

1. Jack London, *Martin Eden*, Paris, 10/18, 1973.
2. Jack London, « Le renégat », *Les Temps maudits*, *op. cit.*

place nulle part, sauf peut-être sur les bateaux sur lesquels il aimait naviguer. Jusqu'à ce que, à bord de l'un d'eux, il choisisse la mort, en 1916, à quarante ans.

LES « ÉTABLIS »

À l'automne 1967, la direction d'une organisation maoïste, l'Union des jeunesses communistes marxistes-léninistes, (UJCml), décida d'inciter une partie de ses militants étudiants à « s'établir », c'est-à-dire à s'embaucher dans les usines pour y partager la condition des ouvriers et animer des luttes. Il fallait « descendre de cheval pour regarder les fleurs », selon l'enseignement de Mao. Ce mouvement d'établissement, qui a connu son apogée au début des années soixante-dix, pour décliner dans la décennie suivante, a concerné deux mille à trois mille personnes en France [1], appartenant majoritairement à la mouvance maoïste – l'UJCml, la Gauche prolétarienne (GP) issue d'une scission de la précédente ainsi que Vive la Révolution (VLR) –, même s'il y eut aussi des établis, dont le nombre est difficile à évaluer, dans les organisations trotskistes, notamment à Voix ouvrière (VO), devenue ensuite Lutte ouvrière (LO). L'Italie connut, à la même époque, un engagement similaire avec le mouvement *Operaista*, qui a conduit de nombreux militants étudiants à rallier la classe ouvrière en s'embauchant entre autres dans les grandes usines de la région de Turin.

Dans ces mêmes années, le mouvement des prêtres ouvriers, qui avait pris son essor dans l'après-guerre et avait été condamné par Pie XII en 1954 [2], s'est déve-

---
1. Marnix Dressen, *De l'amphi à l'établi. Les étudiants maoïstes à l'usine (1967-1989)*, Paris, Belin, 2000, p. 11.
2. François Leprieur, *Quand Rome condamne dominicains et prêtres ouvriers*, Paris, Cerf, 1989.

loppé après le concile Vatican II (1965). En France, les prêtres ouvriers étaient près d'un millier entre 1965 et 1979, ils choisissaient en général comme terre de mission les secteurs les plus durs, tels la métallurgie et le BTP, suivant une véritable « mystique du manœuvre [1] », et, en dépit du fait que le concile ne les autorisait pas à adhérer aux syndicats, ils s'engageaient volontiers dans les luttes syndicales.

Il y avait des précédents. La mobilité sociale descendante de ces intellectuels épousant la cause et partageant la vie du peuple, afin d'éprouver ses difficultés et d'intervenir sur les lieux mêmes de son exploitation pour contribuer à changer sa condition, n'est pas une démarche nouvelle. On la retrouve, soit à la croisée d'une inspiration évangélique et d'un projet d'émancipation sociale soit dans une perspective exclusivement laïque et politique, parmi divers courants utopistes ou révolutionnaires du XIXe siècle. Ainsi, par exemple, dans le mouvement populiste naissant de la Russie tsariste, Bakounine, en 1874, lança la « croisade vers le peuple », en engageant des étudiants à aller aux champs, afin de politiser les masses paysannes. Cette croisade fut vite défaite et durement réprimée. L'histoire du déclassement volontaire et militant reste à faire, et mon propos est évidemment plus limité. Il concerne le lien entre le déclassement de l'intellectuel et son rapport à la vérité, que ce soit dans la démarche individuelle (prise en dehors de toute incitation ou consigne organisationnelle) de la philosophe Simone Weil, ou dans la démarche politique et collective de la grande majorité des établis des années soixante et soixante-dix.

---

1. Xavier Vigna, *Actions ouvrières et politique à l'usine en France dans les années 68*, p. 437. Thèse soutenue à l'Université Paris VIII-Vincennes-Saint-Denis le 4 décembre 2003, qui m'a été aimablement signalée et prêtée par Patrick Fridenson.

Le récit de Simone Weil, écrit en 1941, est publié pour la première fois (sous pseudonyme) dans la revue du catholicisme progressiste *Économie et Humanisme* en 1942[1]. Jeune agrégée de philosophie, issue d'une famille de la bourgeoisie juive libérale et agnostique, Simone Weil a vingt-quatre ans et une santé fragile (elle mourra dix ans plus tard) quand elle entre chez Alsthom, en décembre 1934, grâce à l'appui de l'administrateur Auguste Detœuf, une relation de son ami Boris Souvarine. Elle est alors liée au mouvement syndicaliste révolutionnaire, écrit régulièrement dans *La Révolution prolétarienne* et dans *La Critique sociale* (la revue de Souvarine), mais sa décision, individuelle, est motivée par son désir de partager la condition ouvrière, de se placer « au point de vue de ceux d'en bas », plus que par un projet d'intervention militante. Affectée au four à bobines de cuivre, un poste très rude, rapidement elle s'épuise au point, dit-elle, de ne plus savoir pourquoi elle est là et de ne plus vouloir penser[2]. Chez Renault, où elle est recrutée, sans appui cette fois, en tant que fraiseuse, elle connaît aussi des moments de profond désespoir. De ces mois à l'usine, elle sortira physiquement anéantie et moralement meurtrie. Mais si elle peut à la fois partager l'aliénation (elle préférera parler de « malheur ») des ouvriers et l'analyser, c'est néanmoins parce qu'elle y échappe en partie. Il faut y être pour sentir cette réalité, s'en abstraire pour la saisir, et sans doute en sortir pour pouvoir décrire, comme elle le fait avec acuité, sa dureté matérielle, et plus encore psychologique : la monotonie

---

1. Modifié dans cette édition, il a été rétabli dans sa version initiale par la mère de Simone Weil en vue de la publication posthume de *La Condition ouvrière*, en 1951. C'est cette version qui figure sous le titre « Expérience de la vie d'usine », dans Simone Weil, *Œuvres complètes*, Paris, Gallimard, « Quarto », 1999, p. 193-210.
2. Simone Weil, *Œuvres complètes, op. cit.*, p. 63.

abrutissante, la servitude et l'humiliation constantes, la contrainte de « se compter pour rien », la façon dont le corps ploie, mais surtout dont « la pensée plie [1] ».
La philosophe examine elle-même la qualité de son témoignage et sa nécessité. Le malheur, explique-t-elle, « crée une zone de silence où les êtres humains se trouvent enfermés comme dans une île [2] ». Il est plus aisé de rompre ce silence en venant du dehors. Cependant, l'expérience de l'intellectuel qui partage ainsi, de plein gré et pour un temps limité, le sort des ouvriers, puis le raconte ensuite, n'est-elle pas irrémédiablement différente de la leur ? Dès lors, quel crédit accorder à son récit ? N'est-il pas faussé, biaisé, par cette différence ? C'est vrai, reconnaît-elle, s'il se cantonne à une simple observation. « Mais si, étant parvenu à oublier qu'il vient d'ailleurs, retournera ailleurs, et se trouve seulement là pour un voyage, il compare continuellement ce qu'il éprouve pour lui-même à ce qu'il lit sur les visages, dans les yeux, les gestes, les attitudes, les paroles, dans les événements petits et grands, il se crée en lui un sentiment de certitude, malheureusement difficile à communiquer [3]. » Cette certitude – un mot fréquent sous sa plume et un sentiment qui aimante son parcours et son œuvre – est ici fondée sur une proximité d'impressions, un partage des réactions, une communauté d'épreuve.

L'exigence morale autant que l'engagement social ont conduit Simone Weil à l'usine. À ce moment-là, elle n'est pas encore tournée vers la transcendance et touchée par la foi – ce qui est le cas quand elle écrit son texte en 1941. Cependant, quelque chose, déjà, qui ressemble à « une forme de l'amour implicite de

---
1. *Ibid.*, p. 199.
2. *Ibid.*, p. 204.
3. *Ibid.*, p. 204.

Dieu[1] », l'anime et l'incite à penser que le chemin de la vérité passe par la connaissance directe du malheur. Or, le fond du malheur, c'est l'exil : « Aucune intimité ne lie les ouvriers aux lieux et aux objets parmi lesquels leur vie s'épuise, et l'usine fait d'eux, dans leur propre pays, des exilés, des étrangers, des déracinés[2]. » Évidence, certitude, empathie là encore. Car la courte vie de Simone Weil est aussi une suite d'épreuves et de détachements, physiques, intellectuels, politiques et spirituels. Elle sort du confort de son milieu social, une famille juive laïque, aisée et cultivée, ne se satisfait pas du communisme d'État et de parti qui règne alors, et se bat, à contre-courant et sur tous les fronts, contre le stalinisme, contre le colonialisme et contre le fascisme. En Espagne, où elle se rend en août 1936, elle veut prendre des risques jugés inconsidérés par les dirigeants du POUM[3], qui refusent. Plus tard, à Londres où elle rejoint la France libre en 1943, elle tente, là aussi en vain, de se faire envoyer en mission en France. Elle est frêle, maladive, mais elle veut payer de sa personne et une force l'y pousse. Jusqu'à ce détachement radical (et jugé hérétique[4]) de l'élan mystique, qui la conduit au seuil du catholicisme, et qui est aussi, comme l'a bien vu Maurice Blanchot, l'expression d'une pensée « irréductiblement en marge » dont, insiste-t-il, l'irrégularité a été trop hâtivement recouverte par les commentaires chrétiens[5].

En écho, ce commentaire de Michel de Certeau, à propos des mystiques des XVIᵉ et XVIIᵉ siècles : « Ils

---

1. *Ibid.*, p. 717.
2. *Ibid.*, p. 203.
3. Partido obrero de unificación marxista.
4. Jugement de dom Clément Jacob avec qui elle s'entretient en avril 1942. Voir Simone Weil, *Œuvres complètes, op. cit.*, p. 85.
5. Maurice Blanchot, *L'Entretien infini*, Paris, Gallimard, 1986, p. 155.

n'ont plus pour présent qu'un exil[1]. » Souvent, ils appartenaient à des milieux socialement déclassés ou à des populations victimes de discriminations ethniques. Dans un monde dont l'ordre médiéval se déchirait, où ils se retrouvaient dépourvus des garanties du passé comme des assurances sur l'avenir, ils s'efforçaient de restaurer une communication spirituelle hors des institutions ecclésiales, en cherchant la vérité du côté des démunis et des laissés-pour-compte, les femmes, les fous, les miséreux. Les « nouveaux chrétiens », aussi peu tentés par le formalisme de la Synagogue que par celui de l'Église, étaient ainsi nombreux chez les « illuminés » (*alumbrados*). Quatre siècles après, Simone Weil est leur lointaine parente, et si son verbe est moins inspiré, elle est animée, elle aussi, par la « tradition humiliée », attirée par l'épreuve et portée au dépassement de ses propres limites.

Marnix Dressen est un ancien militant du PSU (Parti socialiste unifié) qui se destinait à devenir pasteur, avant de rejoindre le maoïsme en 1971-1972 et de passer quatre ans dans la métallurgie alsacienne. Par la suite, il a repris des études au Conservatoire national des Arts et Métiers (CNAM), et entrepris une thèse sur l'établissement ; sujet sur lequel, devenu sociologue, il a publié deux ouvrages, l'un sur le cas de l'entreprise lyonnaise Ciapen-Brandt[2], l'autre de portée plus générale[3]. Dans l'introduction de ce dernier, fort bien documenté (à partir d'une enquête auprès de trois cent quatre-vingts personnes) sur tout les aspects du phénomène, il explique que, une quinzaine d'années après

---
1. Michel de Certeau, *La Fable mystique, 1. XVIe – XVIIe siècle*, Paris, Gallimard, « Tel », 1995, p. 41.
2. Marnix Dressen, *Les Établis, la chaîne et le syndicat*, Paris, L'Harmattan, 2000.
3. Marnix Dressen, *De l'amphi à l'établi. Les étudiants maoïstes à l'usine (1967-1989)*, *op. cit.*

avoir abandonné des études de théologie protestante, « lorsqu'il a fallu trouver une ligne d'explication [1] », il s'est tourné vers l'anthropologie religieuse. Rétrospectivement, l'engagement des établis maoïstes des années soixante et soixante-dix « revêtait fondamentalement les caractéristiques d'un mouvement de type politico-religieux [2] ». La dure épreuve de l'usine, qui impliquait une rupture avec l'environnement familier, et souvent aussi un déménagement dans une région inconnue, avait certes une justification politique et offrait en outre des gratifications symboliques (en termes d'estime de soi, de prestige auprès des camarades, etc.). Mais l'établissement était, en même temps, un projet éthique partiellement désintéressé, un don de soi, une sorte de martyre et de démarche sacrificielle. Marnix Dressen souligne la volonté d'expiation et de purification, les idéaux ascétiques, l'importance du prosélytisme et celle de l'idée du rachat, notamment par rapport au privilège de l'éducation [3]. Selon lui, à l'instar du Père Enfantin et de ses disciples qui, un siècle et demi auparavant, voyaient dans le prolétariat « le Christ de la société moderne », la doctrine des « ecclésioles maoïstes », mêlant messianisme et utopie, érigeait la classe ouvrière en « groupe sacré » et en « opérateur eschatologique » de l'histoire [4]. Quant aux établis, ils s'apparentaient à des mystiques « en quête d'un lien personnel, intime, direct avec l'Histoire divinisée et/ou son *messie* (la classe ouvrière) ; et aussi en ce sens qu'ils considéraient que chaque homme (ici chaque élément du peuple) était dépositaire d'une part de la divinité [5] ».

---
1. *Ibid.*, p. 17.
2. *Ibid.*, p. 15.
3. *Ibid.*, p. 365.
4. *Ibid.*, p. 361-362.
5. *Ibid.*, p. 375.

L'analyse est intéressante et largement fondée, de nombreux témoignages reflètent en effet une exigence morale, une dimension métaphysique de l'action, une foi dans la Révolution et cette passion du prolétariat, qui venait parfois se fracasser sur la réalité. L'attirance ultérieure de plusieurs dirigeants notoires pour la pratique religieuse et l'exégèse des textes sacrés vient également la confirmer. La démonstration est cependant un peu trop systématique. À partir des œuvres canoniques de sociologie ou d'anthropologie religieuse, Marnix Dressen transpose terme à terme les notions (le martyre, le sacrifice, l'ascèse, le pèlerinage, la sanctification, la prière, etc.), sans s'arrêter assez sur les discours explicites et les mécanismes concrets de la sécularisation politique. En raison, peut-être, de la difficulté à trouver la bonne distance à l'égard d'une expérience qu'il a partagée, il s'abrite derrière des typologies et des catégories sociologiques, et s'en tient à une interprétation exclusivement religieuse de l'établissement. Celle-ci correspond à son propre cheminement qui fut, en effet, un transfert de vocation.

Or, tel n'était pas, il le reconnaît, le cas pour tous. Il y avait de la spontanéité et de la contrainte, de l'enthousiasme et du suivisme, des croyants zélés mais aussi des « demi-consentants et longuement hésitants ». Un autre sociologue, Jean-Claude Kaufmann, se souvient d'avoir échappé avec soulagement à l'établissement, un soir éprouvant d'avril 1968, quand un dirigeant du mouvement maoïste dans lequel il militait était descendu de la capitale pour choisir les futurs ouvriers. Auparavant, il avait fait des stages comme manœuvre afin d'apprendre « sur le tas » le métier de maçon en vue de reprendre un jour la petite entreprise familiale. Il avait finalement suivi une autre voie et n'avait pas la moindre envie de revenir à celle-là. Mais, se sachant tout désigné pour rejoindre le secteur du bâtiment, il avait senti avec angoisse le regard du chef s'arrêter sur lui. Il fut sauvé involontairement par un camarade étudiant annonçant que sa voiture gênait dans le parking. Sans cet incident inopiné, qui lui permit de s'esquiver, il serait peut-être devenu ouvrier maçon. En ce cas, conclut-il amusé, il n'aurait jamais relaté cette anecdote dans le préambule, en forme de remerciements, d'un livre défendant une sociologie de l'individu[1] qui ménage une place au hasard et aux bifurcations.

Certains établis, une minorité[2], sont restés à l'usine en y prenant, au fil des ans, des responsabilités syndicales. Les autres y ont travaillé de quelques mois à plusieurs années. L'expérience les a tous marqués. Et ceux qui l'ont racontée, peu nombreux au demeurant, ont mis du temps. Les établis avaient voulu en finir avec le savoir des livres, l'ordre du discours et la posture de l'intellectuel en porte-parole, dépouiller en eux le vieil homme, faire table rase et aller apprendre auprès des opprimés, qui détenaient la clé de la vérité et du sens des luttes. En dehors du travail de Marnix Dressen, qui a traduit son expérience en recherche universitaire, rares sont les analyses réflexives et les histoires collectives, il s'agit plutôt de récits individuels, factuels et parfois romancés[3], comme si le collectif était impossible à restituer et le réel, lui-même, problématique. Le premier (publié en 1978) est celui du

---

1. Jean-Claude Kaufmann, *Ego. Pour une sociologie de l'individu*, Paris, Nathan, 2001.
2. 10 % des personnes questionnées par Marnix Dressen étaient encore établies en 1989.
3. Parmi les principaux témoignages et dans l'ordre de parution : Robert Linhart, *L'Établi*, Paris, Minuit, 1978 ; Nicolas Dubost, *Flins sans fin*, Paris, Maspero, 1979 ; Pierre Schneider, *Lenz*, Paris, Flammarion, 1979. Parmi les récits plus littéraires : Leslie Kaplan, *L'Excès-Usine*, Paris, Hachette-POL, 1982 ; Daniel Rondeau, *L'Enthousiasme*, Paris, Quai Voltaire, 1988 ; Jean-Pierre Martin, *Le Laminoir*, Seyssel, Champ Vallon, 1995 ; Jean Rolin, *L'Organisation*, Paris, Gallimard, 1996.

dirigeant maoïste Robert Linhart, fondateur de l'UJCml, qui, en septembre 1968, s'est embauché chez Citroën, d'où il a été licencié en juillet 1969. C'est le livre le plus connu, avec celui de Nicolas Dubost sur l'usine Renault de Flins, celui qui a eu le plus d'impact lors de sa parution mais aussi sur la durée, puisqu'il a toujours été réédité. Cela tient sans nul doute à l'acuité du témoignage et à la densité du texte, bref et précis.

La plupart des ouvriers rencontrés par Robert Linhart, à l'usine Citroën de Choisy à la fin des années soixante, sont des travailleurs immigrés venus d'un peu partout. Tels Mouloud, chargé de lui montrer le travail, le premier jour, sur la chaîne de l'atelier de soudure, et avec qui, à la pause, il parle de sa Kabylie natale ; Pavel, Stepan et Georges, les Yougoslaves si rapides et si habiles qu'ils font trois postes en deux pour s'offrir un répit à tour de rôle ; Ali le Marocain, un fils de marabout qui a étudié l'arabe classique ; Primo le Sicilien, prompt à la lutte, et d'autres, des Espagnols, des Portugais, des Maliens, des Sénégalais. Les Turcs sont surtout nombreux à l'usine de Javel où ils sont arrivés par villages entiers. Ce monde ouvrier est une Babel bigarrée. La direction mise sur les regroupements par nationalités pour mieux le contrôler, ce qui, observe Robert Linhart, est à double tranchant, car ces groupes d'appartenance constituent aussi un soutien et, parfois, une base de résistance ou de révolte.

Lui, le jeune diplômé qui pourrait être professeur et s'est « rêvé agitateur », n'a pas seulement du mal à suivre les cadences. Il s'épuise dans une « propagande en miettes » qui se heurte à la passivité et surtout à la peur, très prégnante. À l'incompréhension aussi, quand il avoue d'où il vient, car on va à l'usine quand on n'a pas le choix ! Il réussit, finalement, avec Primo et d'autres, à former un comité de base et à lancer un débrayage pour protester contre la récupération des jours de grève du printemps 68 (la direction impose trois quarts d'heure de travail quotidien en plus, non rétribués). Mais ses camarades sont harcelés, mutés ou licenciés, et Linhart lui-même, relégué dans un dépôt isolé à un kilomètre de l'usine, est finalement congédié à la veille des vacances d'août. Le sentiment d'échec est désespérant sur le moment. Il découvrira, un peu plus tard, que le mouvement a laissé quelques traces (moins de harcèlement de la part de l'encadrement) et quelques souvenirs revigorants (la fierté d'en avoir été).

La trace la plus durable est sans doute le livre qu'il a tiré de cette expérience. Il a frappé les esprits à l'époque où il est sorti et demeure un précieux témoignage, honnête et rigoureux, sur la condition ouvrière et le système fordiste. Un extrait avait été publié auparavant, dans les *Actes de la recherche en sciences sociales*[1]. La revue, lors de sa création par Pierre Bourdieu en janvier 1975, précisait son ambition dans un éditorial inaugural : « La science sociale doit non seulement démontrer mais aussi montrer, présenter des enregistrements de l'existence quotidienne, photographies, transcriptions de discours, fac-similés de documents, statistiques, etc., et faire voir, parfois par un simple effet graphique, ce qui s'y cache[2]. » L'extrait, titré lui aussi *L'Établi*, n'était précédé d'aucune présentation[3], mais il était imprimé dans un corps beaucoup plus gros que les autres articles du numéro. Seule cette différence typographique signifiait le statut de document de ce texte qui pouvait prêter à confusion. En effet, le morceau choisi – la description du travail d'un vieux retoucheur de portières dans l'atelier de soudure – ne contient aucune allusion au militantisme de

---

1. *Actes de la recherche en sciences sociales*, n° 19, janvier 1978.
2. Éditorial non signé, *Actes de la recherche en sciences sociales*, n° 1, janvier 1975.
3. Une note renvoyait simplement au livre à paraître.

l'auteur et ne comporte même aucune phrase à la première personne (alors que le « je » est largement utilisé par Robert Linhart, d'un bout à l'autre du livre). Dans sa facture et sa teneur, il n'est donc pas tellement différent de ce que pourrait être le propos d'un sociologue du travail ayant mené une observation de longue durée dans l'usine, a fortiori en des temps où la sociologie critique vise le dévoilement des rapports de domination plus que la neutralité axiologique. Il y a là un double effet de sens reflétant une hiérarchie des modes de connaissance : d'un côté, une objectivation, qui efface les conditions de production de ce récit, en particulier l'engagement et la subjectivité de l'auteur, au profit d'un « style » sociologique qui convient à cette revue ; de l'autre, un effet graphique qui permet, dans celle-ci, de distinguer ce morceau de sociologie spontanée des articles « scientifiques » avec lesquels il voisine.

Or, comme le notait Simone Weil, le témoignage de l'intellectuel qui s'embauche à l'usine n'est pas uniquement de l'observation, fût-elle participante. Certes, le récit de la philosophe présente des analogies avec des travaux de psychologie sociale sur la souffrance au travail, et celui de Robert Linhart avec des études de sociologie du monde ouvrier. Mais reste cette différence, évidente pour leurs lecteurs, comme une sorte de pacte autobiographique qui fait d'eux des auteurs (comme d'ailleurs bien des ethnographes[1]) : ils y ont vraiment été, ils sont passés de l'autre côté, ils n'ont pas seulement connu l'intérieur de l'usine, ils ont éprouvé de l'intérieur ce qu'ils en racontent. Leurs points de départ diffèrent en partie – une exigence philosophique, morale et spirituelle chez Simone Weil,

---

1. Voir à ce sujet l'étude de Clifford Geertz, *Ici et là-bas. L'anthropologue comme auteur*, Paris, Métailié, 1996.

une volonté de militantisme politique chez Robert Linhart (bien que la première ait eu aussi, évidemment, des raisons politiques et le second des raisons éthiques, sinon métaphysiques) – mais tous deux ont fait l'expérience d'un franchissement.

De ce point de vue, leur démarche s'apparente à celles de l'écrivain américain John Howard Griffin qui, en 1959, s'est foncé artificiellement l'épiderme pour vivre dans la peau d'un noir [1], du journaliste allemand Günter Walraff qui, dans les années quatre-vingt-dix, s'est fait passer pour un Turc [2], et de son confrère français Marc Boulet devenu intouchable en Inde [3], ou encore de l'écrivaine Anne Tristan qui, après être entrée au Front national à Marseille en se présentant comme une chômeuse sympathisante afin d'observer le parti de l'intérieur [4], s'est fabriqué une identité de demandeuse d'asile sans papiers en France [5]. Ces passages dans la vie, la place ou la peau d'un autre, qui révèlent la violence de certaines conditions ou situations sociales, transgressent également les règles habituelles de l'enquête sociologique ou journalistique. Pour se lancer dans une telle aventure, il faut avoir de l'audace, de puissants motifs éthiques, et sans doute aussi une histoire, une sensibilité, une personnalité déplacées et frontalières.

Le parcours de John Howard Griffin témoigne ainsi des choix et curiosités atypiques d'un esprit original et passionnément en quête de vérité. Né à Dallas, au Texas, en 1920, dans une famille de musiciens (son père était ténor et sa mère pianiste), il a quitté les États-Unis pour la France à l'âge de quinze ans. Attiré

---
1. John Howard Griffin, *Dans la peau d'un noir*, Paris, Gallimard, « Folio », 1976.
2. Günter Walraff, *Tête de Turc*, Paris, Livre de Poche, 1997.
3. Marc Boulet, *Dans la peau d'un intouchable*, Paris, Seuil, 1994.
4. Anne Tristan, *Au front*, Paris, Gallimard, 1987.
5. Anne Tristan, *Clandestine*, Paris, Stock, 1993.

à la fois par la littérature, la médecine et la musique, il a étudié la première à l'université de Poitiers, la deuxième à la faculté de médecine de Tours, la troisième au Conservatoire de Fontainebleau (avec Nadia Boulanger, Robert Casadesus et Jean Batalla), et a tenté de marier ses intérêts à l'hôpital psychiatrique de Tours en testant, auprès de malades criminels, une thérapie par la musique. La guerre a interrompu ses projets. Combattant dans l'armée américaine (auparavant, à dix-neuf ans, il avait contribué à l'évacuation de Juifs autrichiens par le port de Saint-Nazaire) et blessé, il est resté aveugle pendant douze ans, période durant laquelle il a écrit plusieurs romans et s'est converti, en 1952, au catholicisme. Romancier, journaliste, musicologue spécialiste de la musique médiévale (particulièrement du chant grégorien, étudié à l'abbaye de Solesmes), il est aussi devenu photographe, après avoir retrouvé la vue, en 1957.

Étonnant parcours entre cécité et lucidité, vision intérieure et conversion religieuse, vue recouvrée et travail sur l'image, jusqu'à cette transformation de l'image de soi, pour dénoncer les préjugés entés sur l'apparence. Le livre tiré de cette expérience, *Black Like Me*, paru en 1961, l'a fait mondialement connaître. D'abord publié en feuilleton dans le magazine *Sepia*, ce texte avait soudain révélé, comme sur une plaque photographique, la réalité de la ségrégation qui demeurait invisible à une grande partie de la population américaine. Il avait aussi suscité une vague de protestations et d'attaques contre l'auteur, qui dut s'exiler avec sa famille à Mexico pendant près d'un an.

Hardis, risqués et certainement perturbants, ces passages dans la vie d'un ou d'une autre sont néanmoins circonscrits : dès le départ, retour et récit sont prévus, même si, quand vient le moment de « décrocher », ce n'est guère facile, et qu'aucun ne revient comme il est parti. John Howard Griffin a été un Noir itinérant dans les États du Sud ségrégationnistes pendant six semaines, Günter Walraff a été un immigré turc en Allemagne, Marc Boulet un intouchable mendiant à Bénarès et Anne Tristan une Colombienne clandestine faisant la manche à Paris pendant plusieurs mois. Tous quatre racontent, dans des contextes différents, comment ils se sont sentis réduits à rien. Mais tous quatre se sont retrouvés, notamment grâce à l'écriture.

Le franchissement est en revanche un aller simple, aléatoire et le plus souvent irréversible, pour ces Occidentaux aspirés par d'autres mondes dont Jean-Michel Belorgey a suivi la trace [1]. Au cours des XIXe et XXe siècles, poussés par l'appétit des métamorphoses, en quête d'innocence primitive, d'ensauvagement, de paradis insulaires, d'errance et de déserts ou de sagesse orientale, ils furent nombreux à vouloir devenir autres, malgré les obstacles et les épreuves des rites de passage. Conversions au bouddhisme ou à l'islam, amours et lointaines épousailles, acculturations radicales, changement de mœurs, de langue, de nom, et parfois d'orientation sexuelle, ils rompaient avec leur société et ses codes, dans un transport sans retour, qui visait un nouvel enracinement, sans jamais y parvenir tout à fait.

Outre le refus de la société telle qu'elle est, il y a aussi une part d'aléa dans le déclassement volontaire **des établis**, car le devenir individuel n'est pas écrit, chacun étant censé se dépasser dans une perspective collective. Celle-ci une fois perdue de vue, transgression et franchissement ont mené d'anciens militants aux confins de la mystique ou de l'égarement. D'autres, la plupart, en sont revenus et ont préféré ne plus en parler, ni en famille, ni au-dehors. Lorsque la

---

[1]. Jean-Michel Belorgey, *Transfuges. Voyages, ruptures et métamorphoses : des Occidentaux en quête d'autres mondes*, Paris, Autrement, « Mémoires », 2000.

fille de Robert Linhart, Virginie, a décidé, vingt ans après, de les questionner, elle a « compris combien la sortie du silence, si elle était envisageable, n'en restait pas moins douloureuse, sujette à caution et à interrogations multiples[1] ». Il fallait soit avoir pris part à l'aventure, comme Marnix Dressen, soit être une intermédiaire dûment introduite et quasi dynastique, pour solliciter ces souvenirs-là. À partir des entretiens qu'elle a menés, Virginie Linhart a reconstitué une série de récits intéressants par leur diversité et leur dimension réflexive. En raison du temps écoulé, et sans doute aussi du contexte de transmission générationnelle, chacun revient sur les aspirations comme sur les désillusions de cet engagement collectif.

Finalement, l'expérience des établis n'a laissé trace et enseignement que par des détours et grâce à un retour aux livres dont, comme le raconte l'un d'eux, ils avaient voulu se défaire : « S'il faut en finir avec le livre faisons-le pour de bon. Voilà ce que nous avons pensé. Ce que nous appelions la "Longue Marche", qu'aujourd'hui j'aimerais mieux appeler "l'exode des intellectuels"[2]. »

LES TRANSFUGES

Comme l'exil ou l'émigration, et bien que de façon généralement moins brutale, la mobilité sociale ascendante est une expérience éprouvante qui peut inciter à la conformité, mais aussi favoriser la créativité intellectuelle. Venir de milieu populaire et accéder aux

---

1. Virginie Linhart, *Volontaires pour l'usine. Vies d'établis 1967-1977*, Paris, Seuil, 1994.
2. Texte cité par Antoine Liniers, « Objections contre une prise d'armes », in François Furet, Antoine Liniers et Philippe Raynaud, *Terrorisme et Démocratie*, Paris, Fayard, 1985, p. 164.

cénacles universitaires ne va pas sans difficultés. Difficultés redoublées dans la société française quand cette mobilité s'accompagne d'une « montée » de la province vers Paris et, tout particulièrement, vers ce haut lieu de l'enseignement national et de la culture distinguée qu'est l'École normale supérieure. L'image de l'élève pauvre et doué, encouragé par ses maîtres, boursier de la Nation jusqu'au concours, et débarquant rue d'Ulm avec sa valise, sa timidité et ses habits démodés, n'est pas seulement un cliché de la promotion républicaine au mérite. L'épreuve en a marqué plus d'un.

Dans une démarche mêlant remémoration et réflexivité, certains de ces transfuges se sont eux-mêmes efforcés, une fois leur statut reconnu, de penser le lien entre leur propre ascension sociale et leurs curiosités, leurs thèmes de recherches ou leurs options théoriques. Ils évoquent les handicaps et les revers dont ils ont souffert, leurs maladresses, leur ignorance des codes et des élégances, leurs sentiments de décalage ou d'infériorité, comme leurs mouvements de colère ou de révolte, mais ils revendiquent l'avantage épistémologique que leur donne ce parcours, celui, là encore, d'une sorte de vision à double foyer sur l'histoire, la culture ou la société.

Au terme d'un livre consacré aux auteurs qui ont le plus compté dans sa formation et son itinéraire intellectuel, Gérard Noiriel revient ainsi sur sa trajectoire personnelle, les circonstances, les rencontres et les passerelles grâce auxquelles, venant d'un milieu économiquement et culturellement très déshérité, il a pu « franchir le seuil de la cité savante[1] ». Le sociohistorien qu'il est devenu regarde par-dessus l'épaule

---

1. Gérard Noiriel, *Penser avec, penser contre. Itinéraire d'un historien*, Paris, Belin, 2003, p. 249.

de l'acteur et du témoin qu'il est aussi ; analyses, souvenirs et sentiments (parfois vifs) se mêlent, donnant à ce texte une forte densité. Sa famille – dont les deux branches également vosgiennes « illustrent, jusqu'à la caricature, les deux grands destins de la petite paysannerie française [1] » – a cumulé les difficultés. Et lui, par conséquent, les handicaps. Du côté maternel, l'appartenance à ce milieu ouvrier qui s'était constitué dans les fabriques de la région dès le XIXe siècle et qui a subi de plein fouet la fermeture de ces dernières et les mutations industrielles ; du côté paternel, une ascension petite-bourgeoise et la promotion par l'armée d'un grand-père pétainiste, condamné pour collaboration, qui méprisait ses origines rurales. Tous perdants, en fin de compte. Cela a lourdement pesé sur la génération suivante. Gérard Noiriel raconte sans pathos, mais avec une trace de courroux contenu, l'alcoolisme et la violence du père, le déracinement dans l'Alsace voisine mais peu hospitalière, le repli, la pauvreté, les humiliations charitables, les responsabilités prématurées en tant qu'aîné d'une fratrie de sept enfants, les insultes racistes à l'école parce qu'il était « trop » brun, et cette « ségrégation républicaine » qui, en dépit de bons résultats scolaires dans le primaire, ne pouvait que borner ses ambitions. Une filière courte, puis l'école normale d'instituteurs, c'est à quoi, au mieux, il pouvait prétendre.

À vingt ans, le vent contestataire de 1968 aidant, il refuse la sécurité d'un emploi d'instituteur dans un village vosgien, s'inscrit en histoire à la faculté des lettres de Nancy, prend divers emplois pour compléter sa bourse, découvre la liberté, la musique et le militantisme dans le syndicalisme étudiant (UNEF) et l'Union des étudiants communistes (UEC), où il

---
1. *Ibid.*, p. 250.

s'initie au marxisme, mais aussi à la philosophie et aux sciences humaines. Ses origines populaires l'éloignent des mouvements d'extrême gauche ; quant à l'idée de s'établir en usine, elle lui paraît « admirable mais assez étrange », tant, pour lui et pour d'autres ayant des parcours similaires, il s'agit au contraire d'« échapper aux grandes usines [1] ». Échappée réussie comme une série de sauts d'obstacles : l'agrégation d'histoire, l'enseignement pendant dix ans dans le secondaire, tout en bataillant pour terminer une thèse et faire de la recherche, un poste de PRAG (professeur agrégé détaché dans l'enseignement supérieur) dans l'environnement élitiste et déroutant pour lui de l'École normale supérieure et, finalement, l'élection à un poste convoité de directeur d'études à l'EHESS. En exergue de son texte, qui se veut à la fois de réflexion et de fidélité, il a placé une phrase de Michelet, affirmant d'expérience lui aussi que « la difficulté n'est pas de monter, mais en montant de rester soi ». C'est un problème auquel se sont toujours heurtés les intellectuels issus des milieux populaires, constate Gérard Noiriel, et « seuls les transfuges sociaux peuvent comprendre ce genre de préoccupations [2] ».

Tant qu'il est militant, la réponse est simple et claire. Professeur dans le secondaire à Longwy et membre de la cellule communiste de son quartier au moment du grand mouvement de 1979-1980 dans la sidérurgie, il participe à l'aventure de la radio *Lorraine Cœur d'acier* avec le journaliste communiste Marcel Trillat et publie son premier livre, en collaboration avec Benaceur Azzaoui, immigré marocain, militant CGT et OS à Usinor [3]. Cet ouvrage sur les luttes à Longwy, qui ne

---

1. *Ibid.*, p. 264.
2. *Ibid.*, p. 276.
3. Gérard Noiriel, Benaceur Azzaoui, *Vivre et lutter à Longwy*, Paris, Maspero, 1980.

ménage pas les structures bureaucratiques du parti, est très mal accueilli par celui-ci. Gérard Noiriel démissionne et, en rupture d'engagement, se retrouve confronté à son rôle d'intellectuel et à la manière de rester fidèle à ses origines sociales.

Séduit par les écrits de Michel Foucault sur les rapports entre savoir et pouvoir, comme par ceux de Pierre Bourdieu sur la domination culturelle, souhaitant concilier « désir de vérité » et « souci d'être utile aux plus démunis », il décide d'abandonner l'histoire médiévale pour entreprendre une thèse sur les sidérurgistes de Longwy, qui sont, pour beaucoup d'entre eux, des immigrés[1]. Les nombreux travaux qu'il mène ensuite, sur l'histoire de l'immigration et celle du droit d'asile en France, sont partis de cette réalité. Sa méthode de travail, à la croisée de l'histoire et de la sociologie, est une façon de donner de l'intelligibilité aux questions du présent. Enfin, l'importance donnée, dans sa réflexion, à la critique de l'idéologie de l'enracinement est peut-être aussi un lointain effet des sarcasmes et brimades de ses camarades de classe en Alsace, qui le rejetaient et l'appelaient « l'Arabe », le « fellagha », ou encore le « noiraud », en estropiant son nom de famille. Le petit Vosgien pauvre et brun était l'étranger, dans cette commune alsacienne qui n'était pourtant éloignée que d'une centaine de kilomètres de la bourgade d'où il venait. L'historien reconnu qu'il est devenu n'est plus un intrus, mais un « membre à part entière du monde académique ordinaire ». Cependant, il découvre, en la fréquentant, que la « cité savante » n'est pas celle qu'en outsider il avait naïvement idéalisée. Prenant au sérieux la question de l'incidence sociale de la production du savoir, sa manière de « monter en restant soi », selon

---

1. Gérard Noiriel, *Longwy. Immigrés et prolétaires*, Paris, PUF, 1984.

la formule de Michelet – et peut-être poussé par cette tentation de l'inconvenance ou de la provocation qui est aussi un moyen, pour un transfuge, de vérifier qu'il n'a pas trop changé[1] –, Gérard Noiriel quitte, le temps d'un livre, son domaine habituel, pour lancer un petit pavé, en forme d'analyse critique des pratiques du métier d'historien, qui suscite de vifs débats[2].

Le métier de sociologue n'est pas sans déceptions non plus. Les luttes de Longwy lui ont appris à se méfier des porte-parole et de tous les intellectuels qui prétendent dire le vrai sur le social et la politique sans en avoir une connaissance réelle. Et c'est bien cette critique des intellectuels qui l'a séduit chez Pierre Bourdieu. Or, en lisant « La rue des Jonquilles », le texte sur Longwy au début de *La Misère du monde*[3], il constate que Bourdieu tombe dans ce travers si vigoureusement dénoncé par ailleurs : « Il projette sur les ouvriers qu'il a rencontrés sa propre vision du monde, érigée en théorie objective[4]. » L'univers des « hommes du fer », que Gérard Noiriel a étudié et fréquenté pendant dix ans, et le quartier où il a habité sont simplifiés, typifiés : « C'est trop beau (trop triste) pour être vrai. » En outre, « la volonté de mettre à toute force en cohérence des éléments disparates de la vie quotidienne (la profession, le cadre de vie, le sens de l'existence, etc.) aboutit à une description dévalorisante du monde ouvrier local[5] ». Au-delà de ce texte, qui est pour lui particulièrement révélateur, Gérard Noiriel reproche

---

1. Il dit lui-même qu'il n'a jamais été aussi critique sur l'EHESS que lorsqu'il était candidat à un poste de directeur d'études, histoire de se prouver qu'il avait conservé sa liberté. Gérard Noiriel, *Penser avec, penser contre, op. cit.*, p. 276.
2. Gérard Noiriel, *Sur la « crise » de l'histoire*, Paris, Belin, 1996.
3. Pierre Bourdieu, « La rue des Jonquilles », in *La Misère du monde*, Paris, Seuil, 1993.
4. Gérard Noiriel, *Penser avec, penser contre, op. cit.*, p. 152.
5. *Ibid.*, p. 153.

aux écrits de Pierre Bourdieu « leur propension à dévaloriser les comportements de résistance », en insistant sur « la honte de soi » des dominés (même combatifs et militants, ils seraient dans « leurs petits souliers ») et en sous-estimant les pratiques d'autonomie. Tous deux sont des transfuges, mais leurs parcours diffèrent, comme leur conception de la connaissance et leur vision de la domination.

« Ces gens en porte-à-faux, déclassés par le bas ou par le haut, sont des gens à histoires qui, souvent, font l'histoire », affirme Pierre Bourdieu, dans un entretien reconstitué, publié en 1980[1]. En laissant ainsi, à la marge, une petite place à la révolte, du côté des déplacés, il ajoute que, se sentant « étranger » dans le monde intellectuel, il connaît lui-même cette situation en porte-à-faux et la reconnaît « chez beaucoup de stigmatisés sociaux ». Ce n'est là qu'une brève notation biographique, livrée en passant. Il en dit un peu plus dans les entretiens avec Loïc Wacquant, en 1992[2]. Évoquant « la scène initiale » d'un petit bal du samedi soir, dans un café de son Béarn natal, où les jeunes de la campagne font tapisserie tandis que dansent ceux de la ville, il confie « l'émotion de sympathie » qui l'a conduit à en faire l'un de ses objets de recherche sur le célibat des paysans[3]. Plus loin, il se peint en déplacé serein : « L'ethnologie et la sociologie m'ont permis de me réconcilier avec mes expériences premières et de les assumer sans perdre rien, je crois, de ce que j'ai acquis ultérieurement. C'est là quelque chose qui n'est pas commun parmi les transfuges, qui, souvent, éprouvent un profond malaise,

---

1. Pierre Bourdieu, *Questions de sociologie*, Paris, Minuit, 1980, p. 76.
2. Pierre Bourdieu, avec Loïc Wacquant, *Réponses*, Paris, Seuil, 1992.
3. *Ibid.*, p. 138-139.

parfois une grande honte à l'égard de leurs origines et de leurs expériences originaires[1]. » Une sérénité démentie par ses tout derniers écrits. C'est en effet dans ses cours de l'année 2000-2001 au Collège de France[2], puis dans son ultime texte[3], que Pierre Bourdieu, disparu en 2002, revient sur son passé, ses origines familiales et son ascension sociale. Pas question de céder à « l'illusion biographique », ceci, annonce-t-il d'emblée, n'est pas une autobiographie, c'est une « auto-socio-analyse », un travail de réflexivité scientifique, un effort d'objectivation. Mais suffit-il de l'affirmer et de savamment inverser la chronologie en plaçant l'enfance en fin de parcours pour en convaincre le lecteur ? En vérité, cela ne change rien au fait qu'il s'agit aussi, évidemment, d'une histoire personnelle et d'une série de souvenirs. On voit mal comment il pourrait faire autrement, et cela, au demeurant, ne pose aucun problème, sauf pour Bourdieu lui-même, pris dans cette contradiction qui semble toujours le déchirer, entre être ou ne pas être un sujet. Chercheur occupant une position dans le champ scientifique et analysant celui-ci en sachant en faire partie, il se distingue tout de même, en déclarant par exemple, en 1987 : « Dans un champ, à un certain moment, la logique du jeu est ainsi faite que certains agents ont intérêt à l'universel. Et je dois dire que je pense que c'est mon cas[4]. » Professeur au Collège de France faisant une leçon sur la leçon inaugurale et analysant *in situ* la consécration dont il bénéficie, il affirme et revendique une relative autonomie. Bref, il est celui qui examine, et par là domine, ce qui le

---

1. *Ibid.*, p. 177.
2. Pierre Bourdieu, *Science de la science et réflexivité*, Paris, Raisons d'agir, 2001.
3. Publié d'abord en allemand puis, récemment, dans une édition posthume en français : Pierre Bourdieu, *Esquisse pour une auto-analyse*, Paris, Raisons d'agir, 2004.
4. Pierre Bourdieu, *Choses dites*, Paris, Minuit, 1987, p. 45.

détermine. Non pas un « agent », finalement, mais plutôt un acteur surdoué, un maître du sens hors du commun, qui consent à une réflexivité très contrôlée, à condition de se prémunir contre la critique et de s'assurer le dernier mot : « En préconisant la pratique de la réflexivité, j'ai aussi conscience, dit-il dans son dernier cours au Collège de France, de livrer aux autres des instruments qu'ils peuvent m'appliquer pour me soumettre à l'objectivation – mais en agissant ainsi, ils me donnent raison [1]. » Et comme si cette validation par anticipation n'était pas une protection suffisante, il prétend, dans son dernier texte, à l'exclusivité de sa propre objectivation, en affirmant écrire « pour décourager les biographies et les biographes », ainsi que « les tentatives d'objectivation plus ou moins sauvages » résultant de « la volonté malveillante d'objectiver celui qui objective, selon la logique enfantine du "c'est celui qui dit qui est" [2] ». Cette stratégie préventive est assez sidérante et d'autant plus intimidante qu'elle arrive dans une édition posthume.

Passons outre ! Ce qui est à la fois intéressant et problématique dans ce texte tour à tour arrogant et douloureux, maîtrisé à l'excès et fissuré malgré tout, dans lequel les longues et nombreuses notations personnelles sont systématiquement enfermées dans des parenthèses, comme pour éviter tout débordement, c'est la façon dont Pierre Bourdieu livre des éléments permettant de relier ses origines, son histoire et sa sociologie. La réalité objective de son enfance (on ne se prononcera pas sur la réalité subjective de sa souffrance) n'était pas misérable, c'était plutôt un entre-deux modeste. Le père, fils de métayer, avait connu une certaine promotion en devenant facteur, puis receveur

---

1. Pierre Bourdieu, *Science de la science et réflexivité, op. cit.*, p. 221.
2. *Ibid.*, p. 140.

facteur. Il bénéficiait d'un petit logement de fonction, dans un village isolé, où la famille habitait. La mère, issue par la branche maternelle d'une « grande famille » paysanne attachée aux convenances, était au contraire descendue d'un cran social en faisant ce qui était considéré par les siens comme une mésalliance. De la mobilité des deux côtés, mais inversée, et somme toute de faible amplitude. Le père de Pierre Bourdieu n'était pas un prolétaire passé de l'autre côté en devenant ingénieur comme Antoine Bloyé, le personnage de Paul Nizan (qui était aussi l'image que ce dernier avait de son propre père[1]). Mais son fils est convaincu que sa promotion de petit col blanc culpabilisait cet homme de gauche, demeuré proche des paysans sans instruction qu'il aidait volontiers.

« Transfuge, fils de transfuge[2] », c'est ainsi que Bourdieu se définit. Cet héritage paradoxal et l'axe central de son parcours scolaire ont contribué à former sa vision de l'ordre social. L'école communale où il était brocardé par les enfants de la campagne en tant que fils d'employé, le lycée de Pau où il se retrouvait, au contraire, paysan chez les bourgeois, et plus encore l'expérience violente de l'internat – décrit comme une « école terrible de réalisme social, où tout est déjà présent, à travers la nécessité de la lutte pour la vie : l'opportunisme, la servilité, la délation, la trahison, etc.[3] » – ont été ses premiers champs de bataille. Engagé dans une compétition scolaire, puis universitaire qui l'a mené à l'École normale supérieure, à l'École des hautes études en sciences sociales et finalement au Collège de France, il a réussi à atteindre le sommet de l'institution, sans se départir d'une

---

1. Paul Nizan, *Antoine Bloyé*, Paris, Grasset, 1933.
2. Pierre Bourdieu, *Esquisse pour une auto-analyse*, *op. cit.*, p. 109.
3. *Ibid.*, p. 117.

« profonde ambivalence à l'égard du monde scolaire[1] » et d'une ambivalence plus grande encore à l'égard de sa propre réussite. L'homme ne semble jamais apaisé, jamais lu, compris, reconnu comme il le voudrait, et sa consécration est toujours corrodée de déceptions vis-à-vis d'une instance dont la légitimité même ne lui paraît pas assurée. Revenant sur le décalage entre le monde social dont il est issu et la situation à laquelle il est parvenu, il évoque ce clivage permanent entre le fait de jouer le jeu (« la docilité, voire l'empressement et la soumission du bon élève[2] »), l'humiliation de s'y être plié et la tentation d'en briser les règles. Il dit aussi son « sentiment d'avoir toujours à payer tout très cher[3] ».

Indéniablement, il y a des accents de sincérité et de tourment dans cette auto-analyse distanciée, où se dit le souvenir toujours vif d'une honte sociale, mais à travers laquelle se révèle aussi la honte d'une ambition qui se refuse à dire son nom. C'est même un étonnant point aveugle. Cette honte-là renvoie sans doute à ce qu'il discerne plus facilement à distance et chez les autres : « Cette forme de haine de soi qu'était pour moi l'arrivisme petit-bourgeois de certains de mes condisciples, parfois devenus depuis des membres éminents de la hiérarchie universitaire et des incarnations accomplies de l'*homo academicus*[4]. » Cependant, en lisant le passage dans lequel il explique combien il a vécu ses contradictions « de manière dramatique » au moment de sa leçon inaugurale au Collège de France, et combien il entrait avec réticence, comme malgré lui, dans un rôle qui ne coïncidait pas avec

---

1. *Ibid.*, p. 126.
2. *Ibid.*, p. 128.
3. *Ibid.*, p. 139.
4. *Ibid.*, p. 130.

l'idée qu'il se faisait de lui-même[1], il est difficile d'oublier que, pour être élu à cette chaire, il lui a fallu le désirer et s'en donner les moyens en faisant campagne, ce qui, au demeurant, n'a rien de déshonorant. Il m'est revenu, à ce propos, le souvenir d'une autre leçon inaugurale, à laquelle j'avais assisté adolescente. C'était celle que Bernard Halpern, un grand ami de mon père (tous deux juifs venus de Pologne, ils avaient fait leurs études de médecine ensemble en travaillant et en logeant dans le même hôtel bon marché de la cité du Cardinal-Lemoine), avait prononcée en 1961. Ce chercheur passionné, qui avait découvert les antihistaminiques, accédait à la chaire de Médecine expérimentale illustrée par Claude Bernard et racontait avec simplicité son honneur et son bonheur d'être là. Le chemin n'avait pas été aisé de l'Ukraine à la Sibérie, puis à la Pologne, la Belgique, la France enfin, d'où il avait fallu fuir vers la Suisse. Venir étudier à Paris était un rêve, une idée fixe. Pendant la guerre, il avait échappé de justesse, et par deux fois, à l'arrestation, à la Kommandantur de Lyon dont il avait réussi à sortir, puis dans un hôtel d'Annecy où il s'était caché dans une salle de bains que les Allemands n'avaient pas fouillée. Finalement, il avait passé clandestinement la frontière helvétique, dans la neige, du côté d'Annemasse. En l'écoutant évoquer son histoire, je me rappelle avoir pensé que mon père, s'il n'avait pas été contraint d'abandonner la recherche en parasitologie qui l'enthousiasmait tant, serait peut-être, lui aussi, entré dans ce haut lieu du savoir. Cela m'aurait plu, comme l'apothéose d'un parcours d'immigré et une belle victoire contre l'adversité. Mais l'ambition – distincte de l'arrivisme, c'est-à-dire de l'obsession sans principes du but à atteindre – n'a pas le même

---

1. *Ibid*, p. 136-137.

goût dans l'immigration, où elle est valeureuse, considérée comme une qualité associée au courage et à la volonté, et dans la mobilité sociale ascendante où, souvent perçue comme une sorte de trahison, elle est alors source de mal-être [1].

Quoi qu'il en soit, le thème explicite de cette auto-analyse n'est pas le mal-être de son auteur, mais la formation de l'être social et savant de Pierre Bourdieu, dans une sorte de confession en forme de construction logique extrêmement sélective. Sous couvert de ne retenir que ce qui fait sens, en « excluant la psychologie, sauf quelques mouvements d'humeur [2] », comme les détours ou dévoilements excessifs, il ne fait rentrer dans le tableau que ce qui cadre avec sa théorie et l'image qu'il entend donner de lui. Donc, tout se tient, tout est relié, des rigueurs de l'internat aux couloirs de l'École normale, de la marginalité sociale à la sociologie comme « science paria », dépourvue de la hauteur établie de la philosophie. Chemin faisant, il livre certes nombre d'éléments permettant d'articuler sa biographie, sa vision du monde et sa sociologie. Ses objets de recherche − les paysans béarnais, les héritiers culturels, la reproduction, la distinction, l'Homo academicus, la noblesse d'État et les grandes écoles, etc. − comme ses principales notions théoriques − le pouvoir symbolique, les stratégies, l'habitus − ont bien sûr à voir avec sa trajectoire de transfuge et, plus encore, avec le fait que son devenir s'est joué, centralement, dans la compétition scolaire.

Toutefois, comme il le pressentait, il donne aussi des arguments à ses contradicteurs. Il ne s'agit pas ici de revenir sur toutes les critiques et controverses

---

1. Voir Vincent de Gaulejac, *La Névrose de classe*, Paris, Hommes et groupes, 1987, et *L'Histoire en héritage. Roman familial et trajectoire sociale*, Paris, Desclée de Brouwer, 1999.
2. Pierre Bourdieu, *Esquisse pour une auto-analyse*, *op. cit.*, p. 7.

suscitées par la sociologie de Pierre Bourdieu, ni de retourner contre lui les armes qu'il a fourbies contre les autres, en rapportant leurs travaux à leurs positions, intérêts et stratégies, car cela a déjà été agilement fait[1]. Il s'agit plus simplement de ne pas prendre pour argent comptant l'analyse, par l'intéressé, de son propre itinéraire. Ses dispositions (et ses difficultés) de transfuge ont sans aucun doute favorisé ses curiosités et ambitions sociologiques. Elles permettent aussi d'expliquer, au moins en partie, les contradictions et apories de ses positions comme de sa théorie. Celle-ci, note Gérard Noiriel, « accorde une place essentielle à la notion d'espace social. Mais la façon dont il décrit cet espace montre qu'il voit le monde à travers les grilles de l'école, dans une sorte de confusion entre classes scolaires et classes socioprofessionnelles[2]. »

La lutte des places et la compétition des individus qui contribuent ainsi à perpétuer leur aliénation sont, en effet, au cœur de la vision qu'a Bourdieu de la société. D'où l'attention compassionnelle portée à ces multiples formes de « misère de position », ces sentiments d'« abaissement relatif », ces petites humiliations qui touchent à la dignité et à la représentation de soi[3]. C'est cela, *La Misère du monde*, la triste litanie, socialement hétéroclite, des souffrances et frustrations ordinaires, celles du gardien de HLM en banlieue, du fils de directeur d'école devenu polytechnicien malgré lui, de l'actrice au chômage, du travailleur immigré, du magistrat sans avenir, de l'ouvrier intérimaire, du jeune militant du Front national, du négociant en vins dont le commerce périclite et de bien d'autres, aux-

---

1. Jean-Claude Monod, « Une politique du symbolique », in Bernard Lahire (dir.), *Le Travail sociologique de Pierre Bourdieu. Dettes et critiques* Paris, La Découverte, 1999, p. 231-254.
2. Gérard Noiriel, *Penser avec, penser contre, op. cit.*, p. 162.
3. Pierre Bourdieu (dir.), *La Misère du monde, op. cit.*, p. 11.

quelles on pourrait ajouter celles qu'a connues Bourdieu lui-même dans son milieu d'origine. Derrière ces « petites misères », qui ne sont certes pas faciles à supporter, la misère matérielle et l'exploitation économique passent au second plan. Cela est cohérent avec le fait, souligné par Gérard Noiriel, d'insister sur la « honte de soi » des dominés plus que sur les formes de leur exploitation et de sous-estimer leurs capacités de résistance et d'organisation.

Il s'agit, avant tout, de produire la critique de la domination symbolique, et celle-là est implacable. Il est frappant de constater que, si les « misères de position » sont en fin de compte très diverses et assez largement réparties dans la population, les préférences culturelles, en revanche, sont très rigidement assignées aux groupes sociaux. Revenant sur *La Distinction*, en réexaminant les matériaux de l'époque, Bernard Lahire a montré combien cette sociologie des hiérarchies culturelles, sous couvert d'analyser les inégalités sociales bien réelles d'accès à la culture, produit une vision réductrice des goûts et des pratiques qui ignore les singularités (et pluralités) individuelles et confine à la caricature, seules étant présentées les données confirmant le modèle, en évitant soigneusement les contre-exemples et « tout ce qui pourrait jeter le doute ou apporter quelque nuance à la (trop belle) mécanique interprétative [1] ». Précédemment, Claude Grignon et Jean-Claude Passeron s'étaient déjà insurgés contre cette simplification du monde populaire [2].

Insister sur la « honte de soi » des dominés conduit inévitablement à sous-estimer leur autonomie et leurs

---

[1]. Bernard Lahire, *La Culture des individus. Dissonances culturelles et distinction de soi*, Paris, La Découverte, 2004, p. 171.
[2]. Claude Grignon et Jean-Claude Passeron, *Le Savant et le Populaire. Misérabilisme et populisme en sociologie et en littérature*, Paris, Gallimard/Seuil, « Hautes Études », 1989.

capacités de résistance, comme l'a justement remarqué Gérard Noiriel. L'humiliation, en effet, est difficile à surmonter, et plus encore à traduire en lutte collective et politique. En outre, ce combat lui-même est malaisé, sinon condamné d'emblée, quand on affirme que les dominés reproduisent à leur insu les rapports de domination dont ils sont victimes. D'un autre côté, il est également difficile d'accepter un tel constat d'impuissance. La question du lien entre connaissance et engagement, exigence de vérité et souci d'utilité, ne peut que tarauder un transfuge cherchant à concilier la fidélité à ce qu'il fut et la responsabilité attachée à ce qu'il est devenu. Reste donc la puissance de l'idée et du verbe. Jean-Claude Passeron, l'un de ceux qui ont sans doute le mieux connu Bourdieu, et l'un des rares dont l'éloignement théorique n'a pas entraîné une rupture d'amitié, raconte que ce dernier ne pouvait s'empêcher de vouloir « faire triompher, par la diffusion d'une vérité scientifique qu'il pensait avoir enfermée dans son système sociologique, une politique d'équité dans les relations de reconnaissance réciproque entre les individus et de justice sociale dans les rapports inégaux entre classes, sexes ou corporations professionnelles, enfin soustraits, par la seule vertu de son langage théorique à "la loi d'airain" des dominations et de leurs avatars [1] ».

Mission impossible et tourment assuré ! Car, comme le dit encore Jean-Claude Passeron, si « le système a toujours raison des révoltes qu'il suscite [2] », le discours du sociologue qui l'explique n'a guère de chances d'entraîner des révoltes nouvelles et décisives. C'est,

---

1. Jean-Claude Passeron, « Mort d'un ami, disparition d'un penseur », in Pierre Encrevé et Rose-Marie Lagrave (dir.), *Travailler avec Pierre Bourdieu*, Paris, Flammarion, 2003, p. 26.
2. *Ibid*, p. 25.

en somme, perdu d'avance. D'autant que fonder une critique en raison ne permet pas automatiquement de fonder une politique en valeur. C'est d'ailleurs sur ce point que Luc Boltanski, ancien élève de Bourdieu, a pris ses distances pour étayer une sociologie de l'action politique et morale [1]. Dans la sociologie critique de Bourdieu, la justice est une norme implicite, elle n'a pas de place dans l'analyse où elle ramènerait à quelque chose comme un sens commun [2]. Autrement dit, entre la citadelle théorique solidement verrouillée à l'abri dans la cité savante où le sociologue s'est peu à peu enfermé et la scène des positions et dénonciations publiques sur laquelle il s'est engagé à partir de 1995, en endossant le rôle de l'intellectuel universel qu'il avait tant critiqué chez Sartre, le lien n'a rien d'évident. Ce qui, là encore, n'est pas nécessairement un problème : on peut avoir des analyses à produire en tant que sociologue et des combats à mener en tant que citoyen sans prétendre déduire systématiquement les seconds des premières. Mais il a entretenu l'illusion que tout était lié, la théorie et les « raisons d'agir », l'intellectuel consacré étant ainsi sans médiation l'allié des dominés. Ce qui confortait, évidemment, un désaveu des institutions politiques, déjà manifeste dans le soutien à la campagne présidentielle avortée de Coluche en 1980-1981.

À Marseille, en 1994, lors d'un colloque consacré à Richard Hoggart et en sa présence, Jean-Claude Passeron, qui avait fait connaître son collègue britannique en France, déclarait au sujet de son invité : « Compte tenu de mon admiration pour lui comme écrivain et

---

[1]. Luc Boltanski, *L'Amour et la justice comme compétences*, Paris, Métailié, 1990.
[2]. Cyril Lemieux l'a bien montré à propos des médias : « Une critique sans raison ? L'approche bourdieusienne des médias et ses limites », in Bernard Lahire (dir.), *Le Travail sociologique de Pierre Bourdieu. Dettes et critiques, op. cit.*, p. 205-230.

comme sociologue, compte tenu de mon attirance personnelle pour sa personnalité – attirance fondée sur le fait qu'il avait eu à construire sa biographie en analysant son rapport à son origine sociale, d'une manière assez semblable, je le présumais, à celle selon laquelle j'avais eu affaire à ma propre origine sociale – et compte tenu bien sûr de la rapidité des moyens modernes de communication, j'aurais dû rencontrer Hoggart plusieurs fois. Mais je me souviens que toujours un petit dérangement survenait qui empêchait mon pèlerinage auprès de ce "père fondateur"[1]. » Passeron n'est guère prolixe sur son origine familiale et son parcours, il en parle toujours de façon incidente, évoquant en passant « une trajectoire de mobilité sociale par l'École de la République[2] ». Les sociologues n'aiment guère être sociologisés, et lui affirme se méfier des interprétations trop déterministes. Plus loin, dans le même texte, il explique que ledit « père fondateur » a divisé les fils : « C'est à propos du style hoggartien de description des rapports entre culture savante et culture populaire que la sociologie de la culture de Bourdieu et la mienne ont divergé après 1970[3]. »

Cette année-là, paraissait en français (dans la collection « Le sens commun » dirigée par Bourdieu aux éditions de Minuit) *La Culture du pauvre* de Richard Hoggart, présentée par Jean-Claude Passeron. Au lendemain de Mai 68, cette étude sur la culture populaire du monde ouvrier anglais des années cinquante était quelque peu décalée et, comme l'a rappelé Jacques Revel[4], sa réception, pour plusieurs raisons cumulées,

---
1. Jean-Claude Passeron, « Présentation de Marseille à Richard Hoggart, et vice versa » in Jean-Claude Passeron (dir.), *Richard Hoggart en France*, Paris, BPI, 1999, p. 32.
2. Jean-Claude Passeron, « Mort d'un ami, disparition d'un penseur », art. cit., p. 40.
3. *Ibid.*, p. 57.
4. Jacques Revel, Préface à *Richard Hoggart en France*, *op. cit.*, p. 11-24.

fut assez confidentielle. En ces temps où prévalait la théorie, cet ouvrage atypique, qui mêlait descriptions ethnographiques, témoignages personnels et analyse littéraire, semblait trop peu conceptuel. Dans les universités, où les fils et filles d'ouvriers étaient rares, l'heure était à l'héroïsation de la classe ouvrière et à la promotion de son rôle historique en tant que « fer de lance » des luttes révolutionnaires. On s'intéressait, politiquement, au prolétariat comme force potentielle, mais assez peu, sociologiquement, au quotidien du monde ouvrier réel. Les établis le voyaient certes de plus près, mais ils étaient alors frappés de mutisme et n'ont parlé de leur expérience, on l'a vu, que des années après. Quant à la notion de culture populaire, elle était en général confondue avec celle de culture de masse et méprisée comme telle. Bref, la façon d'écrire de Hoggart et le monde qu'il décrivait semblaient bien éloignés des questions et préoccupations d'alors.

Hoggart, lui, parlait d'un monde dont il avait pu s'échapper, mais dont il était resté proche. Dans *33 Newport Street*, un texte autobiographique, à la fois littéraire et sociologique, il a raconté son parcours de transfuge [1]. Né dans un faubourg ouvrier de Leeds dans les années vingt, il a à peine connu son père mais se souvient des manières de sa mère, de sa dignité de veuve déclassée issue de la petite bourgeoisie de Liverpool, de la façon dont elle s'efforçait d'élever ses trois enfants avec les faibles subsides de la paroisse et de la commune, en sauvant les apparences. Il n'avait que sept ans quand elle est décédée. Il a ensuite été élevé par sa grand-mère dans un pavillon bruyant et triste où l'argent faisait défaut et où les disputes étaient fréquentes, entre un

---

1. Richard Hoggart, *33 Newport Street. Autobiographie d'un intellectuel issu des classes populaires*, Paris, Gallimard/Seuil, « Hautes Études », 1991.

oncle brave mais alcoolique, une tante atrabilaire, une autre douce mais indécise, et la grand-mère octogénaire et débordée. Le silence était rare, les livres inexistants, et le jeune Richard devait s'abstraire de cet environnement agité, où l'amour et la haine se mêlaient, pour travailler au milieu du living-room.

Pourquoi, dans ce milieu défavorisé, s'est-il plus qu'un autre accroché aux études ? Les raisons, bien sûr, sont multiples. Le déclassement et les ambitions d'une mère dont l'image demeurait forte, mais également la convergence de capacités et d'opportunités : le goût des livres, des atouts d'enfant intelligent et le hasard de quelques rencontres providentielles. Contrairement au récit de Pierre Bourdieu évoquant ses souffrances dans ce qui apparaît chez lui comme un véritable parcours du combattant de l'école, Richard Hoggart, reconnaissant envers l'institution, se plaît à retracer une scolarité chanceuse et plutôt heureuse, où la solidarité l'emportait sur la compétition et les hiérarchies. Repéré par les enseignants, soutenu par Miss Jubb (l'assistante sociale qui passait tous les mois vérifier que l'orphelin était convenablement soigné), encouragé par ses tantes très fières de lui (mais promptes à le « remettre à sa place » au moindre signe de prétention), il était le seul garçon de ce district très pauvre de trente mille personnes à aller au lycée, et il n'a quitté le quartier qu'après son entrée à l'université de Leeds, en 1936, grâce à une bourse lui permettant d'habiter en résidence universitaire. Il en est sorti avec son MA (*Master of Arts*) juste avant d'être mobilisé, au début de la guerre, et de participer à la campagne d'Italie.

Ce récit d'apprentissage, ainsi résumé, peut passer pour un cliché édifiant. Raconté par l'auteur, qui, attentif au détail significatif, excelle à restituer les lieux, les situations, les caractères, l'atmosphère du quartier avec ses solidarités et ses brutalités, il prend un relief étonnant et évite le lieu commun du misérabilisme pathétique, comme celui de l'idéalisation nostalgique. Le monde qu'il décrit avec finesse, ironie et sympathie, est puritain, austère, peu politisé et majoritairement résigné au cours des choses, mais il fait face avec dignité à la dureté du quotidien et bricole sa culture et ses manières de faire contre l'adversité. Richard Hoggart récuse l'idée selon laquelle les classes populaires, dominées, seraient hostiles à ce qui ne fait pas partie de leur univers et feraient preuve d'anti-intellectualisme ou de mépris pour les arts. Elles sont, certes, non intellectuelles par condition, mais prêtes à respecter l'homme sérieux et « calé » (lui-même en a fait l'expérience). En revanche, elles ne sont pas exemptes de préjugés racistes. L'antisémitisme, avec son cortège de fantasmes, est répandu. Il n'y a quasiment pas de Juifs dans le quartier, mais il suffit d'en inventer. C'est ainsi que, un jour, le jeune Hoggart, dans la cour de récréation, est traité de « youpin » et prend un coup de poing. Pas de bon peuple donc, ni de mauvais d'ailleurs, mais la vie ordinaire des classes populaires dans une ville industrielle d'Angleterre de la première moitié du siècle, vue par une sorte d'ethnologue familier.

Richard Hoggart ne semble pas avoir de comptes à régler avec le passé, peut-être parce que son parcours a été personnellement et sociologiquement longtemps médité. La honte n'y tient guère de place, ou alors en creux, comme un refus : pas question d'être « minable » (*shabby*), quand on est un pauvre respectable[1]. Ce qui surgit, en revanche, au détour du récit, à la faveur de plusieurs anecdotes, c'est son exaspération face à l'arrogance sociale et à cette forme très

---

1. Richard Hoggart, « Writing about People and Places. Les mots, les gens, les lieux », in Jean-Claude Passeron (dir.), *Richard Hoggart en France, op. cit.*, p. 77.

britannique de classement, donc de déclassement, par les manières et surtout les accents. Elle prend une importance démesurée chez les petits employés, soucieux de maintenir les différences les plus ténues afin de se rehausser. Ce sont, dit Hoggart, les « chiens renifleurs de la distinction entre les classes[1] », tels ce contrôleur des chemins de fer soupçonneux en le trouvant dans un compartiment de première (il avait le ticket, mais pas le style), ou cet employé de banque s'adressant à lui avec condescendance, puis hésitant en l'écoutant parler, troublé par le langage châtié et l'accent indéfinissable de ce client difficile à « loger » !

Universitaire issu des milieux populaires, il n'appartient vraiment à aucun des deux mondes, et c'est à partir de cette situation non localisable que Hoggart forme son point de vue : « Quand je considère la société, j'ai toujours l'impression d'être suspendu en hauteur et de regarder le spectacle accroché à un lustre, à l'écart des autres[2] », explique-t-il, non sans humour. Mais cet écart, qui dit le défaut d'appartenance, n'est pas distance pour autant. Son ambition, au contraire, est de restituer au plus près un univers de paroles et de pratiques et, pour ce faire, de « modifier le langage de la description[3] », en cherchant modèles et inspiration du côté de la littérature, de Charles Dickens à D. H. Lawrence[4] notamment. Rien de pire, à ses yeux, que de forcer le trait théorique et l'avantage critique en violentant la réalité. Dans son intervention, au colloque de Marseille, à propos de la façon d'écrire sur les gens et les lieux, il met ainsi en garde contre « la théorie de la conspiration [qui]

---
1. Richard Hoggart, *33 Newport Street*, *op. cit.*, p. 119.
2. *Ibid.*, p. 61.
3. *Ibid.*, p. 77.
4. *Amant et Fils* de D. H. Lawrence est pour lui un remarquable exemple de description de « l'intimité de l'existence populaire ». *Ibid.*, p. 41.

apparaît lorsqu'on croit avoir trouvé une solution facile, intellectuellement trop satisfaisante, surtout si l'on a [...] une forte conscience politique[1] ».

Dans *La Culture du pauvre*, il récuse les analyses qui surestiment l'influence des productions de l'industrie culturelle sur les milieux populaires, en considérant que ces derniers sont implacablement conditionnés et aliénés par la culture de masse. Cette vision est réductrice et de surcroît condescendante : sous couvert de dénonciation de la misère culturelle, elle ignore les capacités de résistance, les formes d'indifférence et ces modes d'esquive que sont, par exemple, « l'attention oblique » prêtée à l'information, le scepticisme amusé face à la publicité, « la consommation nonchalante » des feuilletons télévisés, et toutes ces manières de n'être pas aussi abruti et abusé que le croient certains intellectuels lettrés. Les subtiles observations de Hoggart sont autant de démentis. Sa critique vise l'élitisme des *English Studies*, et en particulier les positions défendues par Frank Raymond Leavis dans sa revue *Scrutiny* (publiée de 1932 à 1953), qui dénonçait la « dégénérescence de la culture » et proposait une reprise en main par l'éducation et le retour à la « grande tradition » des lettres anglaises. Hoggart lui-même a été influencé par Leavis, notamment par le renouveau que celui-ci a apporté aux études littéraires. Mais son parcours de transfuge et sa relative marginalité dans le monde hiérarchisé de l'Université anglaise – il ne sort ni d'Oxford ni de Cambridge et a commencé sa carrière dans la formation des adultes en milieu ouvrier – le poussent vers une autre direction, moins élitiste.Dans le débat sur le rôle de la culture face aux méfaits du capitalisme et à la marchandisation des loisirs, il est du côté de ceux qui

---

1. *Ibid.*, p. 82.

considèrent les pratiques culturelles populaires comme des objets dignes de recherche et qui vont inaugurer les *Cultural Studies*.

Avec Raymond Williams et Edward P. Thompson, Richard Hoggart est un des pères fondateurs du Center for Contemporary Cultural Studies (CCCS), à l'université de Birmingham, en 1964. Un trio rejoint très tôt par Stuart Hall. Williams et Hall sont eux aussi d'origine populaire ; Hall, qui vient de la Jamaïque, a en outre une expérience cosmopolite et transculturelle. Leurs « trajectoires sociales atypiques ou improbables se heurtent à la dimension socialement très fermée du système universitaire britannique et condamnent dès lors les intrus au "choix" d'insertions externes (la formation pour adultes en milieu ouvrier) à ce système ou situées sur la périphérie [1] ». Transfuges ou minoritaires, marginaux dans le système universitaire, ils développent leurs propres réseaux en conjuguant engagement politique et travail académique. Hoggart, qui se définit comme social-démocrate [2], est le seul, parmi les fondateurs, qui ne soit pas lié alors au courant marxiste critique de la *New Left*. Tenté, un peu comme Mannheim en son temps, par la réforme et les plans pour l'éducation et la culture, il quittera le CCCS au début des années soixante-dix pour seconder, pendant cinq ans, le directeur général de l'Unesco à Paris.

LES TRAVERSIERS

Au Québec, on appelle traversiers les bateaux qui permettent de faire passer les véhicules d'une rive à

---
1. Armand Mattelart et Érik Neveu, *Introduction aux* Cultural Studies, Paris, La Découverte, 2003, p. 26.
2. Richard Hoggart, « Writing about People and Places. Les mots, les gens, les lieux », in Jean-Claude Passeron (dir.), *Richard Hoggart en France, op. cit.*, p. 105.

l'autre d'un lac, d'un fleuve ou d'un bras de mer. J'ai pris un traversier, un jour, sur le Saint-Laurent, et ce nom, qui m'avait plu, m'est revenu pour désigner ces sociologues capables de circuler entre des mondes sociaux très différents, de faire le va-et-vient sans être clivés et sans choisir leur bord.

Nels Anderson, ancien hobo, devenu chercheur à l'université de Chicago au début des années vingt, est l'un d'eux. Les hobos, ces « vagabonds du rail » décrits par Jack London[1] et poétiquement incarnés au cinéma par Charlot, font partie, comme les cow-boys, de la saga légendaire de l'Amérique, dont ils furent, du milieu du XIXe siècle jusqu'à la crise de 1929, les bâtisseurs nomades. Ces trimardeurs aventureux, passagers clandestins des wagons de marchandises, qui sillonnaient le pays, d'une embauche à l'autre, pour construire les routes, les rails et les cités, creuser les mines, déboiser et défricher (leur nom viendrait de *hoe boy*, manieur de houe), avaient une vie hasardeuse et précaire. Ils étaient traqués par les policiers ou les agents des compagnies de chemin de fer et, entre deux chantiers, leur paie ne durait guère. Quand le temps était trop rude et le travail trop rare, ils convergeaient vers les villes pour vivre d'expédients, dans l'attente d'un nouveau départ. Ils étaient à la fois les artisans et les perdants d'une modernité qui s'érigeait avec brutalité. À Chicago, ville symbole de cette croissance, plusieurs centaines de milliers d'entre eux s'arrêtaient chaque année.

C'est là, lors d'une halte, qu'est né Nels Anderson. Fils d'un émigrant suédois qui mena, pendant près de vingt ans, seul, puis avec femme et enfants, la vie de travailleur migrant, le jeune Nels suit l'exemple paternel, quitte l'école très tôt et « brûle le dur » pour son

---

1. Jack London, *Les Temps maudits*, *op. cit.*

compte. Muletier dans l'Illinois, employé sur le dernier grand chantier ferroviaire dans le Dakota-du-Sud, ouvrier forestier, puis mineur, dans le Montana, mendiant parfois, il apprend, chemin faisant, les us et ruses du monde hobo : les histoires des vétérans, le code de conduite dans les campements, la manière de se cacher dans les trains et de se comporter dans les villes, pour échapper aux « bouledogues » (*bulls*), ces policiers, ennemis permanents des vagabonds. Sur la route de Los Angeles, il se fait, par trois fois, chasser du train, ce qui va changer son destin. Embauché et accueilli comme membre de la famille dans un ranch de l'Utah, il y est encouragé à reprendre sa scolarité et, pendant huit ans, partage son temps entre études et travaux saisonniers.

Lorsque, en 1920, il arrive à Chicago, ce n'est pas pour une escale entre deux convois et deux emplois, mais pour s'inscrire en sociologie à l'université. Là s'élaborent, sous l'impulsion de Robert E. Park, les études pionnières de ce qui va être connu plus tard sous le nom d'École de Chicago, cette sociologie d'inspiration pragmatiste, attentive aux interactions entre les groupes sociaux, fondée sur des enquêtes de terrain, et axée sur l'explosion du phénomène urbain, l'immigration, les relations interethniques et les processus de marginalisation sociale. Le « terrain », pour Nels Anderson, est tout trouvé : des subventions lui sont accordées par la ville pour étudier la « Hobobohème », le quartier des hobos. « Contentez-vous de retranscrire ce que vous voyez, ce que vous entendez et ce que vous savez, tout comme un journaliste[1] », lui dit Park. Pas de problématique et l'enquête journalistique comme modèle, on est loin des rigueurs sociologiques d'aujourd'hui ! Mais Park, philosophe de

---

1. Nels Anderson, *Le Hobo. Sociologie du sans-abri*, Paris, Nathan, 1993, p. 29.

formation, qui fut journaliste pendant huit ans, élève de Georg Simmel en Allemagne puis assistant du leader noir modéré Booker Washington « au point de devenir pratiquement un Noir lui-même[1] », est un audacieux qui a sauté en route dans le train de la discipline.

Nels Anderson cumule donc observations et entretiens, pour décrire l'univers de ses anciens compagnons. Il note les expressions et peint le décor : le « marché aux esclaves » de West Madison Street et ses agences de placement avec leurs « racoleurs », les cabarets du South Side qui annoncent « filles chic » (*classy girls*) et « belles nageuses » (*bathing beauties*), les hôtels garnis et les asiles de nuit où les hommes dorment à même le sol ou sur des couchettes de bois dur, les gargotes et les boutiques de fripes. Il restitue de manière aussi détaillée qu'imagée cette micro-société, avec ses rêves, sa misère, ses combines et ses fortes personnalités. « Un homme économe peut vivre en Hobobohème avec un dollar par jour[2] », écrit-il. Quelques prévoyants, appelés ici « vierges sages » (*wise virgins*), ont épargné une partie de leur paie de l'été pour tenir, l'hiver, dans la cité ; mais la plupart s'arrangent pour survivre entre petits boulots, colportage, mendicité ou détroussage. Et comme le temps paraît long, entre deux voyages, ils s'assemblent, pour se divertir ou s'instruire, autour de ces « orateurs de carrefour » qui, juchés sur leur « caisse à savon », refont le monde. Car les idées comme les livres sont prisés chez les chemineaux. Ils ont leurs journaux, leurs librairies vendant romans et revues révolutionnaires, leur « université hobo », étonnant forum

---

1. Selon un document autobiographique cité par Jean-Michel Chapoulie, *La Tradition sociologique de Chicago 1892-1961*, Paris, Seuil, 2001. Dans le même document, Park raconte que, à son arrivée dans un hôtel pour Noirs, un employé, croyant lui faire plaisir, lui a dit qu'il pouvait se faire passer pour un Blanc...
2. *Ibid.*, p. 75.

public, très organisé, où s'aiguisent et s'affrontent les critiques de la société, et leurs leaders, hérauts d'une société meilleure, tel Joe Hill, le révolté exécuté, entré dans la légende.

Ouvriers rebelles épris de liberté et exploités dans un système économique sauvage, souvent considérés comme criminels potentiels, alors qu'ils ne sont coupables que de resquillage et de chapardage, les hobos se vivent comme des parias et des hors-la-loi, défiant l'ordre et méprisant la sécurité des « casaniers ». Habitués à se débrouiller seuls, ils sont individualistes et peu enclins aux stratégies collectives. Aussi les mouvements syndicaux et politiques ont-ils du mal à s'implanter parmi ces hommes qui, souvent, n'adhèrent que par commodité, là où les organisations ont la réputation de contrôler l'embauche. Cela ne tient que le temps d'une saison. Qu'est-ce qui les pousse toujours à partir ? De multiples raisons, selon Nels Anderson : socio-économiques (l'état du marché du travail, le chômage, les discriminations, raciales ou nationales) ; psychologiques (l'inadaptation au monde industriel, les « défauts de personnalité » ou les « crises de la vie privée ») ; et aussi ce vertige du voyage que le romantisme allemand désignait sous le nom de *Wanderlust*.

Certaines de ces explications semblent un peu normatives. Observateur sensible d'un monde qu'il connaît de l'intérieur, Nels Anderson fait écho aux jugements et attentes des philanthropes de Chicago qui ont financé son travail. Mais en dépit de ce « conflit des regards » évoqué par Olivier Schwartz dans la présentation de l'ouvrage [1], la richesse et la précision de cette enquête sont stupéfiantes. Park, réputé « avare de louanges », ne s'y est pas trompé :

---
1. Olivier Schwartz, « Présentation » de Nels Anderson, *Le Hobo*, *op. cit.*, p. 15.

The Hobo, publié en 1923 par l'université de Chicago, est considéré depuis comme l'un des grands textes de l'École de Chicago (traduit avec soixante-dix ans de décalage en français !). Toutefois, cette reconnaissance ne va pas toujours sans contresens. À ceux qui voulaient voir dans sa démarche un modèle d'« observation participante », l'auteur, dans sa préface à une réédition de 1961, rétorquait : « Pour utiliser une expression hobo, préparer ce livre fut un mode de "débrouille", une façon de gagner ma vie au moment où je faisais ma sortie[1]. » Il était irrécupérable, en somme, cet homme lucidement dedans et dehors et qui l'est resté. En effet, comme le rappelle Olivier Schwartz, si le succès de son livre valut à Anderson diverses responsabilités dans des institutions municipales ou fédérales d'aide aux chômeurs et aux sans-abri, il fut invité à donner des cours mais ne put jamais obtenir un poste d'enseignant.

Trop tôt peut-être. En 1943, vingt ans après la publication du livre de Nels Anderson, paraissait aux prestigieuses presses de l'université de Chicago un ouvrage curieusement titré *Street Corner Society*[2] (littéralement « la société du coin de la rue »), sur la vie quotidienne d'un quartier italo-américain de Boston. Sur le moment, il ne fit guère parler de lui, mais il allait devenir, quinze ans plus tard, un des textes phares de l'École de Chicago et un modèle de l'« enquête participante ». Son auteur, William Foote Whyte, n'avait cependant pas été formé dans le département de sociologie de l'université de Chicago et, à la différence d'Anderson ou de Becker[3], il n'avait pas choisi son sujet par proximité. C'était même tout le contraire.

---

1. *Ibid.*, p. 30.
2. William Foote Whyte, *Street Corner Society. La structure sociale d'un quartier italo-américain*, Paris, La Découverte, 1996.
3. Voir p. 166-168.

Né en 1914 à Springfield, Massachusetts, au sein d'une famille d'universitaires protestants et *yankees*, Whyte s'était découvert, au sortir de l'adolescence, deux centres d'intérêt : les sciences économiques liées aux problèmes sociaux et l'écriture littéraire. Il s'était essayé à cette dernière, mais avait déchanté : faute de sortir de son milieu, il n'avait rien à dire et se sentait littéralement insignifiant : « Ma vie de famille était vraiment heureuse et stimulante sur le plan intellectuel – mais sans aucune aventure. Je n'avais jamais eu à me battre pour quoi que ce soit. Je connaissais beaucoup de gens sympathiques, mais presque tous étaient issus comme moi de bonnes et solides familles de la classe moyenne. À l'université, évidemment, je fréquentais des étudiants et des professeurs issus de cette même classe sociale. Je ne savais rien des quartiers pauvres (ni, en l'occurrence, des quartiers dorés). Je ne savais de la vie dans les usines, les champs ou les mines que ce que j'en avais appris dans les livres. J'en étais arrivé à penser que j'étais un type vraiment dépourvu d'intérêt[1]. » Une visite organisée par son *college* dans un quartier pauvre de Philadelphie lui avait laissé un souvenir pénible : au sentiment d'impuissance se mêlait la honte d'être là « en touriste ». La lecture de l'*Autobiographie* de Lincoln Steffens (le journaliste qui avait publié, en 1904, *The Shame of the Cities*, ouvrage célèbre dénonçant la corruption des politiciens dans les grandes villes américaines) lui avait, en revanche, fait forte impression. Ayant obtenu une bourse de Harvard pour étudier le sujet de son choix, il a donc élu ce quartier italo-américain du North End, où il s'est installé plus de trois ans. Une fois son enquête achevée et son manuscrit presque entièrement rédigé, mais n'ayant plus de ressources

---

1. *Ibid.*, p. 309.

ni aucune possibilité de soutenir une thèse à Harvard, il a tenté sa chance et soutenu sa thèse au département de sociologie de l'université de Chicago, en dépit des réticences de Louis Wirth, qui lui reprochait de ne pas se référer aux travaux de ses collègues sur le sujet. En somme, avant de devenir un « classique » de l'École de Chicago, William Foote Whyte y faisait plutôt figure d'outsider.

Classique ou pas, le cinéma américain traverse autrement plus vite l'Atlantique que la production sociologique. Il aura fallu, en effet, plus de cinquante ans pour que ce livre sur le North End de Boston avant guerre, avec ses bandes, ses gangs, ses clubs, ses rackets et ses luttes politiques, soit traduit en français. Entre-temps, bien des images ont défilé, celles des grands films noirs, peuplés de petits et de gros caïds tenant le pavé des ruelles populaires dans les quartiers surpeuplés des nouveaux immigrés. Avec le recul, on peut avoir une triple approche de *Street Corner Society* : le lire comme un remarquable exemple de ces études approfondies des communautés urbaines qui se sont développées aux États-Unis à partir des années trente ; se réjouir d'une comédie humaine familière mais débarrassée de sa mythologie sur pellicule ; ou encore y découvrir les audaces d'une sociologie traversière.

William Foote Whyte, l'étudiant *wasp* de Harvard, s'est installé et immergé dans le North End. Il est devenu un proche de Doc et de sa bande de jeunes désœuvrés, avec qui il a traîné de tournoi de bowling en partie de zanzibar (jeu de dés). Il a été admis dans le club de Chick et de ses amis diplômés, dont il a vu de près les stratégies de promotion sociale. Il a bien connu Toni Cataldo, un des « gros bonnets » du racket des jeux, et appris avec lui comment fonctionnaient le système des collecteurs, la répartition des risques entre les racketteurs et la corruption de la police

165

locale. Enfin, il fut, le temps d'une campagne électorale, l'assistant bénévole du secrétaire d'un sénateur, George Ravello, entrepreneur de pompes funèbres (fonction particulièrement compatible avec une carrière politique, selon Whyte), et, poussé aux limites de « l'enquête participante », il se trouva alors entraîné dans une fraude des urnes.

Avec vivacité, il restitue le langage, les codes, les microcultures du quartier, et analyse la façon dont se structurent des relations hiérarchisées, des systèmes d'allégeance et d'obligations réciproques. À l'encontre d'une vision réductrice et normative qui ne verrait là que lieu de désordre, de délinquance et d'anomie, il met en évidence des formes d'organisation qui sont aussi, à leur manière, des formes de socialisation. Elles permettent aux Bostoniens de la rue d'être reconnus, ou promus, au moins dans leur espace, puisque, au-delà, les portes demeurent fermées à la majorité d'entre eux. On trouve ainsi, chez Whyte, une critique de la notion de « désorganisation sociale » qui prédominait jusqu'alors, chez les sociologues de Chicago, dans les travaux sur la délinquance.

Cette notion allait être vigoureusement remise en cause, vingt ans plus tard (en 1963), par la publication d'*Outsiders* de Howard S. Becker[1]. Traduit en France en 1985, c'est devenu un ouvrage de référence bien connu, que je ne ferai donc qu'évoquer. Comme Nels Anderson, Howard Becker a d'abord observé un milieu qu'il connaissait de l'intérieur. Quand il a commencé son étude sur les musiciens de jazz, en 1948 (il avait alors vingt ans), il était pianiste professionnel depuis quelques années et appartenait aux milieux musicaux de Chicago, dont il partageait à la fois travail et loisirs. Au lendemain de la guerre, de

---

1. Howard S. Becker, *Outsiders*, Paris, Métailié, 1985.

nombreux musiciens bénéficiaient du *G.I. Bill* (aides et bourses d'enseignement supérieur pour des militaires démobilisés), et le fait de jouer tout en fréquentant l'université ne le singularisait guère parmi ses amis.

À partir de ses travaux sur les « musiciens de danse » et sur les fumeurs de marijuana (les seconds se trouvant souvent parmi les premiers), Becker a développé une analyse de la déviance exclusivement comprise comme transgression ou comme « action publiquement disqualifiée [1] » : c'est parce qu'une norme est instituée par un groupe que celui qui la transgresse est désigné par ce groupe comme déviant. Mais les normes ne font pas l'unanimité dans une société, on peut donc toujours être l'« étranger » ou l'outsider de l'autre. Ainsi, pour les musiciens de jazz, ceux qui ne connaissent ni la musique ni les codes du milieu sont des « caves » (*square*). Évidemment, les musiciens ne cherchent pas à imposer leurs valeurs et leurs manières au-delà de leur propre cercle, comme le font les « entrepreneurs de morale ». Parmi ces derniers, il y a ceux qui créent les normes (dans une croisade pour réformer les mœurs, par exemple) et ceux qui s'efforcent de les faire appliquer ; généralement des professionnels à qui il revient de catégoriser, d'appréhender ou de stigmatiser les groupes déviants et les individus non conformes.

« Il est significatif, écrivait Becker, que la plupart des recherches et des spéculations scientifiques sur la déviance s'intéressent plus aux individus qui transgressent les normes qu'à ceux qui les établissent et les font appliquer. Si nous voulons comprendre pleinement la conduite déviante, nous devons garder l'équilibre entre ces deux directions possibles de nos investiga-

---

1. *Ibid.*, p. 186.

tions[1]. » Afin de maintenir ce double regard, il conjugue une observation participante et une vue de l'intérieur des groupes étudiés à un maximum d'extériorité, seul moyen de saisir le processus d'interaction à travers lequel se construit, socialement, la déviance. En ce sens, sa démarche, proche de celle d'Erving Goffman dont le livre, *Stigmates*, paraît la même année aux États-Unis, peut être qualifiée de traversière : elle étudie successivement les points de vue des groupes en présence et analyse la dynamique de leurs confrontations.

« Les musiciens ne sont pas comme tout le monde. Ils parlent autrement, ils se conduisent autrement, ils ne ressemblent à personne », disait à Howard Becker l'un de ses amis joueur de jazz[2].

En écho, ce chant hobo : « Il est une race d'hommes qui ne cadrent pas/ Des hommes qui ne peuvent rester en place/ Ainsi ils brisent le cœur de leurs proches et amis/ Et errent de par le monde selon leur bon plaisir/ Ils parcourent les chants et écument les flots/ Et grimpent jusqu'à la crête des montagnes/ Ils portent la malédiction du sang nomade/ Et ne savent pas se reposer. »

Et plus près de nous, les rappeurs qui font éclater les phrases sur des rythmes syncopés, en disloquant le langage, tel MC Solaar[3] : « Il est là, barge, près de la berge nage/ A quitté la cage pour le marivaudage/ Le marécage est derrière lui, loin[4]. »

---

1. *Ibid.*, p. 187.
2. *Ibid.*, p. 110.
3. Voir Alain Milon, *L'Étranger dans la ville. Du rap au graff mural*, Paris, PUF, 1999, p. 85.
4. MC Solaar, « Gangster moderne », *Paradisiaque*, Polydor, 1997.

4
Diasporas

En octobre 1987, à New York, j'habitais chez Jonathan Boyarin et sa femme Elissa, dans un vaste immeuble un peu sombre du Lower East Side. J'avais fait sa connaissance à Paris, par l'intermédiaire d'Annette Wieviorka. Ils avaient l'un comme l'autre, elle en France avec Itzhok Niborski, lui aux États-Unis avec Jack Kugelmass, écrit un ouvrage sur les livres du souvenir, ces recueils de témoignages et de documents publiés par les survivants des communautés juives d'Europe orientale comme autant de stèles de papier en hommage à leurs morts [1]. Nous avions des curiosités communes.

L'appartement, qui abritait le couple et leur petit garçon Jonah, n'était pas très grand, je dormais dans le salon sur un canapé-lit et, le matin, encore ensommeillée, j'apercevais Jonathan prier : kippa sur la tête et châle sur les épaules, il se balançait d'avant en arrière en marmonnant, et moi je m'enfonçais plus profondément dans l'oreiller. J'ai toujours été marmotte et mécréante. Quand j'émergeais enfin, il était

---

1. Annette Wieviorka et Itzhok Niborski, *Les Livres du souvenir. Mémoriaux juifs de Pologne*, Paris, Gallimard/Julliard, « Archives », 1983 ; Jack Kugelmass et Jonathan Boyarin, *From a Ruined Garden. The Memorial Books of Polish Jewry*, New York, Schocken Books, 1983.

déjà parti à la synagogue, pour l'office quotidien. Strictement observant, il était cependant à la fois au-dedans et au-dehors de sa communauté religieuse, car celle-ci était aussi son terrain de recherche, en tant qu'anthropologue. En fin de matinée, quand il revenait, il se précipitait sur son ordinateur pour rédiger son journal d'enquête tant que les observations étaient encore fraîches dans sa tête. Le samedi, il fréquentait une autre *shul* dans la 8e Rue, où il était très attendu car, selon la tradition, il faut dix hommes pour la prière et il était le dixième membre, providentiel et inespéré, de cette petite assemblée d'hommes âgés.

Lorsque je n'avais pas de rendez-vous pour des entretiens (avec un de ces Juifs originaires de Plock que je cherchais dans les divers coins du monde où ils avaient migré[1]), nous nous promenions longuement dans la ville. Jonathan aimait faire de grands tours dans le bas de Manhattan : le circuit des immigrés. Il me montrait les rues juives ou ce qu'il en restait, la fameuse Hester Street et d'autres où les taudis avaient disparu et où la population avait changé. En guide prévenant, il s'arrêtait dans le restaurant où l'on trouvait, selon lui, le meilleur pastrami. Nous flânions dans SoHo, Little Italy et China Town, longions les quais désolés jusqu'à Battery Park et finissions toujours par le pont de Brooklyn. Je me souviens que, lors d'une de ces promenades, au pied des Twin Towers, un jeune Noir l'a heurté par inadvertance et s'est excusé d'un sonore *sorry brother !* Le ravissement de Jonathan m'a frappée : lui, le petit Juif rouquin, n'en revenait pas que ce grand black l'ait appelé frère !

Je n'étais pas au bout de mes surprises. Bien des choses m'étonnaient dans son comportement. Quand

---

1. Nicole Lapierre, *Le Silence de la mémoire, op. cit.*

nous rentrions, en fin d'après-midi, fourbus, contents et affamés, Jonathan commandait une pizza et nous la dévorions, assez salement, en la déchirant avec les doigts, car les couverts de la maison n'étaient pas faits pour cette nourriture impure. Puis, s'il ne devait pas aller à l'une de ses réunions de la gauche radicale américaine sur la question israélo-palestinienne, il se calait dans un fauteuil, mettait un disque de jazz et se roulait un joint. Curieux mélange, me disais-je, entre érudition talmudique et *cultural studies*, tradition judaïque et radicalité politique, psaumes, jazz, pizza, cashrout et marijuana...

Nous avons échangé quelques lettres, quelques textes, j'ai publié celui qu'il avait écrit sur le Lower East Side, dans un numéro de la revue *Communications* sur la mémoire et l'oubli[1]. Et j'ai longtemps perdu de vue Jonathan Boyarin, l'un de nous a cessé d'écrire, moi sans doute, c'était avant les e-mails. Grâce à Internet, j'ai appris qu'il était toujours anthropologue mais gagnait sa vie comme avocat[2] et que les pistes sur lesquelles je l'avais vu s'aventurer à la fin des années quatre-vingt avaient débouché sur quelque huit livres. L'un est un récit personnel et engagé sur le conflit israélo-palestinien, réunissant ses réflexions et ses notes de terrain prises au cours d'un séjour en Israël[3]. Un autre, sous le titre *Thinking in Jewish*[4], réunit plusieurs essais écrits à des époques différentes, dont « En attendant un Juif : Rédemption marginale à la *shul*

---

[1]. Jonathan Boyarin, « Un lieu de l'oubli : le Lower East Side des Juifs », *Communications*, n° 49, 1989.
[2]. Alors que je corrigeais les épreuves de ce livre, Jonathan Boyarin m'a annoncé qu'il venait, enfin, d'obtenir un poste de professeur en Études juives modernes à l'université du Kansas.
[3]. Jonathan Boyarin, *Palestine and Jewish History. Criticism at the Borders of Ethnography*, Minneapolis, University of Minnesota Press, 1996.
[4]. Jonathan Boyarin, *Thinking in Jewish*, Chicago, University of Chicago Press, 1996.

de la Huitième Rue[1] », qui mêle ses observations à la synagogue et l'analyse de sa position singulière de « drôle d'orthodoxe » (*funky orthodox*), dont les idées et les valeurs ne se réduisent pas à celles de sa communauté. Enfin, le plus récent, *Pouvoirs de la diaspora*[2], écrit avec son frère Daniel, professeur de culture talmudique à Berkeley, se rattache à ce courant théorique, présent dans les départements d'anthropologie et de littérature comparée de plusieurs grandes universités américaines, qui s'élève contre les logiques nationales ou ethniques et promeut la créativité et les potentialités politiques des cultures translocales et diasporiques.

Juif de la diaspora critiquant tous les nationalismes, y compris celui d'Israël, Juif observant et observateur amusé de la façon dont il compose avec la tradition, universitaire précaire devenu avocat, ethnologue de la mémoire juive à Paris, New York et Jérusalem, intellectuel marginal associé à un courant qui l'est de moins en moins, Jonathan Boyarin incarne, dans sa vie comme dans ses écrits, un réel art du mélange.

PÉRIPLES JUIFS

Est-ce vraiment, et toujours, une malédiction d'être un peuple dispersé parmi les nations ? En 1975, dans un livre pionnier, Richard Marienstras s'élevait déjà contre une telle vision, négative et sombre, de la diaspora juive[3]. Celle-ci n'est pas, ou du moins pas seulement, une longue histoire d'oppression et de déréliction, un sombre destin de souffrance et

---
1. *Waiting for a Jew : Marginal Redemption at the Eight Street Shul.*
2. Jonathan Boyarin et Daniel Boyarin, *Powers of Diaspora. Two Essays on the Relevance of Jewish Culture*, Minneapolis, University of Minnesota Press, 2002.
3. Richard Marienstras, *Être un peuple en diaspora*, Paris, Maspero, 1975

d'errance. Outre le fait qu'il y a eu aussi, à diverses époques et en divers pays, des périodes d'épanouissement, l'expérience diasporique, par la dynamique des exils, rencontres et influences, a suscité une production culturelle et intellectuelle originale, et favorisé un « scepticisme créateur » qui a transformé et enrichi la culture juive et celle des pays d'installation.

Daniel et Jonathan Boyarin insistent aussi, mais à partir d'un point de vue différent, à la fois religieux et antiétatique, sur la positivité de cette expérience. Ils soulignent l'ancienneté de cette résistance persévérante, au fil des générations et à travers les menaces et aléas de l'existence, entre fidélité et contingence. Ils rappellent que les Juifs en diaspora, durant des siècles, n'eurent qu'une relation commémorative avec la terre d'origine, où ne subsistait pas de communauté significative. D'où ce phénomène fréquent de « rediasporisation », à travers lequel la patrie juive imaginaire pouvait se transformer, de sorte que « Sion était désirée et imaginée à travers Cordoue, Le Caire ou Vilna, l'image de l'une recouvrant souvent celle de l'autre tel un palimpseste [1]. » Au fil des exils et des réinstallations, la remémoration faisait ainsi lien entre des lieux épars et des établissements provisoires. Pour affronter le divers sans s'égarer, et pour durer dans l'adversité, les communautés dispersées emportaient dans leurs bagages des formes rituelles, des procédés mémoriels et des techniques herméneutiques (exégèse, commentaires et interprétations) centrés sur des textes référentiels.

L'analyse de Daniel et Jonathan Boyarin rejoint celle d'Abraham Heschel selon laquelle les Juifs sont des « bâtisseurs du temps » plus que des constructeurs de temples, arrimés à la mémoire plus qu'au

---

1. Jonathan Boyarin et Daniel Boyarin, *Powers of Diaspora*, *op. cit.*, p. 11

territoire[1]. Elle croise également celle du philosophe et biologiste Henri Atlan, pour qui la permanence des Juifs à travers crises, persécutions et dispersions ne s'explique pas par la défense d'une culture particulière contre l'aventure de l'histoire, mais bien par la logique organisatrice et dynamique qui lie les deux. Atlan propose une hypothèse explicative de la pérennité juive, inspirée de la théorie formelle de l'auto-organisation (*order from noise*), selon laquelle les Juifs se seraient historiquement (ou mythiquement) dotés, dans l'exil d'Égypte, d'une sorte de culture-programme apte à être déformée, informée et renouvelée par le cours de l'histoire[2]. Mais ce que les frères Boyarin veulent ici fortement souligner, c'est la dimension alternative et subversive de cette culture diasporique. D'où l'emploi, dès le titre, de cette formule paradoxale et un peu provocante sur les « pouvoirs de la diaspora ». Des pouvoirs, précisent-ils, qui n'ont pas grand-chose à voir avec la violence ou la puissance. Ils s'inventent au contraire dans une pratique et une pensée résolument non héroïques et non étatiques.

Revenant aux textes anciens, Daniel Boyarin oppose ainsi deux paradigmes juifs de la résistance aux Romains. Le premier est emprunté au fameux récit de la chute de Masada par Flavius Josèphe dans *La Guerre des Juifs* ; le second vient de la culture rabbinique classique, à travers le Talmud de Babylone. Le récit de Josèphe, historiquement problématique[3], est l'unique trace de cet événement situé en 74 de notre ère. Cet événement fut durablement oublié dans les textes juifs, avant de devenir un symbole pour l'État moderne d'Israël, le site lui-même (qui ne fut redé-

---

1. Abraham Heschel, *Les Bâtisseurs du temps*, Paris, Minuit, 1978.
2. Henri Atlan, *Entre le cristal et la fumée*, Paris, Seuil, 1979.
3. Voir Pierre Vidal-Naquet, « Flavius Josèphe et Masada », *in Les Juifs, la mémoire et le présent*, Paris, PCM/ Petite collection Maspero, 1981.

couvert qu'en 1838) étant promu comme un haut lieu de pèlerinage où les recrues des unités d'élite de l'armée prêtent serment en déclarant solennellement : « Masada ne tombera pas une nouvelle fois. » Selon Josèphe, les Juifs assiégés par les Romains dans la forteresse de Masada luttèrent héroïquement jusqu'à ce que, voyant la défaite imminente et exhortés par leur chef Éléazar Ben Yair, ils décident d'échapper à l'esclavage par un suicide collectif. Les hommes égorgèrent de nuit femmes et enfants, dix d'entre eux étant tirés au sort pour tourner leurs armes contre leurs compagnons, puis l'un des dix pour occire les neuf autres, avant de se tuer lui-même. Il y eut cependant, précise Josèphe, une source pour rendre l'histoire crédible, un témoin pour raconter le drame : une femme parente d'Éléazar, cachée dans les aqueducs sous la roche. Quoi qu'il en soit, c'est moins la véracité du récit qui importe ici, que son sens et son tardif succès. Pour Daniel Boyarin, c'est une histoire virile de bravoure à mort, elle est étrangère à l'ethos juif et correspond aux valeurs de ces Romains que Josèphe, fils d'une famille sacerdotale et lui-même docteur de la Loi, a finalement ralliés et à l'intention de qui il écrit. Des valeurs sur lesquelles le sionisme, en tant que mouvement national juif, et l'État d'Israël vont s'appuyer.

Bien différente est la tradition rabbinique qui s'est élaborée en diaspora, dans une situation d'oppression. De nombreux dialogues et récits talmudiques, cités et commentés par Daniel Boyarin, montrent que les rabbis étaient prêts à toutes sortes de feintes, de compromis, voire d'asservissements, pour sauver leur vie et, par là même, pour sauver la foi et l'étude de la Torah. Il y avait certes des audacieux qui défiaient les pouvoirs, mouraient en martyrs et étaient célébrés comme tels, mais c'était rare. Mieux valait être un malin, un astucieux, un croyant bien vivant, plutôt qu'un mort glorieux. Pour cela, les rabbis avaient plus d'un tour dans leur sac, l'un d'eux étant ce double langage qui permet aux opprimés de sauver l'essentiel en disant ce qu'il faut face aux puissants. Une ruse dont usa, par exemple, Rabbi Eli'ezer quand, arrêté par les Romains et accusé de « sectarisme » (c'est-à-dire de christianisme), il déclara : « J'ai confiance dans le J/juge. » C'était là une profession de foi selon laquelle toute punition comporte une raison divine, mais cela apparut aussi comme une expression de soumission opportune pour le juge romain, qui le libéra aussitôt. Double allégeance en somme, l'une essentielle et l'autre de circonstance, que l'on retrouvera plus tard dans le marranisme.

La ténacité promue par le Talmud mettait donc le prix de la vie au-dessus de celui de l'honneur, préférant la feinte salvatrice au défi destructeur. Une stratégie du faible au fort derrière laquelle Daniel Boyarin décèle une dimension féminine, propre au modèle du Juif diasporique. Revenant aux récits talmudiques – par exemple celui où Rabbi Me'ir se déguise en soldat et se rend au bordel pour sauver sa belle-sœur qui s'y trouve enfermée, non sans avoir auparavant testé sa vertu en sollicitant en vain ses faveurs –, il les décrypte comme un système allégorique dans lequel Israël est identifié à la femme vulnérable, mais restée pure, dans le bordel de l'Empire romain où dominent les valeurs masculines et où prolifèrent les tentations que sont l'hérésie, la prostitution et le pouvoir. Sollicitant les textes et mobilisant les interprétations – telle celle qui oppose Jacob, être pacifique et doux, vivant sous la tente et incarnant l'homme de la diaspora tourné vers l'étude, à son frère Ésaü, homme fort, cultivateur et chasseur entreprenant ; ou encore ceux qui suggèrent l'idée que la circoncision rendrait à l'homme un semblant d'attribut féminin permettant ainsi une alliance symbolique, voire homo-érotique, avec la divinité –, il met au jour un système d'oppositions entre, d'un côté, le pouvoir des armes et l'agressivité masculine adossée à une souveraineté territoriale et, de l'autre, la faiblesse astucieuse et la vitalité obstinée de l'homme exilé, assumant sa part de féminité. Cette opposition ne vise pas « les différences réelles entre les comportements des mâles romains ou juifs, mais des modèles culturels différents et souvent affirmés (et déformés) de façon spéculaire à travers des stéréotypes se confirmant mutuellement[1] ».

Daniel et Jonathan Boyarin rappellent l'essor de ces stéréotypes dans l'antisémitisme moderne, manifeste dans la caricature du Juif passif, maladif, efféminé, associée à l'homosexualité et opposée à la figure virile de l'homme actif et dominateur[2]. Ils déplorent que cette dernière l'ait emporté, séduisant les Juifs de la modernité et les sionistes en particulier. Car la promotion de cet homme nouveau, virilisé, ayant « assimilé l'ethos macho du mâle occidental[3] », va de pair avec la dévalorisation et le rejet des manières d'être et de penser qu'enseignait la tradition en diaspora. D'un côté, donc, le « Juif musclé[4] » qui a assimilé les valeurs de la société moderne dominante et qui, en dépit de sa force nouvelle, a en fait capitulé et s'est acculturé ; de l'autre, la faiblesse obstinée, la passivité persévérante de ces « Juifs de la Torah de l'Europe de l'Est engagés dans une résistance culturelle plus

---

1. Jonathan Boyarin et Daniel Boyarin, *Powers of Diaspora*, op. cit., p. 91.
2. Outre l'essai de George L. Mosse, *L'Image de l'homme. L'invention de la virilité moderne*, op. cit., voir Jacques Le Rider, *Le Cas Otto Weininger. Racines de l'antiféminisme et de l'antisémitisme*, Paris, PUF, 1982.
3. Jonathan Boyarin et Daniel Boyarin, *Powers of Diaspora*, op. cit., p. 53
4. Expression empruntée à Maxime Nordau : « Muskeljudentum », in P. R. Mendes-Flohr et J. Reinharz (eds), *The Jew in the Modern World : A Documentary History*, New York, Oxford University Press, 1980.

efficace contre l'hégémonie de la culture chrétienne[1] ». Une opposition au tracé net, sur laquelle Daniel et Jonathan Boyarin fondent une prise de position non moins tranchée en faveur d'une culture diasporique, définie comme « non phallique », non agressive, non territoriale et non étatique, et contre les valeurs conquérantes de la virilité moderne associées à la suprématie de l'État-nation, telles qu'elles sont notamment mises en œuvre dans l'Israël actuel.

Sous la radicalité du propos transparaît une vive inquiétude. Ce qui semblait menacer la tradition, avec l'entrée dans la modernité, c'était l'assimilation, la dissolution progressive de la culture et de l'identité juives ; or le paradoxe du sionisme est qu'il est aussi une forme d'assimilation, tout en fonctionnant comme le repère central et le lieu d'identification de nombreux Juifs en diaspora. Bref, en gagnant un État, les Juifs seraient devenus un peuple plus ou moins comme les autres, ayant perdu en chemin sinon leur âme, du moins cette pensée et cette ténacité particulières, résolument étrangères aux idées de souveraineté et de puissance. Toutefois, l'inquiétude du présent tend à transformer le passé, à l'embellir, à magnifier à l'excès les Juifs de la Torah et un judaïsme qui, pour la génération des parents des frères Boyarin comme de bien d'autres, était aussi terriblement sclérosé et étouffant. L'opposition est trop réductrice et implique une conception pérenne et idéalisée de la tradition. Comme le rappelle Chantal Bordes-Benayoun, si la diaspora juive est exemplaire et extraordinaire par sa longévité, elle a duré en se modifiant et « ne peut être posée une fois pour toutes comme une réalité intemporelle, servant de référence absolue et d'instrument

---

1. Jonathan Boyarin et Daniel Boyarin, *Powers of Diaspora*, *op. cit.*, p. 69.

de mesure pour d'autres[1] ». Si modèle il y a, c'est plutôt un antimodèle, où la permanence ne s'assure pas *contre* mais *par* le changement.

Trop simple aussi, cette image d'un Flavius Josèphe traître et renégat, passé corps et âme aux Romains, écrivant le récit de Masada sans ombres du passé, ni arrière-pensées. Car Josèphe était un homme double, un transfuge qui, en passant du côté des Romains, transportait avec lui une histoire et une expérience dont il ne pouvait tout à fait se délester. Pierre Vidal-Naquet a admirablement montré, dans une étude comparée de l'œuvre de Flavius Josèphe et du Livre de Daniel, qu'il s'agit de deux textes de transition témoignant de la confrontation entre l'hellénisme et le judaïsme[2]. Et, plus encore, de deux auteurs hybrides à la croisée des cultures et de leur vision du futur. Deux figures de la dualité qui, en tant que telles, représentent également ces Juifs de la diaspora, ceux d'hier ou ceux d'aujourd'hui dont Vidal-Naquet lui-même fait partie. Dans un autre ouvrage, autobiographique, il revendique d'ailleurs avec subtilité et lucidité son identité plurielle de « Juif aux prises avec l'histoire », entre « fidélité et trahison[3] ».

Doubles (ou multiples), Jonathan et Daniel Boyarin le sont aussi à leur manière, non comme des transfuges, mais assurément comme des passeurs, des interprètes, des *go-betweens*, allant et venant entre les textes, les cultures, les époques. Leur lecture du Talmud traverse les *gender studies* (en dialoguant avec des universitaires féministes américaines), circule de Freud à

---

1. Chantal Bordes-Benayoun, « Revisiter les diasporas », *Diasporas. Histoire et sociétés*, n° 1, 2002, p. 12.
2. Pierre Vidal-Naquet, *Les Juifs, la mémoire et le présent II*, Paris, La Découverte, 1991.
3. Pierre Vidal-Naquet, *Mémoires 2. Le trouble et la lumière 1955-1998*, Paris, La Découverte, 1998, chapitre IX.

Lacan (pour critiquer le rôle du complexe de castration et l'importance donnée au phallus), croise Deleuze, Guattari, Derrida et quelques autres. Des talmudistes postmodernes, en somme. Ce qualificatif de postmoderne ayant déjà beaucoup servi, non sans confusion, disons plutôt qu'ils font du bricolage au sens lévi-straussien, un bricolage culturel fabriquant une identité plus ou moins orthodoxe et très *funky* en effet. Cela les marginalise tant du côté des Études juives (ils ne sont pas assez casher...) que du côté de la majorité des milieux juifs américains, dont le soutien à Israël est inconditionnel. Ils sont, en revanche, au cœur des débats suscités par les études dites postcoloniales, qui promeuvent l'homme de la diaspora en tant que figure de l'hybridité contemporaine.

Dans l'introduction du livre coécrit avec son frère, Jonathan Boyarin insiste sur la fécondité de l'idée de diaspora, sur ses potentialités théoriques et politiques, et sur la nécessité de développer des études comparatives entre différentes expériences de populations contraintes à la dispersion et à l'exil. En même temps, il met en garde contre une utilisation extensive du terme qui en fait « un nouveau slogan dans la théorisation globale de la diversité[1] » ou « un nouveau fétiche théorique[2] » pour désigner la condition aliénée ou l'âme déroutée de l'individu occidental moderne. Non sans remarquer au passage combien la vogue et l'exaltation de l'idée de diaspora peuvent parfois se retourner contre l'expérience juive elle-même. Il cite un texte de Stuart Hall (l'un des fondateurs des *Cultural Studies* à l'université de Birmingham) qui magnifie l'hybridité de la diaspora afro-caribéenne, en prenant soin de la distinguer de « ces tribus dispersées dont

---

1. Jonathan Boyarin et Daniel Boyarin, *Powers of Diaspora*, *op. cit.*, p. 7.
2. *Ibid.*, p. 24.

l'identité ne peut être assurée qu'en relation avec une patrie sacrée, où elles doivent revenir à n'importe quel prix, quitte à jeter d'autres peuples à la mer[1] ». Hall, qui évoque ensuite « le destin du peuple de Palestine aux mains de cette conception rétrograde de la diaspora », mélange tout à des fins politiques et polémiques : il confond le judaïsme diasporique avec un sionisme caricaturé et il réutilise la rhétorique de la peur israélienne selon laquelle « les Juifs seraient jetés à la mer par les Arabes », en laissant entendre que tel est bien ce que les Israéliens ont infligé aux Palestiniens.

Il y avait déjà la triste « concurrence des victimes » avec les débats, souvent virulents, sur la singularité de la Shoah, qui témoignent du fait que le génocide est devenu l'étalon du malheur absolu, l'aune à laquelle les drames collectifs doivent être mesurés pour être reconnus. Il y aurait donc désormais la concurrence des diasporas, avec un enjeu de reconnaissance encore une fois, non plus pour le plus grand des préjudices, mais pour la plus authentique des dispersions. Si la question d'une définition opératoire de la notion de diaspora dans les sciences sociales demeure ouverte[2], ces débats, opposant ici Juifs et Noirs, sont aussi désolants que vains.

Me revient la scène au pied des Twin Towers : *sorry brother !* Rétrospectivement, je comprends mieux l'étonnement joyeux de Jonathan. Les tours ne sont plus là et certains annoncent une guerre des mondes. Quant

---

[1]. Stuart Hall, « Cultural Identity and Diaspora », in Jonathan Rutherford (ed.), *Identity : Community, Culture, Difference*, Londres, Lawrence & Wishart, 1990, p. 235.
[2]. Voir notamment Gabriel Sheffer (ed.), *Modern Diasporas in International Politics*, Londres, Croom Helm, 1986 et *Diasporas Politics. At Home abroad*, Cambridge University Press, 2003 ; William Safran, « Diasporas in Modern Societies : Myths of Homeland and Return, *Diaspora*, 1 (1), printemps 1991, p. 83-99 ; Robin Cohen, *Global Diasporas : An Introduction*, Londres, UCL Press, 1997 ; Stéphane Dufoix, *Les Diasporas*, PUF, « Que sais-je ? », 2003.

à l'échange intellectuel et fraternel des expériences, il est devenu assez rare. Raison de plus pour saluer la démarche de Paul Gilroy qui invite à une « conversation » prolongée et productive entre Juifs et Noirs et, plus généralement, entre les hommes de la diaspora, quels qu'ils soient.

L'ATLANTIQUE NOIR

Paul Gilroy aime la musique qui tangue et les idées qui naviguent. Né à Londres, dans une famille originaire de la Jamaïque, il a été disc-jockey, journaliste au *New Musical Express* et au magazine *Wire* avant d'enseigner la sociologie en Grande-Bretagne, puis de rejoindre l'université de Yale aux États-Unis. Dans les années quatre-vingt, il a été témoin de la façon dont les *Cultural Studies*, qui avaient fini par gagner une place prépondérante dans de nombreuses universités britanniques et nord-américaines, avaient évolué vers une conception fermée des cultures étudiées [1]. Dès ses premiers écrits, il s'élève contre ces travers, et tout particulièrement contre la tentation ethnocentrique. On retrouve chez lui, dans son ouvrage *L'Atlantique noir. Modernité et double conscience*[2], les thèmes centraux des études postcoloniales : la mise en cause de la souveraineté moderne identifiée à l'État-nation, le rôle du colonialisme dans la constitution de cette souveraineté, la collusion entre discours de la raison, idéologie du progrès et théorie raciale, le refus d'une conception binaire du monde opposant des identités fixes et essentialisées, l'attention portée aux *routes* (les

---

1. Voir Armand Mattelart et Érik Neveu, *Introduction aux* Cultural Studies, *op. cit.*
2. Paul Gilroy, *Black Atlantic. Modernity and double consciousness*, Londres, Verso, 1993. Traduction française, Paris, Éditions Kargo, 2003.

itinéraires) plus qu'aux *roots* (les racines), et enfin l'accent mis sur le mouvement, le déplacement, plus que sur le territoire et l'établissement.

Il faut, dit Gilroy, emprunter « le passage du milieu », partir du bateau, du navire négrier, et non pas de la terre, car la traversée forcée a changé la donne, c'est-à-dire la vie des hommes et leur façon d'être au monde. Il faut pousser « les volets clos du particularisme noir[1] », rompre avec l'afrocentrisme, sa conception linéaire du temps, sa nostalgie des origines et sa version figée des traditions. Ce passage est un entre-deux, un entre-lieux (*inbetweeness*), inscrit dans un espace-temps disjoint, qu'il est illusoire et stérile de vouloir raccorder à une identité de départ, réelle ou imaginée. En outre, prétendre établir une continuité entre le présent et le lointain passé africain, c'est nécessairement occulter ce qui fait rupture : c'est oublier ou relativiser l'importance centrale de l'histoire de l'esclavage. Une histoire qui, d'ailleurs, n'a aucune raison d'être assignée exclusivement aux Noirs, alors qu'elle fait « partie de l'héritage éthique et intellectuel global de l'Occident[2] ». Tous dans le même bateau, en somme, mais pas à la même place. D'où la nécessité de repenser l'histoire primitive de la modernité du point de vue des esclaves, mais aussi de reconnaître la part de cette modernité dans le devenir hybride de leurs descendants.

Car, et c'est là le point nodal du propos de Paul Gilroy, l'expérience de l'esclavage, du racisme et de l'oppression, dominée par la terreur et l'injustice, mais aussi jalonnée de résistances et de luttes, a engendré cette culture dissonante, diasporique et transocéanique, qu'il appelle « Atlantique noir ». Mouvante,

---

1. *Ibid.*, p. 248.
2. *Ibid.*, p. 77.

mutante, ramifiée, faite de branches, de branchements, de croisements, de bifurcations, plus que d'enracinements et de continuités, elle traverse aisément les frontières nationales ou ethniques, ignorant les leurres de la pureté et de l'authenticité.

Ses manifestations sont nombreuses, dans des domaines divers, dont la musique bien sûr. Paul Gilroy évoque, par exemple, ces *spirituals* qui, passant d'une rive à l'autre, gagnèrent une audience de masse puis, forts de leur succès, revinrent lester l'expression culturelle noire américaine d'une nouvelle légitimité. Il rappelle notamment l'extraordinaire tournée des Jubilee Singers de l'université Fisk qui, parties de Boston au début des années 1870, se sont produites au pays de Galles, en Irlande et en Écosse, offrant le rythme, les mélodies et la mélancolie de leurs chants à un vaste public séduit et médusé, qui n'avait jamais entendu jusque-là que des parodies de musique noire proposées par des Blancs au visage charbonné. Il évoque aussi ces étonnantes et créatives métamorphoses d'une musique qui, en Grande-Bretagne aujourd'hui, mêle le reggae venu de Jamaïque, la soul et le hip hop de l'Amérique noire, les techniques du mixage, du *scratch*[1] ou du *sampling*[2] et des paroles en langue punjabi chantées par de jeunes Anglo-Pakistanais. Ou encore les pérégrinations musicales et politiques d'un tube intitulé *I'm so proud*, écrit et interprété au milieu des années soixante par The Impressions, un célèbre trio vocal de Chicago, repris à la Jamaïque par les Wailers sur un rythme reggae, avant d'être réinterprété par d'autres musiciens en 1990, dans une version plus douce et sous le titre mondialement fédérateur de *Proud of Mandela*.

---

1. Sons produits directement sur la platine.
2. Collage d'emprunts mélodiques.

Gilroy revisite aussi les écrits et le parcours de quelques intellectuels notoires, confisqués par le nationalisme noir et qui, chacun de manière différente, ont lié déplacement du voyage et dépaysement de la pensée. Il éclaire ainsi d'un jour inhabituel des hommes comme Martin Robinson Delany, journaliste, éditeur, médecin, scientifique, juge, soldat, inventeur, inspecteur des douanes, orateur, politicien et romancier, qui rêva un temps d'une colonie noire autonome au Nicaragua sur le modèle du sionisme ; William E. Burghart Du Bois, essayiste, journaliste, écrivain, activiste politique, grand voyageur et intellectuel nomade, qui transita du communisme au socialisme puis au panafricanisme et s'installa, à la fin de sa vie, au Ghana ; ou encore Richard Wright, écrivain, autodidacte devenu auteur célèbre qui, venu du fond du Mississippi, se retrouva dans le milieu intellectuel de l'après-guerre à Paris, après être passé par le ghetto noir de Chicago et avoir connu le succès à New York.

À mon tour, je voudrais m'arrêter sur le parcours de ce dernier, tant il correspond à cette figure de l'homme déplacé que je cherche à cerner, voire à célébrer. Sa vie, ses choix, ses engagements et ses écrits témoignent d'un constant décentrement, source de connaissance et de créativité. Et son roman *The Outsider*, contesté aux États-Unis, en est la puissante expression.

Richard Wright est né en 1908 à Natchez dans une famille de métayers, au cœur de ce Mississippi où la ségrégation raciale était particulièrement brutale. La pauvreté, l'exploitation et le racisme au quotidien marquent son enfance. En dépit d'une scolarité irrégulière et brève, il rédige, à quatorze ans, une longue nouvelle indignée sur la condition faite aux Noirs. Publiée dans un journal local, elle suscite la réprobation et le désaveu des membres de sa famille et de leurs amis, tous adeptes d'une religion adventiste austère autant qu'autoritaire, et tous enclins à la résignation silencieuse plus qu'à la révolte. Son audace choque. Il est déjà atypique et marginal, y compris parmi les siens ! Il décide alors de partir vers le nord chercher du travail, à Memphis d'abord, puis en 1927 à Chicago, où il s'installe dans un taudis du quartier Sud. C'est dans cette grande ville, où les espoirs de tant de miséreux viennent s'échouer, que sa vie va changer : il découvre la lutte politique, la culture et la littérature. Membre du Parti communiste américain (il adhère en 1934), il bénéficie de ses réseaux éducatifs et culturels. Il tisse également des liens avec des enseignants de l'université de Chicago, tels Louis Wirth, auteur d'une thèse sur le ghetto juif de Chicago[1], intéressé par le marxisme[2], ou Horace Cayton, qui publiera avec Saint Clair Drake, en 1945, une étude sociologique du quartier noir du South Side, que Wright préfacera[3]. L'un comme l'autre l'encouragent à écrire. Richard Wright se fraie ainsi un parcours aussi improbable que singulier, qui le mène du journalisme à la littérature, et du ghetto noir de Chicago à la célébrité new-yorkaise.

Le succès de son premier livre, *Les Enfants de l'oncle Tom* (*Uncle Tom's Children*) en 1938, celui du deuxième, *Un enfant du pays* (*Native Son*), repris dans le Club du livre du mois en 1940 et adapté pour le théâtre l'année suivante, puis la diffusion exceptionnelle, aux États-Unis comme dans de nombreux autres pays, de son autobiographie *Black Boy* (1945), font alors de lui le plus fameux des auteurs noirs. Promu au nom du combat antiraciste par le mouvement communiste international, il est loué comme peintre naturaliste du

---
1. Louis Wirth, *Le Ghetto*, Grenoble, Champ Urbain, 1980.
2. Il fut aussi le premier traducteur de *Idéologie et Utopie* de Mannheim en anglais.
3. Horace Cayton et Saint Clair Drake, *Black Metropolis. A Study of Negro Life in a Northern City*, Chicago, The University of Chicago Press, 1945.

Sud ségrégationniste. Pourtant, il ne se sent pas vraiment à sa place, ni dans le Parti, ni dans cette image d'écrivain engagé contre la dure condition des Noirs du Sud, ni dans les hommages ambigus de cette société américaine où le racisme sévit et où l'industrialisation et l'urbanisation capitalistes asphyxient la créativité. À la fois acclamé comme un grand auteur prolétarien et très tôt soupçonné, en raison de son esprit volontiers frondeur, d'intellectualisme, voire de trotskisme, Richard Wright est progressivement déçu par ce parti dogmatique qui, donnant la priorité à la lutte des classes, ne soutient pas assez celle des Noirs ; il le quitte en 1942. Enfermé dans une conception lacrymale de la condition noire qu'il récuse, renvoyé vers un modèle littéraire réaliste qu'il voudrait subvertir, coincé dans la bipolarité raciale américaine, il lui faut partir pour penser, sentir et écrire ailleurs. Il se met à voyager et s'installe finalement à Paris, où il se lie d'amitié avec Sartre. Il s'intéresse à l'existentialisme, à la psychanalyse, aux divers courants de la modernité littéraire, et s'engage dans un nouveau combat en se mobilisant sur la question de la décolonisation et en participant à la fondation de la revue *Présence africaine*.

C'est à Paris, en 1947, qu'il termine son roman intitulé *The Outsider*. Le titre donné à la traduction française, *Le Transfuge*[1], n'est pas très juste, car Cross Damon, le héros de cet étonnant polar philosophique et politique, ne passe pas d'un monde à l'autre. En fait, il est toujours un peu hors du monde, à la lisière, marginal, solitaire, désespérément libre, tel un dieu ou un démon, ce qui se lit aussi dans son nom. Au départ, pourtant, c'est un homme presque ordinaire, à ceci près qu'il aime les livres et que sa culture est

---
1. Richard Wright, *Le Transfuge*, Paris, Gallimard, « Folio », 1979.

inhabituelle dans son milieu, comme l'était celle de Wright. Employé des postes à Chicago, père de trois enfants, séparé de sa femme, plutôt taciturne et porté sur la boisson, il a une liaison avec une jeune fille qui, en lui annonçant qu'elle est enceinte, lui révèle qu'elle n'a que seize ans et le menace de poursuites s'il ne divorce pas pour l'épouser. Or sa femme s'y oppose. La situation est sans issue et Cross ne semble avoir aucune prise sur les événements, jusqu'au jour où, victime d'un accident de métro, il passe pour mort. À partir de là, tout bascule : il change d'identité et de personnalité, n'hésite pas à tuer un ancien camarade qui le reconnaît, file vers New York, entre en rapport avec des communistes qui veulent le recruter et commet encore trois assassinats, sans autre raison qu'une formidable colère contre l'absurdité et la bêtise du monde.

Ce livre plein de fureur a été lu comme une intrigue existentialiste exprimant la quête d'une liberté absolue, affranchie des normes sociales et des règles de la morale. C'est une dimension importante, mais c'est loin d'être la seule. Dans ce texte dense et touffu, Richard Wright suit de nombreuses pistes et règle quelques comptes. Il met ainsi dans la bouche de Cross Damon plusieurs diatribes contre ce que lui-même a combattu, par exemple le stalinisme, que Cross dénonce dans une déclaration fleuve, face à un membre du comité central du Parti communiste médusé ; ou encore ce trouble et insupportable désir d'identification au malheur noir, qui pousse dans les bras de Cross la douce et blanche Eva, animée de bons sentiments fondés sur une perception aiguë des différences. Et il fait aussi parler un autre personnage central, le district attorney Ely Houston, qui exprime avec force et lucidité la dualité de l'outsider et l'acuité de son regard sur la société.

Dès leur première rencontre, dans le wagon-restaurant d'un train, Houston dit à Cross ce qui est sans doute le fond de la pensée de Wright lui-même sur la situation des Noirs aux États-Unis : « Les nègres, en pénétrant dans notre culture, vont hériter de nos problèmes, mais avec une différence. Ils sont des outsiders et ils vont *savoir* qu'ils ont ces problèmes. Ils vont être gênés. Ils vont avoir un don de seconde vue car, étant des nègres, ils vont se trouver à la fois *en dedans* et *en dehors* de notre culture, en même temps. [...] Ils deviendront des hommes "psychologiques", comme les Juifs... Ils ne seront pas seulement américains ou nègres. Ils seront des centres de la *connaissance*, pour ainsi dire [1]... » Un peu plus tard, entre confidence et connivence, Houston explique à Cross que la bosse sur son dos lui donne le droit de lui parler d'égal à égal, sans barrière, car, en raison de sa difformité, il ignore la jouissance ou le sentiment de supériorité qu'éprouvent souvent les Blancs quand ils parlent avec les Noirs de leur condition : « Cette sacrée bosse m'a donné plus de connaissance psychologique que tous les livres que j'ai lus à l'université. Ma difformité m'a rendu libre. Elle m'a mis en marge et m'a fait sentir que j'étais un outsider. Ce n'était pas drôle. Bon Dieu, non. Au début je me sentais inférieur. Maintenant, il faut que je lutte pour ne pas me sentir supérieur aux gens que je rencontre [2]... »

Les deux hommes sont bien tous deux à part, ils se reconnaissent et sont attirés l'un par l'autre. Mais l'un est du côté de la loi, alors ils vont s'affronter dans un curieux duel de l'intelligence et de la volonté et Houston, dont le corps est tordu et l'esprit remarquable-

---

1. *Ibid.*, p. 194. Dans cette citation, j'ai remplacé le mot « transfuge » de la traduction par le mot « outsider » de l'original ; quant aux italiques, elles sont de Richard Wright.
2. *Ibid.*, p. 200.

ment aigu, va deviner et dévoiler la culpabilité de Cross.

On retrouve, dans *The Outsider*, le thème de la double conscience du Noir américain, tel que l'avait théorisé W.E. Du Bois. Mais aussi celui, plus général, d'une sorte de capacité épistémologique privilégiée de l'étranger, du marginal ou du minoritaire, qu'avaient si bien analysée Simmel et divers sociologues après lui, dont des membres de cette École de Chicago fréquentée par Richard Wright. Faut-il y voir un fil, une influence, portée par la traversée des hommes et des idées, ou simplement une résonance, d'une situation à l'autre, d'un esprit à l'autre ? Les deux peut-être.

Quoi qu'il en soit, le livre fut mal reçu par la critique américaine et déclencha un véritable consensus hostile. Richard Wright n'écrivait plus ce que l'on attendait de lui, on lui reprochait, souligne Paul Gilroy, de s'être « égaré loin des styles de fiction réalistes et naturalistes engendrés par son expérience du Sud ségrégationniste, en raison de l'influence cérébrale de Sartre et de ses amis, parmi lesquels Blanchot, Mannoni et Bataille, qui auraient instillé leurs influences pernicieuses dans sa précieuse et authentique sensibilité nègre [1] ». Au fond, ce qui déplaisait, c'était son refus du repli culturel, de la solidarité raciale exclusive et de cette idée de tradition, si influente sur le discours politique afro-américain. C'est pourtant sa force et c'est aussi précisément ce qui plaît à Paul Gilroy, dans une œuvre qui, selon lui, « demeure la plus puissante expression de cette dualité autochtone-étranger [2] », constitutive de *L'Atlantique noir*.

Gilroy définit cette culture diasporique, née de l'esclavage, forgée à travers l'oppression, la terreur, les

---
1. Paul Gilroy, *Black Atlantic*, op. cit., p. 229.
2. *Ibid.*, p. 245.

lynchages, mais aussi les solidarités, les résistances, les luttes pour l'égalité, comme « la mémoire vivante du même changeant[1] », et il la met en parallèle avec la mémoire juive. Refusant la « concurrence des victimes », cette « dispute absurde et parfaitement immorale pour savoir quel peuple a subi la forme de dégradation la plus inexprimable[2] », il affirme, contre les réticences et préjugés qui s'élèvent des deux côtés, que l'on peut à la fois reconnaître le caractère unique du judéocide et entamer un dialogue fructueux (un échange plus qu'une comparaison) sur toute une série de thèmes, tels les fondements du racisme moderne, le refus de l'idéologie du progrès chez ceux qui ont été opprimés dans la modernité, les canaux de la remémoration collective, ou encore la relation entre affliction et rédemption dans la pensée juive par rapport à la relation entre souffrance et jubilé dans l'espérance noire. Lui-même ouvre la voie, il a en effet puisé de manière récurrente dans l'œuvre de penseurs juifs pour y trouver l'inspiration et les ressources susceptibles de l'aider, dit-il, à « cartographier les expériences ambivalentes qu'éprouvent les Noirs à l'intérieur et à l'extérieur de la modernité[3] ». Chez Walter Benjamin notamment, il reprend l'idée d'un temps disjoint, jalonné de ruptures et de catastrophes, dans lequel le passé, celui du souvenir à l'instant du péril, celui de l'espérance des vaincus, rebondit dans le présent. C'est cela une mémoire vivante, en effet : elle ne se complaît pas dans les mausolées de « l'histoire antiquaire[4] », mais retient à la fois la perte, la trace et l'aura du passé, d'un passé fragile, en attente d'un

---

1. *Ibid.*, p. 261.
2. *Ibid.*, p. 273.
3. *Ibid.*, p. 270.
4. Friedrich Nietzsche, *Considérations inactuelles*, Paris, Aubier, 1970.

relais, d'un passage de témoin, d'une alliance entre les générations.

Évidemment, rien n'est assuré. Le « même changeant » dit la tension, la dynamique créative, entre héritage et invention, continuité et mutation. Mais, comme toute tension, son devenir est incertain, soumis aux aléas du temps, du divers et des forces contraires. La question de la dissolution de l'existence juive en diaspora s'est posée avec l'entrée dans la modernité, elle a été brutalement ajournée par l'ombre portée de la Shoah, mais elle va, inévitablement, se poser à nouveau. La culture de l'Atlantique noir surgit dans les nouveaux ghettos et quartiers défavorisés des métropoles occidentales, où elle se conjugue à d'autres héritages et son devenir n'est pas écrit.

Les débats intellectuels et politiques sur la définition d'une diaspora noire [1] et ce qui peut fonder une identification partagée opposent les tenants d'une continuité directe avec l'Afrique, ceux qui mettent l'accent sur une condition d'oppression et d'aliénation des Noirs dans les pays occidentaux, et enfin ceux qui, tel Paul Gilroy, mettent en avant la formation d'une culture originale du mélange. Ainsi, d'empreinte en trace, de reste en germe, l'hybridité et le métissage sont un des horizons possibles des diasporas dont les réseaux se multiplient [2].

Comme un clin d'œil en passant, Paul Gilroy rappelle la participation de Georg Simmel au premier *Universal Race Congress* organisé à Londres, en 1911. Il était tentant d'aller y voir. J'ai découvert qu'il y avait là également, parmi les nombreux invités, W.E.B. Du

---

1. Cf. Christine Chivallon, *La Diaspora noire des Amériques. Expériences et théories*, Paris, CNRS Éditions, 2003.
2. Georges Prevelakis (éd.), *Les Réseaux des diasporas*, Paris, L'Harmattan/Kyrem, 1996

Bois, qui dirigeait alors *The Crisis*, le mensuel de la NAACP (National Association for the Advancement of Coloured People), et aussi Gandhi, venu d'Afrique du Sud où il vivait depuis près de dix-huit ans et avait fondé le Natal Indian Congress pour défendre les droits des Indiens. Ont-ils discuté ? C'est possible. Je me plais à les imaginer, lors d'une pause, prenant le thé dans une salle lambrissée, sous quelques portraits sombres de vieux lords anglais. Drôle de trio, mêlant résonances et différences : le sociologue allemand, complètement assimilé, né dans une famille convertie au protestantisme, mais à qui l'on fait toujours sentir ses origines juives ; le sociologue et écrivain américain, leader de la cause des Noirs, issu d'une famille métisse de Nouvelle-Angleterre ; et l'avocat indien, rejeton de la bourgeoisie de Porbandar, dans le Gujarat, formé en Grande-Bretagne.

Alliant la décontraction américaine à un humour très britannique, Du Bois raconte comment, arrivant de nuit dans une ville de Slovénie, le conducteur du fiacre bringuebalant qui le conduisait à l'auberge lui avait demandé s'il était juif. Question à laquelle il avait répondu par l'affirmative [1]. Cela fait sourire Simmel et Gandhi, ce dernier remarquant, amusé, qu'il aurait pu aussi bien passer pour un Indien, s'ils n'étaient pas si rares dans ces confins européens. Puis ils reviennent à des choses sérieuses : la brutalité de la ségrégation raciale, en Afrique du Sud comme dans le sud des États-Unis, l'efficacité des diverses formes de lutte, de la manifestation pacifique à la désobéissance civile (Gandhi est le seul à la prôner), le rôle des sciences sociales dans le combat contre le racisme (essentiel selon Du Bois et Simmel, optimistes), l'attitude des

---

1. W.E.B. Du Bois, *The Autobiography of W.E.B. Du Bois*, New York, International Publishers, 1968, p. 122, cité par Paul Gilroy, *Black Atlantic, op. cit.*, p. 277.

Indiens à l'égard des intouchables et celle des Blancs à l'égard des Indiens et des Noirs (analogues, dit Gandhi). Comparaisons et sujets de conversation ne manquent pas. J'invente, soit, mais tout cela fut abordé durant le congrès. Et peut-être Du Bois s'en est-il souvenu quand il s'est mis à écrire *Dark Princess*, quelques années plus tard [1]. Ce curieux roman raconte la passion d'un étudiant noir américain et d'une princesse indienne rebelle, passion qui débute dans une réunion de délégués des peuples de couleur opprimés à Berlin, et dont les luttes, en Amérique et ailleurs, forment la toile de fond.

Du Bois lui-même, comme son personnage, a étudié plusieurs années à Berlin. Avec Simmel, il évoque des souvenirs de cette époque qui ne sont pas tous bons. Cette matinée marquante, par exemple, quand, dans la vaste salle de cours, il s'était senti solitairement visé par la voix puissante et rauque de Heinrich von Treitschke tonnant que les mulâtres étaient des êtres inférieurs [2]. Décidément, « le problème du XXᵉ siècle, c'est le problème de la ligne de la couleur [3] ». Simmel n'est guère surpris, le racisme de Treitschke est connu. Et puis, il le sait, moins les différences sont visibles et plus elles sont obsessionnellement réaffirmées.

À propos des races, des lignes, des traits, des teints et des tons, Simmel, qui d'ordinaire ne tâte guère de la fiction, avait justement écrit, en 1904, « Le conte de la couleur ». C'était une fantaisie, rien de sérieux, quoique... Cela commençait comme un vrai conte : « Il était une fois une couleur que nous appellerons le petit Grülp, parce que nous ne connaissons pas

---

1. W.E.B. Du Bois, *Dark Princess : A Romance*, New York, Harcourt, Brace and Co, 1928.
2. W.E.B. Du Bois, *Dusk of Dawn*, New York, Library of America, 1986, p. 626, cité par Paul Gilroy, *Black Atlantic*, *op. cit.*, p. 183.
3. W.E.B. Du Bois, *The Souls of Black Folk*, New York, Bantam, 1989, p. 29.

encore son vrai nom[1]. » Les autres couleurs regardaient le petit Grülp de travers et l'infortuné se mit à errer de par le monde, à la recherche de son identité et de sa couleur complémentaire. En vain, car « même dans l'arc-en-ciel, qui a pourtant, par-delà le violet, un asile pour les couleurs sans abri[2] », il n'y avait pas de place pour lui. Un jour, le hibou magicien Colorum lui apprit qu'il était « la couleur qui n'existe pas », une couleur paria, inutile au monde. Un peintre, pourtant, s'éprit de lui mais, ne vendant plus de tableaux, il finit par en périr. Seule l'opale, finalement, voulut bien l'accueillir et lui donner un nom. Toutefois, ce nom ayant échappé au narrateur, on ne sait pas ce qu'il advint de l'indistinct petit Grülp, dans le monde changeant et irisé des couleurs mêlées.

---

1. Georg Simmel, « Le conte de la couleur », in *Le Cadre et autres essais*, Paris, Le Promeneur/Gallimard, 2003, p. 60.
2. *Ibid.*, p. 61.

5
Mélanges

Comme les musiques hybrides évoquées par Paul Gilroy, qui mêlent le reggae, la soul, le hip hop et la langue punjabi, l'univers du roman de Zadie Smith *Sourires de loup*[1] résonne d'histoires et d'accents divers. Le formidable succès, en Grande-Bretagne comme à l'étranger, de ce premier livre d'une jeune Anglo-Jamaïcaine inconnue tient sans doute à la verve, à l'ironie et à l'extraordinaire vivacité d'un récit tendre et loufoque sur les mésaventures des immigrés et de leur descendance déroutée. Il s'inscrit dans le renouvellement de la littérature en Grande-Bretagne, porté par des romanciers venus d'ailleurs et peignant l'hybridité, tels Salman Rushdie ou Arundhati Roy.

L'histoire s'ouvre sur une fausse sortie : le suicide heureusement raté, un matin du jour de l'an 1975, d'Alfred Archie Jones, le seul « véritable » Anglais de cette rocambolesque saga. Requinqué, Archie rencontre Clara, une belle jeune Noire d'origine jamaïcaine au sourire édenté, qu'il ne va pas tarder à épouser. Il retrouve son travail sans intérêt et reprend ses rendez-vous réguliers, dans un faux pub irlandais crasseux, avec son vieil ami Samad Miah Iqbal. Samad est un

---

[1]. Zadie Smith, *Sourires de loup*, Paris, Gallimard, « Folio », 2003.

musulman du Bengale, élégant, diplômé, déclassé, qui se dit descendant du grand héros de la révolte des Cipayes et travaille comme serveur dans un restaurant indien tenu par un cousin. Les deux hommes se sont connus pendant la guerre, ils ont un passé d'anciens combattants qui n'intéresse personne et une descendance curieuse qui les laisse désemparés. Des deux fils jumeaux de Samad, l'un, Magid, renvoyé au Bangladesh pour préserver valeurs et racines, revient en avocat moderniste, l'autre, Millat, resté à Londres, hésite entre délinquance et intégrisme. Quant à Irie, la fille d'Archie et de Clara, qui cherche péniblement sa voie, elle est séduite par les Chalfen, des gens aisés, spirituels et assurés, tous brillants sujets et « plus anglais que nature » à ses yeux. En vérité, ils sont descendants d'immigrés eux aussi, les grands-parents étant des Juifs venus de Pologne sous le nom de Chalmenovsky.

Car tous sont des mutants aux héritages et réseaux multiples dans cette histoire pleine de péripéties burlesques, qui prend l'immigration par le bon bout, celui de l'invention, entre chimères et mutations. Les tenants de la tradition naviguent entre illusions et hypocrisie. Le passé vacille, l'avenir est imprévisible. Reste le pari de la vie et le sauve-qui-peut dans l'humour. Souris du Futur ©, la créature du professeur Marcus Chalfen, obtenue par manipulation génétique afin de révolutionner la thérapeutique et de soigner les maladies de l'humanité, s'enfuit lors de sa présentation publique, le 31 décembre 1999, sous l'œil approbateur d'Archie... L'histoire se termine donc sur une sortie réussie, une échappée belle.

Chez Zadie Smith, littérature d'idées et histoire « déjantée » vont ensemble. On a voulu voir dans ce roman l'expression du multiculturalisme à l'anglaise, ce qui n'est pas très juste, du moins si l'on conçoit celui-ci comme une juxtaposition de communautés plus ou moins étanches et figées. En effet, dans *Sourires de loup*, les univers s'interpénètrent et se transforment dans une vision littéraire de la réalité de l'immigration qui se rapproche de l'analyse des sociétés changeantes et bigarrées développée, en Grande-Bretagne en particulier, puis aux États-Unis, dans la mouvance des *Subaltern Studies*.

ÉTUDES « SUBALTERNES » ET UNIVERSITAIRES NOMADES

Créées à Delhi, en 1982, par un groupe de chercheurs réunis autour de l'historien bengali Ranajit Guha pour publier une série d'ouvrages sur l'histoire indienne rompant avec l'historiographie colonialiste et celle du nationalisme élitiste, les études « subalternes » (notion empruntée à Gramsci) ont connu un rayonnement international et se sont modifiées, à la faveur du déplacement des universitaires indiens, installés, plus ou moins durablement, dans les universités anglaises et surtout américaines[1]. Se réclamant initialement d'un marxisme critique, diffusé par des historiens de la Nouvelle Gauche anglaise tels Edward P. Thompson et Eric Hobsbawm, les subalternistes entendaient développer une histoire sociale restituant le rôle du peuple dans le devenir non linéaire des sociétés. Mais à partir de la fin des années quatre-vingt, plusieurs d'entre eux, plongés dans l'effervescence critique qui gagne alors certains campus américains, sont séduits par l'analyse du rapport savoir/pouvoir dans l'esprit de Michel Foucault, par la déconstruction

---

1. Pour une étude détaillée et critique de cette évolution, voir Jacques Pouchepadass, « Les *Subaltern Studies* ou la critique postcoloniale de la modernité », *L'Homme*, n° 156, octobre-décembre 2000, p. 161-186.

de la métaphysique occidentale dans la lignée de Jacques Derrida, par la pensée rhizomatique de Gilles Deleuze et Félix Guattari, et, plus encore, par la critique fondamentale de l'orientalisme comme construction de l'*autre* et de son univers dans le discours colonial, proposée par Edward W. Said. Ils centrent alors leurs travaux sur le démontage de l'histoire officielle indienne, le décryptage de la domination culturelle, la critique des stéréotypes qui sous-tendent la vision occidentale de l'Asie et promeuvent un modèle culturel alternatif, transnational et diasporique. Ce faisant, ils se fondent aussi sur leur propre expérience du déplacement.

Ces voyages des hommes et des théories sont jalonnés de situations et de questions paradoxales. Être un chercheur indien vivant aux États-Unis et travaillant sur le pays d'où il vient, en utilisant les outils d'une pensée critique élaborée pour une bonne part en Europe, afin de déconstruire l'héritage savant de la domination occidentale qui a contribué à sa formation initiale, cela impose une succession de décentrements. En témoigne l'intéressant dossier publié par la revue *L'Homme*[1], qui regroupe, comme autant d'exercices d'ego-histoire, les témoignages d'universitaires indiens sur leur trajectoire personnelle et académique en Occident. Il invite « à se mettre à l'écoute de leur expérience affective et cognitive de la "translation" et de la traversée des cultures[2] ». Les voix ne sont pas unanimes, il y a des différences et même des discordances dans les propos. Par ailleurs, certaines figures connues, telle Gayatri Chakravorty Spivak, venue de Calcutta, professeur de littérature comparée à

---

1. Dossier présenté par Jackie Assayag et Véronique Bénéï, « Intellectuels en diaspora et théories nomades », *L'Homme*, n° 156, octobre-décembre 2000.
2. *Ibid.*, p. 17.

Columbia, qui a traduit et fait connaître Jacques Derrida outre-Atlantique, ne s'expriment pas dans ce recueil. Mais les parcours se ressemblent, qui mènent ces fils et filles de familles indiennes aisées et cultivées, des écoles de Bombay, Calcutta ou Delhi aux universités européennes (anglaises le plus souvent, allemandes parfois) et américaines.

Ainsi, Gyan Prakash, professeur d'histoire à l'université de Princeton depuis 1988, brosse-t-il à grands traits un parcours jalonné d'écarts successifs[1]. Tout d'abord, son éducation de jeune Indien de la classe moyenne pétri de culture occidentale, dans une école que l'indépendance nationale n'avait pas décolonisée, et qui enseignait l'histoire de la Grande-Bretagne et de l'Europe « comme une narration universelle du progrès[2] ». Ensuite, sa découverte enthousiaste du marxisme, ses premières recherches sur le travail forcé en Inde, les débats sans fin des années soixante-dix sur le caractère capitaliste ou semi-féodal des rapports de production en milieu rural. Puis sa lassitude à « tenter de lire l'histoire de l'Inde à travers le prisme de l'Europe » et son intérêt, vite consumé, pour la littérature du tiers-monde. Et enfin sa curiosité pour l'anthropologie, qui le conduit aux États-Unis, à l'université de Pennsylvanie où « le conservatisme de l'indologie et des études sur l'Asie du Sud » ne tardent pas à l'ennuyer, mais où il découvre, dans le nouveau paysage intellectuel des années quatre-vingt, la critique postcoloniale à laquelle il se rallie.

Le parcours idéologique de Shahid Amin, marqué par la radicalité de la fin des années soixante suivie d'un départ pour une université occidentale, est

---

1. Gyan Prakash, « Les lieux de production du discours savant », *L'Homme, op. cit.*, p. 57-64.
2. *Ibid.*, p. 66.

semblable, mais lui a choisi de revenir. Il est aujourd'hui professeur d'histoire à l'université de Delhi, après avoir longtemps séjourné à Oxford. Son père avait montré la voie. Ce médiéviste, profitant d'une bourse accordée par une fondation américaine, était en effet parti en 1960 à Stanford, en Californie, pour étudier l'histoire de l'Asie du Sud-Est. En son absence, la famille avait quitté la capitale pour s'installer dans la maison ancestrale située à Deoria, dans la lointaine province de l'Uttar Pradesh. Shahid Amin était un jeune garçon qui n'avait connu jusque-là que la grande ville, aussi ce fut « un choc culturel » d'où naquit, dit-il, son intérêt pour « l'Inde villageoise [1] ». Revenu poursuivre sa scolarité à Delhi, il fut influencé, comme nombre de ses condisciples à la fin des années soixante, par la version indienne du maoïsme et sa critique radicale de l'État-nation postcolonial. Le reflux des idées maoïstes l'a incité, à l'instar d'autres membres des *Cultural Studies*, à approfondir l'étude anthropologique et historique de la paysannerie indienne. Il a alors alterné voyages sur le terrain et recherches dans les riches archives coloniales conservées en Grande-Bretagne. Un va-et-vient fécond qui l'a conduit à s'interroger sur l'écriture de l'histoire et ses enjeux différenciés, ici et là-bas en Inde, où la narration de ce qu'il nomme « des événements récalcitrants » permet de rompre avec la version homogène et dominante de l'histoire nationale.

Vasudha Dalmia, de son côté, raconte son éducation familiale, centrée sur l'étude de la grammaire sanskrite et les textes religieux, selon les vœux de son père, un riche industriel attaché à l'hindouisme [2]. Puis, sous

---

[1]. Shahid Amin, « Sortir du ghetto les histoires non occidentales », *L'Homme, op. cit.*, p. 58.
[2]. Vasudha Dalmia, « Franchir barrières et frontières », *L'Homme, op. cit.*, p. 47-56.

l'influence de sa mère, l'entrée dans un établissement tenu par des sœurs, au cœur de la Delhi des années cinquante, où l'on apprenait à « mépriser l'indianité », en se livrant à « la pure griserie » de la littérature anglaise. Suivront des études universitaires en Allemagne, la découverte de Novalis, Goethe et Kafka, un retour à Delhi où l'essor d'un théâtre populaire la conduit vers les pièces et essais de Brecht, la lecture de Walter Benjamin, les théories des formalistes russes... Aujourd'hui professeur de littérature hindi à Berkeley où elle est arrivée en 1998, après avoir été professeur associée à l'université de Heidelberg et maître de conférence entre 1984 et 1987 à l'université de Tübingen, elle constate que le monde a bougé autant qu'elle : « Je me suis installée si loin à l'ouest que l'Inde se situe aujourd'hui à l'ouest d'où je vis. J'enseigne dans une université californienne. La réalité indienne s'est aussi déplacée vers l'ouest et, avec l'arrivée de la deuxième génération d'Indiens aisés, nés et élevés aux États-Unis, est apparue la nécessité de comprendre le passé et le présent sous un jour nouveau. Mes étudiants ? Un océan de visages d'Asie du Sud. Il est clair qu'il existe maintenant plusieurs Indes, et nous ne pouvons les appréhender qu'ensemble [1]. »

Que viennent-ils chercher, ces étudiants indo-américains, dans ce cours de littérature hindi à Berkeley ? Les fondements d'une hindouité pure et dure, ou un supplément d'âme et de culture enrichissant leur identité de mutants ? Certains ceci, et d'autres cela sans doute. Car, comme dans le roman de Zadie Smith, il y a un peu de tout en diaspora : du repli ethnique et culturel d'autant plus zélé qu'il est le fait d'une génération amplement acculturée à la société dominante ; « des patries imaginaires, des Indes de l'esprit », selon

---

[1]. *Ibid.*, p. 54.

les termes de Salman Rushdie [1] ; de l'identité réinventée et redéployée par des réseaux de populations dispersées, selon Arjun Appaduraï ; ou de l'hybridité imprévisible et féconde, selon Homi K. Bhabha. Également originaires d'Inde et tous deux, jusqu'à il y a peu, professeurs à l'université de Chicago, l'un en anthropologie, l'autre en littérature comparée, Arjun Appaduraï et Homi K. Bhabha développent des analyses qui, sans être incompatibles, s'orientent dans des directions différentes. Ce qui intéresse Appaduraï, c'est la façon dont les populations émigrées recréent des liens, inventent de la communauté à distance et fabriquent de la culture diasporique, dans l'espace de la mondialisation. Cette culture diasporique n'est pas (ou peu) fondée sur une mémoire longue (comme la diaspora juive ou l'Atlantique noir), mais surgit du présent en s'appuyant sur l'interactivité et la simultanéité des réseaux médiatiques. Homi K. Bhabha, lui, centre ses études sur les phénomènes d'hybridation et de traduction culturels. Mais tous deux insistent sur les capacités transgressives d'une culture de la déterritorialisation échappant aux logiques nationales étatiques. Et tous deux, aussi, ont forgé leur démarche intellectuelle sur fond d'une traversée personnelle entre Orient et Occident.

Arjun Appaduraï pense devoir son élan initial à un père journaliste à l'agence Reuters, parti combattre contre les Britanniques pendant la Deuxième Guerre mondiale, revenu chargé d'incroyables histoires de rencontres, qui « passa ses dernières années à se préoccuper de la paix dans le monde et aux possibilités d'un gouvernement mondial [2] ». Dans cette

---

1. Salman Rushdie, *Patries imaginaires*, Paris, Christian Bourgois, 1995, p. 20.
2. Arjun Appaduraï, « Savoir, circulation et biographie collective », *L'Homme, op. cit.*, p. 38.

famille intellectuelle de Bombay, le jeune Arjun est passé de l'influence anglaise un peu stricte et compassée, diffusée par les livres et l'école, à l'attirance pour « le Nouveau Monde plus âpre, plus sexy, plus grisant des vieux films de Humphrey Bogart, de Harold Robins, du *Time* et des sciences sociales, de l'*American style*[1] ». Après un séjour à l'université d'Elphinstone en Angleterre, il est parti à la fin des années soixante pour Brandeis, alors haut lieu de la culture étudiante contestataire aux États-Unis, puis en 1970 pour l'université de Chicago (il y a notamment suivi les conférences d'Hannah Arendt), où il est maintenant professeur d'anthropologie, civilisations et langues de l'Asie du Sud.

Un « Tamoul brahmane, élevé à Bombay et devenu *homo academicus* aux États-Unis[2] », résume-t-il, amusé. Cet homme de l'entre-deux décentre volontiers le regard qu'il porte sur lui-même comme sur ses proches. Son récit d'un voyage familial, en janvier 1988, à Madurai où se trouve le temple de Minaski, l'un des plus grands lieux de pèlerinage du sud de l'Inde, est ainsi un savoureux morceau d'« ironie transnationale[3] ». Lui, était là pour retrouver quelques souvenirs et « saisir du cosmopolitisme sur le vif ». Sa femme, Carol Breckenridge, une Américaine blanche, historienne de l'Inde, revenait sur ce qui avait été un de ses importants terrains de recherche. Leur fils de onze ans, élevé à Philadelphie, se prosternait gentiment devant les anciens et les divinités chaque fois qu'on le lui demandait. Quant au frère d'Appaduraï, il venait à la fois pour une affaire de chemins de fer et pour favoriser par de bons augures le mariage espéré de sa

---
1. Arjun Appaduraï, *Après le colonialisme. Les conséquences culturelles de la globalisation*, Paris, Payot, p. 26.
2. *Ibid.*, p. 99.
3. *Ibid.*, p. 99-100.

fille aînée. Chacun avait donc sa manière, à la fois pratique et imaginaire, de se relier à ce lieu. Mais la plus grande surprise fut d'apprendre que le prêtre, qui avait été un informateur privilégié de Carol, était parti vivre et officier à Houston, où la communauté indienne avait construit un temple hindou consacré à Minaski, déité de Madurai. Autant de fils divers, autant d'imaginaires qui, au-delà de ce récit anecdotique, dessinent pour l'auteur la configuration d'un monde paradoxal où d'innombrables réseaux redéploient le local dans le global.

Proche des subalternistes sans faire partie de leur groupe, Arjun Appaduraï s'appuie, comme eux, sur l'idée gramscienne d'une « culture subalterne » dominée, mais susceptible de s'opposer à l'hégémonie culturelle dans la sphère, relativement autonome, des idées et des représentations. Empruntant également à Cornélius Castoriadis la notion d'institution imaginaire de la société [1], ou encore à Benedict Anderson l'idée de « communauté imaginée [2] », il entend montrer la force sociale d'une imagination à l'œuvre dans l'ère de la globalisation, portée par l'ampleur des circulations de populations et celle des flux médiatiques. Contre l'idée répandue d'une unification, d'un nivellement et d'une domination généralisée de la planète opérée par le Moloch de la *world culture* américaine, et à rebours des analyses et dénonciations médiologiques trop manichéennes, il convoque les innombrables collages, bricolages, détournements et inventions produits par des groupes de migrants et d'exilés pour exister collectivement dans l'espace du déplacement.

Du match de cricket entre Indiens et Pakistanais

---

[1]. Cornélius Castoriadis, *L'Institution imaginaire de la société*, Paris, Seuil, 1975.
[2]. Benedict Anderson, *L'Imaginaire national. Réflexions sur l'origine et l'essor du nationalisme*, Paris, La Découverte, 1996.

lors de l'Austrasia Cup en 1996, suivi par quinze millions de téléspectateurs dans le monde (dont évidemment beaucoup de concitoyens des équipes concurrentes) aux cassettes de chansons et de sermons enregistrées au Temple d'Or du Penjab et écoutées par les chauffeurs de taxi sikhs de Chicago, des patriotismes à distance suscités sur Internet par des Hindous fondamentalistes à ces confréries regroupant des adorateurs de personnages charismatiques dont le message est diffusé via les films et la vidéo, la rencontre entre le mouvement des images et des spectateurs déterritorialisés favorise « la constitution de diasporas de publics enfermés dans leur petite bulle [1] ». Une clôture sans barrière ni frontière matérielle, sans inscription dans un territoire précis, qui circonscrit une appartenance plus ou moins éphémère ou durable, fondée sur des messages et des images partagés et créant des localités imaginées (des « ethnoscapes ») dont l'étude pose un nouveau défi à l'anthropologie.

Faut-il se réjouir ou s'inquiéter de cette nouvelle donne ? Arjun Appaduraï ne se prononce pas et laisse ouverte la question de savoir quel genre d'avenir pourrait en sortir. Car cette diffraction des images, idées et identités en réseau, qui dépasse le cadre des États-nations et résiste au processus d'uniformisation du monde, peut entraîner la fragmentation d'unités hétérogènes, la multiplication de bulles étanches rendant très problématique la construction d'un monde commun fondé sur un accord minimal de normes et de valeurs. Mais elle peut aussi, au contraire, favoriser de nouvelles convergences émancipatrices, des mises en commun d'expériences ou de luttes. Tout dépend du contenu des « microrécits » qui circulent grâce aux nouveaux moyens électroniques et de la façon dont

---
1. *Ibid.*, p. 29.

les populations mobiles, elles aussi, se les réapproprient. Certains sont ainsi le support de mouvements fondamentalistes agressifs, et d'autres le vecteur de mouvements activistes préoccupés par la protection de l'environnement, la défense des droits des femmes ou ceux de l'homme en général. Dans la première catégorie, « la glaçante affaire Rushdie », par exemple, est pour Arjun Appaduraï un cas saisissant qui témoigne du caractère parfois violemment conflictuel de ces transports culturels. De la diffusion des *Versets sataniques* à la condamnation de leur auteur et à la mobilisation en retour pour sa défense et celle de la liberté de l'artiste, « les mondes transnationaux de l'esthétique occidentale et de l'Islam radical se sont heurtés de plein fouet, dans des lieux aussi différents que Bradford et Karachi, New York et Delhi[1] ».

Heurt violent en effet. On ne saurait toutefois, Salman Rushdie lui-même y insiste, considérer que cette controverse opposant le sacré et le séculier, des croyants obscurantistes à des lettrés modernistes, recouvre une lutte entre les libertés occidentales et les non-libertés orientales. Vision binaire là encore, simplifiant la réalité et confortant les préjugés : « C'est avec raison qu'on vante les libertés de l'Occident mais beaucoup de minorités – raciales, sexuelles, politiques – se sentent également exclues de l'exercice complet de ces libertés ; alors que dans l'expérience de l'Orient que j'ai connue tout au long de ma vie, de la Turquie et de l'Iran jusqu'en Inde et au Pakistan, j'ai trouvé des gens tout aussi passionnés par la liberté que n'importe quel Tchèque, Roumain, Allemand, Hongrois ou Polonais[2]. » Revenant sur la tourmente suscitée par son roman, Rushdie explique ce qui est,

---
1. *Ibid.*, p. 36.
2. Salman Rushdie, *Patries imaginaires, op. cit.*, p. 421.

pour lui, le véritable enjeu de ce livre : inventer un langage et des formes littéraires capables de restituer l'expérience du déracinement, de la rupture et de la métamorphose qui est celle de l'émigré. Condition, ajoute-t-il, dont on peut tirer une métaphore valable pour toute l'humanité.

C'est bien cela qui a fait scandale, non pas un univers face à l'autre, mais un univers mêlé. Car ce livre, clame son auteur, est une véritable ode à la bâtardise : « *Les Versets sataniques* célèbre l'hybridation, l'impureté, le mélange, la transformation issue des combinaisons nouvelles et inattendues entre les êtres humains, les cultures, les idées, les politiques, les films, les chansons. [...] Le *mélange*, le méli-mélo, un peu de ceci et un peu de cela, c'est ainsi que *la nouveauté arrive dans le monde*. C'est la possibilité immense offerte au monde par la migration de masse, et j'ai tenté de l'accueillir à bras ouverts [1]. » *Les Versets sataniques* expriment « l'indétermination de l'identité diasporique », l'hérésie et le blasphème imputés à Rushdie résident moins dans une interprétation scandaleuse du Coran que dans « un acte de traduction culturelle » qui, en tant que tel, brise le cercle verrouillé de la croyance et de la communauté, écrit, de son côté, Homi K. Bhabha [2]. Il salue, dans ce livre, les vertus subversives de l'hybridité et le potentiel transgressif de l'entre-deux, de l'espace interstitiel, en tant que lieu d'ambivalence, d'invention et de création.

Comme Edward W. Said ou Gayatri C. Spivak, Homi K. Bhabha est un des théoriciens reconnus des études postcoloniales. Né à Bombay dans une famille aisée de la communauté parsi, il a étudié à Oxford et

---

1. *Ibid.*, p. 419.
2. Homi K. Bhabha, *The Location of Culture*, Londres/New York, Routledge, 1994, p. 225.

enseigné quinze ans à l'université du Sussex puis, à partir de 1994, à l'université de Chicago, d'où il est parti récemment pour Harvard. Lui-même se situe dans cet espace liminal, aux frontières des disciplines universitaires, des considérations politiques et des identités culturelles. Une position à partir de laquelle il procède à un double démontage : celui du discours colonialiste, qui construit une fiction essentialisée de l'autre colonisé, mais aussi celui du discours symétrique et opposé qui prétend retrouver la tradition originelle que la domination coloniale aurait réduite au silence. Sa démarche rejoint les critiques de Paul Gilroy contre l'afrocentrisme ou celles d'Edward W. Said contre les impasses du nationalisme, ces pièges en miroir de la domination déjà dénoncés par Frantz Fanon[1], auquel tous trois rendent hommage. Elle repose sur la conviction, partagée par tous ces auteurs pensant volontiers contre « leur » communauté (ils récusent bien sûr un tel possessif), que les cultures ne sont jamais pures mais toujours (et en quelque sorte depuis toujours) intrinsèquement mêlées, faites de croisements et de frottements, d'aliénation et d'imitation du côté du colonisé, mais aussi d'influences et de pénétrations réciproques. Car, même quand les rapports de force sont inégaux, la domination, si puissante soit-elle, n'impose pas totalement son modèle, elle provoque des résistances, des subversions, des déplacements de sens et des déplacements de populations, qui ouvrent la brèche d'un « espace tiers ».

Cet espace ouvert, habité sans être occupé, situé « aux franges de l'histoire et du langage, aux limites des races et des genres[2] », lieu de passage et de brassage, est désormais celui de la « condition postnationale »,

---

1. Frantz Fanon, *Peau noire, masques blancs*, Paris, Points Seuil, 1971.
2. *Ibid.*, p. 170.

ou encore celui de la « *DissemiNation* », écrit curieusement Homi K. Bhabha[1], dans un jeu de mots-valises librement inspiré de Derrida. La figure qui traverse cet espace est le « non domicilié » (*unhomeliness*), qu'il ne faut pas confondre, précise-t-il, avec le sans domicile[2] (*homeless*), car tous les sans-patrie, ces passeurs de frontières, ne sont pas des sans-abri. Dans le sillage des premiers se profile un « nouvel internationalisme », enté sur « l'histoire de la migration postcoloniale, les récits des diasporas culturelles et politiques, les déplacements sociaux majeurs des paysans et des communautés aborigènes, les poétiques de l'exil et la sombre prose des réfugiés économiques et politiques[3] ». L'écho, là encore, est sonore, avec les propos d'un Edward W. Said écrivant notamment : « On peut dire sans exagération que la libération comme mission intellectuelle, tant dans la résistance que dans l'opposition aux enfermements et ravages de l'impérialisme, a aujourd'hui basculé de la dynamique sédentaire, établie et domestique de la culture à ces énergies sans abri, décentrées et exiliques dont l'incarnation actuelle est le migrant et la conscience l'intellectuel et l'artiste en exil[4]. »

Émigrés et exilés de tous les pays sont ainsi unis dans les perspectives analytiques et politiques d'universitaires qui sont eux-mêmes souvent des intellectuels expatriés, transnationaux, hybrides ou translocaux selon le vocabulaire des uns ou des autres, dotés de ces « identités à trait d'union » (*hyphenated identities*), dont ils jouent et se jouent. Venus d'un peu partout dans le

---

1. Homi K. Bhabha, « DissemiNation : Time, Narrative, and the Margins of the Modern Nation », in Homi K. Bhabha (ed.), *Nation and Narration*, Londres/New York, Routledge, 1990, p. 291.
2. *Ibid.*, p. 9.
3. *Ibid.*, p. 5.
4. Edward W. Said, *Culture et impérialisme*, *op. cit.*, p. 459.

grand échangeur de l'Université américaine, ils « façonnent ensemble une "théorie-monde", faite des parcours et des horizons de chacun[1] ». Dans cette mouvance, il y a bien entendu des nuances, des différences et des débats. Et tous, certes, ne sont pas des universitaires migrants. Mais alors ce sont généralement des anthropologues, nomades par profession et portés à s'interroger sur leur rapport à l'ici et à l'ailleurs. C'est le cas d'Ulf Hannerz, professeur d'anthropologie à l'université de Stockholm qui, passant d'un affrontement verbal entre manifestants au sujet de l'affaire Rushdie dans une rue de New York à la visite d'un pape polonais chez les Mayas, ou encore des bureaux de la Banque mondiale à une réunion d'anciens dans un village africain, explore les multiples facettes d'un monde interconnecté, devenu un « œkoumène global[2] ».

Tel est aussi le cas de James Clifford qui, dans *Routes*, situe d'emblée son propos « à la frontière entre une anthropologie en crise et l'émergence des études culturelles transnationales[3] ». L'ouvrage lui-même est une suite d'essais explorant divers territoires frontaliers (*borderland*). À commencer par ceux qu'une conception classique du « terrain » exotique oblitère : le voyage, les moyens de transport, le passage obligé par la capitale et son contexte national, les espaces de négociations, les intermédiaires, les traductions et, plus généralement, « le vaste monde global d'import-export interculturel dans lequel la rencontre ethnographique est toujours prise[4] ». Manière de dire, une

---
1. François Cusset, *French Theory. Foucault, Derrida, Deleuze & Cie et les mutations de la vie intellectuelle aux États-Unis*, Paris, La Découverte, 2003, p. 307.
2. Ulf Hannerz, *Transnational Connections*, Londres/New York, Routledge, 1996.
3. James Clifford, *Routes. Travel and Translation in the Late Twentieth Century*, Cambridge (Massachusetts), Harvard University Press, 1997.
4. *Ibid.*, p. 23.

fois de plus, que le déplacement est constitutif des significations culturelles et que l'idée qu'il y aurait eu des cultures étanches avant de se rencontrer et de se mêler est une illusion, les *Routes* ayant toujours précédé les *Roots*.

Tout est affaire de parcours, de rencontres, d'oppositions et d'interactions. Y compris dans ces musées où, longtemps, prédomina l'idée d'une culture conservée et exposée en majesté. On ne peut plus, explique James Clifford, les considérer et les concevoir exclusivement comme des dépôts de la culture universelle, des lieux d'accumulation de collections exhibant le patrimoine de l'humanité, de la science ou de la nation. Désormais, ils deviennent (ou peuvent devenir, car le propos se veut à la fois descriptif et prescriptif) d'intéressantes « zones de contact ». Multipliant les exemples, il montre ainsi la diversité et le dynamisme de ces « lieux où les différentes visions culturelles et les différents intérêts communautaires sont négociés [1] », à la croisée des histoires et des imaginaires.

C'est surtout sur la notion de diaspora et ses usages récents que James Clifford contribue à élargir la réflexion. Évoquant tour à tour l'océan Indien médiéval peint par Amitav Gosh, monde de voyages, de commerce et de coexistence entre Arabes, Juifs et Indiens [2], le judaïsme diasporique décrit par les frères Boyarin, ou l'*Atlantique noir* célébré par Paul Gilroy, il montre l'intérêt salutaire de ces travaux qui récusent le fixisme identitaire et promeuvent l'inventivité du déplacement. Il souligne également combien « ces histoires de cosmopolitismes alternatifs et de réseaux diasporiques sont rédemptrices (au sens benjami-

---

1. *Ibid.*, p. 8.
2. Amitav Ghosh, *Un infidèle en Égypte*, Paris, Seuil, 1994.

nien) [1] ». Elles sont en effet mémoires d'un espoir et projettent, à partir d'une vision du passé, celle d'un avenir où les distinctions, les divisions et les conflits, notamment entre Juifs et Arabes, entre l'Ouest et le « Reste », entre natifs et immigrants, finiraient par disparaître. Mais il met en garde, en même temps, contre l'idéalisation générale et abstraite des migrations et des dispersions, ignorant les différences de contexte historique, les rapports de forces et les systèmes géopolitiques dans lesquels les diasporas d'hier et d'aujourd'hui s'insèrent. Si la comparaison entre ces diverses expériences et le dialogue entre les théoriciens qui les explorent sont souhaitables et féconds, leur mise en équivalence généralisée, en revanche, n'a aucune pertinence. De même, contre ceux qui prendraient leurs désirs pour des réalités, et tout ce qui est « post » pour la panacée, James Clifford rappelle qu'il n'y a pas vraiment de cultures ou d'espaces postcoloniaux, seulement des moments de rupture, des lieux de lutte, et des futurs imaginés, entre expériences émergentes et utopie [2].

Un point de vue plus nuancé que celui de la plupart des théoriciens postcoloniaux, estime Jonathan Friedmann, qui critique leur « vulgate transnationale », leur conception abstraite de la culture et leur vision anhistorique et décontextualisée des phénomènes diasporiques. Loin des réalités, ils ne feraient que plaquer leur propre expérience de membres de la jet-set universitaire internationale, voyageant de colloque en colloque et communiquant avec leurs collègues du monde entier grâce à Internet, sur la réalité autrement plus âpre des inégalités creusées par la globali-

---

1. James Clifford, *Routes, op. cit.*, p. 276.
2. *Ibid.*, p. 277.

sation économique[1]. Non sans mordant, il ironise sur ce monde vu du ciel par les hublots des vols intercontinentaux, sur ces versions magnifiées du déplacement et de l'hybridité, et sur une façon hâtive de démanteler les vieilles catégories en se contentant d'y ajouter le préfixe « trans ». Cette critique sévère, qui vise juste parfois, me semble cependant outrancière.

Il est vrai que ces théories soulèvent des questions, par exemple sur l'objet de l'ethnologie quand son terrain se dilate ou se dissout et qu'elle risque de devenir discours sur le discours de la culture. Il est non moins certain qu'elles suscitent aussi des effets de mode et des engouements irraisonnés débouchant sur un radicalisme purement rhétorique, ignorant les médiations politiques et fort éloigné des luttes sociales[2]. On peut ainsi voir se développer, ici ou là, ce que Jonathan Boyarin appelle (pour s'en démarquer), une conception « théoriquement sublime » de la diaspora[3], sans grand rapport avec des dispersions existantes. En outre, si le thème du déplacement et celui de la marginalité deviennent centraux, ils perdent automatiquement la force subversive qu'on leur prête.

Cependant, les auteurs les plus marquants des études subalternes et des théories postcoloniales ne tombent pas dans ces excès. Ils ne sous-estiment pas les aspects hégémoniques et les nouvelles formes d'inégalités et d'exploitation générées par la globalisation économique. Mais ils s'attachent à déchiffrer les signes de résistance micropolitique qui émergent dans cette configuration globale du monde. Et les plus engagés d'entre eux, rompus à l'analyse critique, s'interrogent

---

[1] Jonathan Friedmann, « Des racines et (dé) routes. Tropes pour trekkers », *L'Homme*, n° 156, *op. cit.*, p. 187-206.
[2] Voir la critique théorique et non polémique de Dick Pels, *The Intellectual as Stranger*, *op. cit.*
[3] Jonathan Boyarin et Daniel Boyarin, *Powers of Diaspora*, *op. cit.*, p. 12.

sans concession (voire avec une certaine obsession) sur les conditions d'énonciation et les implications politiques de leur propre discours. Gayatri C. Spivak, par exemple, n'a de cesse de traquer les travers des universitaires quand ils prétendent dire l'autre et le réduire à leur dire, ou plus encore parler pour lui, au lieu de produire, grâce à leurs compétences critiques, un déchiffrage politique des discours du pouvoir et des rapports de force. De son côté, on l'a vu, Edward W. Said refusait explicitement de confondre poétique du déplacement et réalité de l'exil.

Ces idées et débats traversent peu l'Atlantique, les traductions sont rares en français et les commentaires hexagonaux souvent caricaturaux. À l'exception notable de quelques articles et du récent ouvrage de François Cusset, qui montre combien, à l'inverse, ces courants, qu'il s'agisse de la déconstruction littéraire ou des études subalternes et postcoloniales, ont fait leurs des auteurs français comme Deleuze, Foucault, Baudrillard ou Derrida[1]. Cette réception, ou plutôt cette réappropriation, faite de citations, d'emprunts, de déplacements et de détournements, qui aboutit à cet ensemble composite appelé *French Theory*, n'est pas sans analogies avec les phénomènes culturels qu'elle analyse et promeut : c'est une théorie voyageuse (*travelling theory*), relocalisée, une lecture mutante, parfois désinvolte et surprenante, mais aussi dotée d'une réelle créativité.

Il est aisé d'ironiser sur les excès jargonnants, l'ethnologie en chambre ou le radicalisme de chaire, académique et chic, sévissant sur les campus. Ces phénomènes existent (pas seulement dans les universités américaines au demeurant), mais ces courants et

---

1. François Cusset, *French Theory. Foucault, Derrida, Deleuze & Cie et les mutations de la vie intellectuelle aux États-Unis*, op. cit.

théories ne se résument pas à cela, loin de là. Avant de les récuser, encore faut-il les lire. Malheureusement, on exporte mais on n'importe pas et, dans le commerce des idées, l'isolationnisme français paraît hésiter entre arrogance et provincialisme.

CRÉOLISATION ET MONDIALITÉ

De la *French Theory* à la *French Poetry*, l'idée de créolisation et la pensée archipélique, développées et célébrées par le penseur et poète martiniquais Édouard Glissant, a trouvé elle aussi accueil aux États-Unis. C'est à la City University de New York qu'il enseigne et non à Paris. Il contribue ainsi, avec d'autres auteurs antillais, au renouvellement des départements de français outre-Atlantique. Toutefois, il est peu cité par les critiques littéraires des études postcoloniales en dépit d'une proximité de réflexion certaine. Peut-être n'est-il pas toujours compris, faute de traductions suffisantes, ou en raison d'une écriture hermétique tressant poésie et théorie.

Dans *L'Atlantique noir*, Paul Gilroy cite pourtant Édouard Glissant en exergue et salue « l'auteur qui a tant contribué à l'émergence d'un contre-discours créole capable de répondre à l'alchimie des nationalismes[1] ». Mais il se dit également, sans plus d'explications, insatisfait par les notions de métissage et de créolisation. À lire les deux, on ne comprend pas pourquoi l'Atlantique noir évite les abords de l'archipel métis, malgré d'évidentes similitudes. Pas la moindre mention, par exemple, du livre d'Édouard Glissant *Poétique de la relation* (publié trois ans avant *Black Atlantic*). Pourtant, celui-ci commence aussi par rappeler

---
1. Paul Gilroy, *Black Atlantic*, *op. cit.*, p. 53.

l'importance inaugurale du grand passage, évoquant avec force le voyage du « migrant nu » dans le bateau négrier dont la cale expulse morts et vivants en sursis sur un nouveau rivage : « Le ventre de cette barque-ci te dissout, te précipite dans un non-monde où tu cries. Cette barque est une matrice. Le gouffre-matrice. Génératrice de ta clameur [1]. » Comme Gilroy, et avant lui, Glissant martèle que quelque chose s'enfante là, dans le déracinement, l'esclavage, le système de plantation et l'oppression coloniale, dont le souvenir est occulté, et qu'il faut retrouver pour apaiser les tourments d'une société qui se cherche et s'égare, tant elle est privée d'histoire.

L'antillanité, pour Édouard Glissant, est une manière de se retrouver pour mieux se projeter vers l'extérieur, ce n'est pas une identité close, elle est d'emblée mêlée, diverse, ouverte et plurielle. Inspiré, lui aussi, par les écrits de Deleuze et Guattari, leur refus des fondements et des commencements, leur invitation à « partir par le milieu » et à déployer une pensée rhizomatique, Glissant oppose une identité à la racine unique, fixe, mortifère, accrochée à un mythe de filiation, et une « identité-relation » ramifiée, diversifiée, transformée par la confrontation, le croisement ou l'échange. La première requiert un passé plein, spécifique et exclusif, et telle est bien la tentation afrocentriste avec laquelle il prend également ses distances [2]. La seconde privilégie la trace qui défie la perte ou l'oubli, tout en échappant au trop-plein étouffant des possessions identitaires [3] et à l'unicité d'une « pensée de système ». La trace, c'est ce peu

---
1. Édouard Glissant, *Poétique de la relation*, Paris, Gallimard, 1991, p. 18.
2. Voir par exemple Édouard Glissant, « De l'esclavage au Tout-Monde », Table ronde, in Jacques Chevrier (dir.), *Poétiques d'Édouard Glissant*, Paris, Presses de l'université de Paris-Sorbonne, 1999, p. 75.
3. Édouard Glissant, *Traité du Tout-Monde*, Paris, Gallimard, 1997, p. 20.

que le migrant nu a pu emporter dans la cale, un chant, une danse, un rythme, une cadence du corps qui vont ensuite se moduler au gré des expériences et influences successives, ou par la suite cette langue créole qui s'est mise à jazzer dans les mots français. À l'image de cette langue, la créolisation se fait dans « la rencontre, l'interférence, le choc, les harmonies et les disharmonies entre les cultures[1] ». Un processus imprévisible qui, désormais, a gagné le monde entier.

Entre, d'un côté, la poétique d'Édouard Glissant avec ses scansions, son esthétique de la répétition, sa façon d'oraliser l'écriture, de troubler le français de créole et de faire surgir du sens dans la collision des mots, et, de l'autre, les textes théoriques plus classiquement argumentés des auteurs postcoloniaux, les résonances thématiques et les échos théoriques (comme d'ailleurs les similitudes de critiques qu'ils suscitent[2]) sont nombreux. On trouve, chez tous, le même refus d'une conception linéaire du temps et d'une raison exclusive et autoritaire, ainsi que la même défiance à l'égard des cultures ataviques et des enracinements identitaires. On rencontre aussi une attention semblable portée au déplacement, à l'errance, à la mêlée des cultures et aux récits qu'elle produit ; « la relation relie (relaie), relate », écrit ainsi Édouard Glissant[3]. On y lit, enfin, une pensée résolue de la diversité.

Mais, si elle est archipélique chez l'un, transnationale ou diasporique chez les autres, cela tient à des différences de perspective importantes. La pensée-poème d'Édouard Glissant, ouverte sur la créolisation du monde, est en même temps profondément ancrée

---

1. Édouard Glissant, *Tout-Monde*, Paris, Gallimard, 1993, p. 194.
2. Voir notamment la critique d'Édouard Glissant par Roger Toumson, *Mythologie du métissage*, Paris, PUF, 1998.
3. Édouard Glissant, *Poétique de la relation, op. cit.*, p. 187.

dans l'espace antillais, son histoire, son paysage, son imaginaire et son rapport ambivalent à la France. Les théoriciens postcoloniaux eux, s'intéressent surtout à la déterritorialisation et aux phénomènes de relocalisations imaginaires. C'est pourquoi, sans doute, ils citent peu cette œuvre, subalterne dans les études subalternes en somme. Comme si la réflexion sur la grande dérive migratoire des continents passait au large de l'archipel.

MÉTISSAGES ET BRANCHEMENTS

La fortune des mots révèle souvent l'esprit du temps. Aujourd'hui, le métissage est en vogue, c'est un thème prisé et un terme abondamment utilisé pour vanter les produits les plus variés, de la gastronomie à la décoration en passant par l'habillement et le divertissement. L'authentique est détrôné, l'exotique recule, arrive le métissé, intrigant, attrayant et, en raison même de son succès, fréquemment accusé de suivre le sillage idéologique suspect de la globalisation économique.

Face à la profusion des emplois et aux ambiguïtés du langage, il est utile d'apporter quelques précisions. À commencer par la piste la plus lointaine, politique celle-là, et non pas biologique. Carmen Bernand a en effet montré que dans l'Espagne médiévale, les *mistos* ou métis étaient les chrétiens qui avaient préféré s'allier aux musulmans ayant conquis la péninsule[1]. Les termes « métis » et « mulâtre », utilisés à partir du XVIᵉ siècle pour désigner les individus de « sang mêlé » issus des mélanges coloniaux, avaient en revanche une évidente connotation biologique et raciale. Cette

---

1. Carmen Bernand, « Mestizos, mulatos y ladinos en Hispanoamérica », in *Motivos de la anthropologia americanista*, Mexico, FCE, 2001, p. 105-133.

connotation n'a pas disparu d'un usage courant renvoyant au registre de l'apparence et des traits phénotypiques. Différences ou nuances de couleur s'avérant aussi un principe de distinction et de hiérarchie sociale [1]. Hérité de la société coloniale et esclavagiste qui le réprouvait, le métissage est devenu un sujet de lutte politique et un enjeu identitaire, à front renversé. Dans les Antilles françaises, il a ainsi été récusé par ceux qui, dans les années soixante-dix, contestaient l'aliénation et l'illusion assimilatrice de « l'idéologie mulâtre ». Depuis, le terme « a poursuivi sa trajectoire métaphorique du biologique – et du social qui lui est corrélé – vers le culturel [2] ».

C'est en ce sens qu'il est utilisé par plusieurs historiens et anthropologues français qui ont étudié brassages et métissages des cultures sur d'autres continents. Tous commencent par se démarquer des engouements confus : le cosmopolitisme mercantile, l'appétit de consommateurs friands de cultures « exotiques » et de produits « ethniques », comme les excès des théories gommant les rapports de force au profit de l'exaltation d'une hybridité figée en nouvelle identité. Tout cela se développe en effet. Pour autant, le métissage, dont tous rappellent, travaux savants à l'appui, qu'il ne date pas d'aujourd'hui, ne se réduit pas à ces idéologies et à ces effets de mode. Phénomène instable, dynamique et subversif, il prend, au fil des textes et des voyages, de multiples visages qui sont autant de découvertes du monde reliant les histoires d'un hier plus ou moins lointain aux questions d'aujourd'hui [3].

---

1. Jean-Luc Bonniol *La Couleur comme maléfice. Une illustration créole de la généalogie des « Blancs »*, Paris, Albin Michel, 1992.
2. Jean-Luc Bonniol (dir.), *Paradoxes du métissage*, Introduction, Paris, Éditions du CTHS, 2001, p. 15.
3. Edwy Plenel, *La Découverte du monde*, Paris, Stock, 2002.

Dans *La Pensée métisse*, Serge Gruzinski voyage entre Europe et Nouveau Monde, mais aussi entre passé et présent[1]. Le présent, c'est Algodonal, village poudré de sable d'une île perdue au sud du delta de l'Amazone où, un soir d'août 1997, le son lancinant du berimbeau (instrument traditionnel à une corde) reprend la mélopée d'une chanson brésilienne à la mode pour accompagner les luttes rituelles d'un groupe d'adolescents, tandis que, sur l'écran de télévision, la mort, à Paris, d'une princesse anglaise fait rêver les insulaires à l'heure planétaire. Le passé, c'est Puebla, dans le Mexique du XVIe siècle, où des peintres indiens ont orné le salon d'apparat d'un prélat espagnol d'une fresque figurant des Sibylles qui défilent sur fond de décor hispano-flamand, entre deux frises où d'opulentes centauresses tendent à des singes mexicains aux oreilles ornées de boucles des fleurs connues comme de puissants hallucinogènes.

En rapprochant ces mélanges d'hier et d'aujourd'hui, Serge Gruzinski entend rappeler que l'authentique est un leurre et que mieux vaut ne pas se laisser piéger par cette notion d'identité qui assigne à chaque groupe humain des caractéristiques déterminées, « censées être fondées sur un substrat culturel stable ou invariant[2] ». Invoquer la pérennité d'une tradition maintenue intacte jusqu'à ce que la modernité l'entame, c'est négliger la longue histoire des affrontements, mais également des interactions entre les peuples. Et dissocier, dans les effets de ces rencontres, la part préservée des survivances de celle des modèles importés ou imposés, c'est s'arrêter aux composants, là où il faudrait analyser les propriétés des alliages,

---

[1]. Serge Gruzinski, *La Pensée métisse*, Paris, Fayard, 1999. Voir aussi l'ouvrage superbement illustré *Les Quatre Parties du monde. Histoire d'une mondialisation*, Paris, Éditions de La Martinière, 2004.

[2]. *Ibid.*, p. 47.

dans la fonderie des mondes mêlés. Croire, enfin, que la mondialisation de la culture et la planétarisation des images sont des phénomènes récents et inédits, c'est oublier ce XVIᵉ siècle renaissant qui, « vu d'Europe, d'Amérique ou d'Asie, fut, par excellence, le siècle ibérique comme le nôtre est devenu le siècle américain [1] ». C'est donc vers le premier que Serge Gruzinski revient chercher pistes et résonances.

Historien et anthropologue, spécialiste du Mexique colonial, auquel il a consacré de nombreux ouvrages, il a particulièrement étudié *La Colonisation de l'imaginaire* des sociétés indigènes et *La Guerre des images* qui ont sévi dans l'environnement chaotique généré par la conquête [2]. De ce contexte ont jailli d'étranges créations métissées. Telles ces fresques, dans une église, où des personnages mythologiques, sortis des *Métamorphoses* d'Ovide, rejouent un nouveau destin sous les traits de combattants indiens. Car on lisait beaucoup le poète latin au Mexique, ses œuvres arrivaient par bateau, dans les bagages des moines et les livraisons des libraires, en diverses compilations qui offraient, sur fond de récits fabuleux, des morales édifiantes. Voilà qui dément au passage un cliché : les Indiens n'étaient pas toujours des hommes condamnés à la déchéance par la destruction de leur civilisation, et les Espagnols pas tous des soudards ignares ; il y avait, de part et d'autre, des artistes et des lettrés. Nul trait d'égalité bien sûr, la domination était dure et massive. Aussi ces représentations ont-elles une dimension politique et non pas seulement culturelle. Elles résultent de mouvements contraires : « l'indianisation d'un Ovide moralisé » pouvait satisfaire et rassurer les

---

1. *Ibid.* p. 12.
2. Serge Gruzinski, *La Colonisation de l'imaginaire*, Paris, Gallimard, 1988, et *La Guerre des images*, Paris, Fayard, 1990.

missionnaires, alors même que la réinterprétation des citations antiques permettait aux peintres indiens d'y reformuler de multiples réminiscences païennes. Éléments indiens et européens s'enchevêtrent inextricablement, figures de la fable antique, symboles chrétiens et amérindiens, paradis des deux mondes s'imbriquent, se confondent et se transforment. Dans les fresques réalisées par les artistes indigènes sur les murs des églises et des couvents, comme dans les chants qu'ils ont composés, ou les plans des villes qu'ils ont dessinés à la demande des conquérants, s'invente un langage composite. On ne saurait réduire ces productions à un « bricolage », une simple juxtaposition d'éléments hétérogènes, ni les ramener soit du côté de l'occidentalisation et de la christianisation forcées, soit du côté d'une simple persistance préhispanique. Ce que montre bien Serge Gruzinski, c'est la singularité même de ces œuvres métisses.

Il ne s'agit pas uniquement de s'en émerveiller. Sous l'esthétique perce une question anthropologique : pour que les cultures se mélangent, il faut qu'elles soient « miscibles ». Question controversée : pour Lévi-Strauss, « il y a toujours un écart différentiel [qui] ne peut pas être comblé [1] » ; pour une partie de l'anthropologie culturelle anglo-saxonne, en revanche, qui s'est attachée à cerner les phénomènes d'acculturation et de mélange, ces derniers sont « presque sans limites [2] ». Serge Gruzinski, lui, éclaire ce débat en précisant les conditions dans lesquelles les limites, en effet, peuvent complètement s'estomper. Il insiste sur le rôle des « passeurs culturels [3] » et analyse, dans la pensée et l'art prisés de la Renais-

---

1. Claude Lévi-Strauss, *L'Identité*, Paris, Grasset, 1977, p. 332.
2. Voir notamment Alfred L. Kroeber, *Culture Patterns and Processes*, New York/Londres, First Harbinger Books, 1963, p. 69.
3. Voir également Louise Bénat-Tachot et Serge Gruzinski, *Passeurs culturels*.

sance, cette insistante présence de l'hybride qui favorise la médiation et le passage, en Amérique, au métissage. La fable, portée par Ovide, offre un répertoire et une liberté de représentation qu'un Titien comme un peintre de Puebla peuvent, différemment, s'approprier. Le maniérisme hispano-flamand s'accorde au goût mexicain pour l'ornement. Et les grotesques, ces chimères et figures fantastiques qui, venues d'Italie, ont charmé l'Espagne, peuvent, au-delà des mers, glisser vers les glyphes indiens. Rapport de force, bien sûr et d'abord, mais aussi ponts et trouées permettant traductions et interprétations constituent la toile de fond des métissages.

Le parcours à la fois rigoureux et vagabond de Serge Gruzinski, qui mène des *sierras* du Mexique à la Florence des Médicis, des confins brésiliens aux rives de Castille, en passant par les variations continues sur l'Orient et l'Occident dans les films de Peter Greenaway ou le cinéma de Hongkong, nous ramène sciemment vers notre monde contemporain, ses peurs face au mélange omniprésent, sa difficulté à le penser. En associant métissage, uniformisation et mondialisation, comme un même fléau porté par le Moloch de l'économie-monde, et en leur opposant des identités statufiées, on s'enferme dans une fausse alternative. Car la globalisation peut fort bien s'accommoder d'îlots de tradition éventuellement réinventés ; quant aux mélanges, ils sont happés par la marchandisation du capitalisme, qui vend de l'hybride reformaté, mais ils lui échappent aussi, dans une tension continue entre récupération et subversion. Et si notre univers postmoderne paraît éclaté en une juxtaposition de fragments d'images et de réalité, c'est peut-être, en

---

Mécanismes de métissage, Paris, Presses universitaires de Marne-la-Vallée/Éditions de la MSH, Paris, 2001.

partie, parce que notre regard, enclin à décomposer, ne sait pas reconnaître ce qui, en même temps, s'invente. Certes, les métissages sont des formes fluctuantes, changeantes, aléatoires, que Serge Gruzinski assimile au « modèle du nuage [1] ». Mais ils inscrivent dans la durée la vitalité obstinée des cultures menacées de disparition [2] qui, à travers la métamorphose et la précarité inventent une continuité des choses. Et l'on songe, en écho, à Montaigne, l'homme de ce XVIe siècle renaissant et si proche, affirmant : « Le monde n'est qu'une grande branloire pérenne. » Montaigne n'aimait pas les livres trop sagement et pédagogiquement organisés. Il avouait ainsi que ceux de Cicéron, avec leurs définitions, partitions et étymologies, le consumaient d'ennui [3].

On imagine mal un classement des métissages. Aussi s'étonne-t-on en feuilletant, sans ennui bien au contraire, le volume en forme de dictionnaire de François Laplantine et Alexis Nouss [4]. Pourquoi, sur ces réalités reconnues comme instables, avoir choisi le cadre du dictionnaire, avec ses contraintes d'ordre et de rangement ? « Pour mieux jouer et en jouer », disent les auteurs, tous deux professeurs d'anthropologie, le premier à Lyon et le second à Montréal. Aidés d'une vingtaine de collaborateurs, ils ont conçu un gros ouvrage curieux qui, de A à Z, soit d'Accueil à Zombi, en passant par Fluxus, le Hip hop, les conjonctions Avec et Entre, Pessõa le multiple ou Montaigne le mêlé, égraine auteurs, concepts, mouvements artistiques, mots et lieux. Plus ludiques que méthodiques,

---

1. Serge Gruzinski, *La Pensée métisse, op. cit.*, p. 55.
2. *Ibid.*, p. 312.
3. Montaigne, *Essais, op. cit.*, Livre III, chapitre X, « Des livres », p. 393.
4. François Laplantine et Alexis Nouss, *Métissages de Arcimboldo à Zombi*, Paris, Pauvert, 2001.

ils invitent à considérer leurs deux cent vingt entrées « comme des entrées d'artistes ». Cela donne une composition hétéroclite, ponctuée de rapprochements insolites, et évidemment dénuée de tout souci d'exhaustivité, puisque les mélanges ne s'arrêtent jamais. Au contraire, d'un article à l'autre, il s'agit de montrer que le métissage, loin de l'idée de symbiose et de totalité unifiée, tire sa force de son instabilité même. À la fois expérience individuelle de la désappropriation et culture de l'incertitude, il offre « une troisième voie », entre uniformisation croissante et exacerbation des particularismes identitaires.

À l'évidence, François Laplantine, à qui l'on doit des travaux de forme plus classique sur l'ethnopsychiatrie, la possession et l'anthropologie de la maladie, menés en France et au Brésil, aime prendre des libertés avec les genres consacrés et les places assignées. Il avait déjà bousculé les convenances académiques et échappé à ce que l'on attendait de lui, en se lançant dans un voyage transatlantique entre l'Europe et les Amériques latines, qui était aussi « un parcours nomade aux confins de l'anthropologie et de la littérature [1] ». Cela a donné un ouvrage inclassable, un texte vagabond au ton jubilatoire [2], inspiré tout autant par l'épistémologie de Georges Devereux que par les hétéronymes de Fernando Pessõa. Facétieux, François Laplantine y brocarde la gravité pontifiante d'une scientificité postée en surplomb (au-dessus de la mêlée, du côté des cieux...) ou dans les tréfonds (en quête de sens caché, armée de soupçon...), et avoue préférer la surface, la légèreté et la mobilité.

Refusant, là encore, le fanatisme de l'Un (l'identité

---

1. *Ibid.*, p. 9.
2. François Laplantine, *Transatlantique. Entre Europe et Amériques latines*, Paris, Payot, 1994.

unique) et la tyrannie du Deux (l'alternative binaire), il privilégie « le travail sur les charnières, les carrefours, les intersections, les échangeurs [1] » et cherche dans la rencontre de l'autre, inconnu et différent, comme dans le miroir à facettes du roman, les mille signes d'une existence toujours plurielle ; manière de dire que le métissage est la condition de tout un chacun. Se déplaçant entre science et fiction, raison et imagination, rive européenne et rive américaine, il jette aussi quelques ponts qui s'arpentent dans les deux sens. Par exemple en compagnie d'André Breton au Mexique ou de Benjamin Péret au Brésil, découvrant dans la foudroyante luxuriance de la nature et la fascinante magie des mythes amérindiens le surréel même. Puis en compagnie d'écrivains tels Alejo Carpentier ou Miguel Asturias, se découvrant surréalistes par un détour européen, ce qui les incite à explorer en retour, dans une créativité nouvelle, le merveilleux latino-américain. Il y a là, plus que des influences, de véritables ondes de choc.

On associe plus volontiers le métissage aux Antilles ou au Brésil qu'à l'Afrique. Comme si sur ce continent-là il n'y avait pas d'histoire, pas de brassages, pas de rencontres. Cette vision d'une Afrique immobile, figée dans ses traditions, est tout autant celle du colonialisme que celle de l'afrocentrisme et, trop souvent, selon Jean-Loup Amselle, celle de l'ethnologie. Dans un texte moins ludique et plus politique que celui de François Laplantine (et à partir de ses recherches sur les chefferies peul, bambara et malinké du sud-ouest du Mali et du nord-est de la Guinée), il critique la « raison ethnologique » et sa « démarche discontinuiste », qui consiste à étudier, différencier et classer

---

1. *Ibid.*, p. 70.

des sociétés et des cultures isolées de leur contexte spatio-temporel[1]. Il lui oppose une logique métisse[2], qui développe une approche continuiste, mettant « l'accent sur l'indistinction ou le syncrétisme originaire[3] ». Logique qu'il met en œuvre dans un autre ouvrage[4], dans lequel il préfère parler de branchements plutôt que de métissages, afin de se démarquer d'une vogue confuse et, surtout, d'une connotation biologique. Ce qu'il retient, dans la métaphore électrique ou informatique du branchement, ce sont les notions de dérivation et de réseau, et plus précisément de « dérivations de signifiés particularistes par rapport à un réseau de signifiants planétaires[5] ». Là encore, l'enjeu est politique. Les sombres prédictions selon lesquelles la mondialisation, péril nouveau et mal fatal, produirait un grand nivellement, une plate et fade uniformisation dans laquelle s'abîmerait la diversité des cultures et des identités, n'est pas seulement erronée, elle porte en elle l'illusion dangereuse qu'il y aurait auparavant des cultures pures, isolées et fermées. Comme Serge Gruzinski, mais sur un autre continent, Jean-Loup Amselle rappelle que la mondialisation actuelle n'est pas une nouveauté, elle a été précédée par des phénomènes similaires, telle l'islamisation en Afrique de l'Ouest au Xe siècle, une phase de « globalisation musulmane » qui dut ensuite en affronter une autre, chrétienne, liée à la colonisation européenne. Or, chaque fois, en dépit d'un rapport de force inégal, la religion importée n'a pas tout balayé sur son passage, mais elle a été transformée,

---

1. *Ibid.*, p. 21.
2. Jean-Loup Amselle, *Logiques métisses*, Paris, Payot, 1999.
3. *Ibid.*, p. 10.
4. Jean-Loup Amselle, *Branchements. Anthropologie de l'universalité des cultures*, Paris, Flammarion, 2001.
5. *Ibid.*, p. 7.

interprétée, mêlée aux traditions et croyances antérieures, qui elles-mêmes étaient déjà des systèmes composites, issus de rencontres plus anciennes. Ainsi, au fil du temps, des emprunts et des branchements successifs, s'inventent et s'affirment des cultures singulières. C'est le cas du N'ko, ce « prophétisme scripturaire » devenu une véritable « multinationale culturelle », que Jean-Loup Amselle a étudié au Mali, en Égypte et en Guinée, mais qui a aussi des prolongements en Arabie Saoudite et même en Roumanie. Le fondateur de ce mouvement, Souleymane Kanté, a entrepris, en 1949, de sauvegarder la civilisation mandingue menacée en s'appropriant les outils, catégories et idéologies des cultures dominantes environnantes, occidentale et arabe, pour tenter d'échapper à leur emprise. Il a ainsi créé un alphabet permettant la traduction du Coran, ce qui était une façon « d'indigéniser l'islam » en le dissociant de l'arabe, afin de mieux l'intégrer dans une doctrine afrocentriste. Il a également, dans cette écriture nouvelle, rédigé plusieurs traités de pharmacopée alliant médecine traditionnelle et thérapeutiques modernes. Depuis, ces méthodes et remèdes sont utilisés dans un réseau de dispensaires, les livres, imprimés au Caire, circulent dans l'Afrique de l'Ouest et, avec l'invention récente d'un logiciel de transcription de l'alphabet n'ko, c'est l'informatique, cœur de la puissance occidentale, qui est à son tour apprivoisée. Au-delà du caractère étonnant de ce mouvement et de la personnalité de ses principaux animateurs, c'est, pour Jean-Loup Amselle, un véritable cas d'école. À travers lui, on voit en effet comment, pour sauvegarder une culture prétendue originelle, il faut la régénérer au contact des autres, en se réappropriant, par détours, dérivations et traductions, une part de leurs techniques et de leurs savoirs.

C'est aussi une leçon de méthodologie et un

exemple particulièrement réussi d'« ethnographie plurilocale » (*multi-sited ethnography*) selon l'expression de George E. Marcus[1], reposant sur un véritable travail de terrain et échappant ainsi à l'abstraction et au textualisme qui semblent parfois menacer l'anthropologie postcoloniale aux États-Unis. Les conclusions, on s'en doute, ne valent pas que dans cette région. Plus près de nous, par exemple, c'est en se « branchant » sur le rap américain que le groupe sarcellois Bisso na Bisso a retrouvé ses sources congolaises. Là, comme ailleurs, il n'y a pas de cultures sans médiation et pas d'identités sans traduction. Et Jean-Loup Amselle d'enfoncer le clou : plutôt que de dénoncer l'américanisation et de réclamer des quotas garantissant une exception culturelle, mieux vaut comprendre que la culture américaine est devenue, qu'on le veuille ou non, un « opérateur d'universalisation » dans lequel nos spécificités peuvent se reformuler sans se perdre. Le vrai péril n'est pas l'uniformisation : s'il y a un effet inquiétant de la mondialisation actuelle, il est dans le repli et la « balkanisation » des identités.

Cette analyse, qui prend en compte la dynamique de l'unité et de la diversité, dérange quelques fausses évidences. Elle renouvelle la réflexion sur l'immigration, généralement considérée et étudiée selon l'alternative du particularisme et de l'intégration, souvent traduite dans une alternative plus réductrice encore entre multiculturalisme et assimilation. Elle rafraîchit aussi le regard sur les nouveaux modes de communication qui inquiètent tant les Cassandres de la médiologie.

Deux fantômes sur la plage de Big Sur déserte à la nuit tombée, les spectres de Deleuze et Foucault sont

---

1. George E. Marcus, « Ethnography in/of the World System : the Emergence of a Multi-Sited Ethnography », *Annual Review of Anthropology*, n° 24, 1995, p. 95-117.

accablés, mal-aimés d'un côté de l'océan, idolâtrés de l'autre, rien n'est bien ajusté, alors ils errent, nomadisent et ironisent. Je n'ose inventer leur dialogue. Mais on peut imaginer les sujets.

Côté français, le paysage est déprimant. Dans un univers carcéral surpeuplé, la situation des détenus n'a guère changé si l'on en croit le témoignage du médecin chef de la Santé, mais il n'y a plus de Groupe d'information sur les prisons (GIP) depuis longtemps ; reprise en main, remise en ordre, cela sent la restauration ; et voilà que l'on se met à légiférer sur le voile, en excluant une minorité au prétexte de l'intégrer. Petit signe, parmi d'autres, de la confusion des idées ambiante · Foucault s'est retrouvé enrôlé dans la cause du patronat par un ex-maoïste et ancien assistant, François Ewald. Difficile évidemment de contrôler sa postérité, c'est là un domaine qui échappe aux pouvoirs comme aux individus ! Deleuze, lui aussi, se sent un peu trahi, un peu délaissé. Oubliés par les uns, récusés ou dévoyés par les autres, ils sont décidément à contretemps. Mais les fantômes sont réputés patients.

Côté américain, en revanche, sur beaucoup de campus, c'est l'amour fou, pour le meilleur comme pour le pire [1]. Certes, ils n'ont cessé de dire qu'il fallait user de leurs théories comme d'une boîte à outils. Mais, pour dénoncer la culture des racines, faut-il à ce point s'adonner au culte des rhizomes ? Pour ces deux critiques du pouvoir, peu enclins à céder à la personnalisation et à célébrer la gloire d'auteur [2], cette réception postcoloniale qui vous transforme en icône

---

[1]. Pour l'analyse de cette réception, voir Éric Fassin, « Résistances de Foucault. Politique de la théorie au miroir transatlantique » in Didier Éribon (éd.), *L'Infréquentable Michel Foucault. Renouveaux de la pensée critique*, Paris, EPEL, 2001, p. 175-188.

[2]. Michel Foucault, « Qu'est-ce qu'un auteur ? », in *Dits et Écrits*, I, Paris, Gallimard, 1994, p. 789-821.

adulée ou cette canonisation en saint patron du mouvement gay[1] sont tout de même dérangeantes. Déjà, à Berkeley, à l'automne 1983, Foucault, attendu dans un amphithéâtre bondé où il devait répondre, deux siècles après Kant, à la question « Qu'est-ce que les Lumières[2] ? », avait eu un mouvement de recul devant cette foule assidue. Il cherchait l'ombre[3]. Ou l'échappée, l'issue, la ligne de fuite, le déplacement de la pensée. On se souvient de ce passage émouvant de *L'Archéologie du savoir*, tout d'impatience et de sincérité : « Non, non, je ne suis pas là où vous me guettez, mais ici d'où je vous regarde en riant. Eh quoi, vous imaginez-vous que je prendrais à écrire tant de peine et tant de plaisir, croyez-vous que je m'y serais obstiné, tête baissée, si je ne préparais – d'une main un peu fébrile – le labyrinthe où m'aventurer, déplacer mon propos, lui ouvrir des souterrains, l'enfoncer loin de lui-même, lui trouver des surplombs qui résument et déforment son parcours, où me perdre et apparaître finalement à des yeux que je n'aurais jamais plus à rencontrer. Plus d'un, comme moi sans doute, écrivent pour n'avoir plus de visage. Ne me demandez pas qui je suis et ne me dites pas de rester le même : c'est une morale d'état civil, elle régit nos papiers. Qu'elle nous laisse libre quand il s'agit d'écrire[4]. » Et Deleuze, en écho : « L'écriture est inséparable du devenir : en écrivant, on devient femme, on devient animal ou végétal, on devient moléculaire jusqu'à devenir imperceptible[5]. »

---

1. Jean Halperin, *Saint Foucault*, Paris, EPEL, 2000.
2. Michel Foucault, « Qu'est-ce que les Lumières ? », in *Dits et Écrits*, IV, *op. cit.*, p. 562-578.
3. Hans Sluga, « Foucault à Berkeley. L'auteur et le discours », *Critique*, n° 471-472, *Michel Foucault : du monde entier*, août-septembre 1986, p. 840-841.
4. Michel Foucault, *L'Archéologie du savoir*, Paris, Gallimard, 1972, p. 28.
5. Gilles Deleuze, *Critique et Clinique*, Paris, Minuit, 1993, p. 11.

6
Dépaysements

Le grand casse-tête des déménagements, c'est le rangement des bibliothèques, surtout si leur croissance incontrôlée n'est pas compensée par un accroissement proportionnel des mètres carrés. Expert rigoureux et facétieux du *Penser/Classer*, Georges Perec s'est amusé à classer les classements (alphabétique, par continents ou pays, par couleurs, par dates d'acquisition, par dates de parution, par formats, par genres, par grandes périodes littéraires, par langues, par priorités de lecture, par reliures, par séries...) pour constater qu'aucun n'est satisfaisant et que, généralement, chacun les combine à sa manière[1]. Manière révélatrice : elle témoigne à la fois d'une hiérarchie des savoirs qui doit beaucoup à l'esprit du temps, d'une sédimentation sur la durée des centres d'intérêt, des goûts et curiosités bien sûr, de quelques fétichismes et coutumes intimes également. Dis-moi comment tu ranges tes livres et je te dirai qui tu es !

Je me souviens de sérieuses discussions avec mon compagnon au sujet de l'organisation d'une très ample bibliothèque construite dans un couloir d'une longueur opportune, dans notre nouvel aparte-

---

[1]. Georges Perec, *Penser/Classer*, Paris, Seuil, 2003, p. 38-39.

ment. L'enjeu était de taille, car il s'agissait aussi de fusionner en partie (mais quelle partie justement ?) nos possessions, en faisant en sorte que chacun s'y repère. J'avais jusque-là une façon très approximative, un peu associative, un peu intuitive, de ranger mes livres, et j'étais bien la seule à m'y retrouver. Nous avons opté pour un classement par genres ou disciplines, ce qui à l'usage n'avait rien d'évident. Au commencement (du couloir) était la philosophie. C'était ma formation (et ma passion) initiale, j'en avais conservé une conception assez classique, qui traversait les siècles de Platon à Derrida, mais restait néanmoins dans le ciel des idées et la raison pure ou presque.

Premier débat : qui de nos auteurs favoris aurait droit à ce titre distingué de philosophe ? L'un ramenait son Péguy, l'autre son Benjamin, la liste s'allongeait, la confusion grandissait, nous les mettions de côté... Signe des temps, Marx et les théoriciens marxistes n'étaient plus classés à part, comme dans la bibliothèque du militant des années soixante, ils entraient dans le classement général, à la fois promus (Marx chez les philosophes) et régionalisés (une province de la théorie parmi d'autres). En revanche, les *Œuvres complètes* de Lénine sous leur cartonnage vert – offertes par mon père, brimant ses réticences, quand je préparais à Nanterre, en 1969 et sous la direction d'Henri Lefebvre, une maîtrise sur la théorie léniniste de l'organisation – étaient reléguées sous le plafond. Le rayon « psy » était à peu près circonscrit, mais à coups, là encore, d'exclusions arbitraires. Ainsi, par exemple, Serge Moscovici, promoteur de la psychologie sociale (mais également philosophe et anthropologue s'interrogeant sur la nature de l'homme social), ou Georges Devereux, passant de l'ethnopsychiatrie des Indiens mohaves de l'Arizona[1] à la psychohistoire d'un roi fou, à Sparte, cinq siècles avant notre ère[2], n'y avaient guère leur place. Et où mettre Henri Atlan, ce savant surprenant naviguant entre biologie, pensée juive et philosophie ? Le vaste domaine de l'ethnographie, de l'ethnologie et de l'anthropologie était hétéroclite et d'autant plus pléthorique qu'il n'était plus seulement « exotique ». En effet, l'anthropologie, débarrassée de ses subdivisions en branches (l'anthropologie physique qui étudie les caractères anatomiques et biologiques de l'homme, l'anthropologie sociale qui porte sur les institutions et les techniques des sociétés humaines, ou l'anthropologie culturelle qui concerne les représentations et les systèmes symboliques) s'étend désormais au contemporain et aux sociétés développées, au point de se confondre avec certains courants de la sociologie. Mettre ensemble monographies ethnographiques, travaux d'ethnologie et d'anthropologie, récits, mythes, paroles recueillies ou témoignages écrits par les « ethnologisés » eux-mêmes, c'était entériner une certaine porosité entre les rôles et les savoirs. Mais où s'arrêter ? Et que faire quand l'anthropologie se mariait avec l'histoire ? Où mettre, par exemple, les ouvrages de Nathan Wachtel, cet historien mâtiné d'anthropologue, qui remonte de la réalité présente d'une population du haut plateau bolivien jusqu'aux étais oubliés du XVIe siècle[3], ou qui, après avoir retracé les portraits de Juifs convertis de force à la fin du XIVe siècle et réfugiés en Amérique, retrouve dans le Brésil d'aujourd'hui leurs lointains descendants[4] ?

---
1. Georges Devereux, *Ethnopsychiatrie des Indiens mohaves*, Paris, Les Empêcheurs de penser en rond, 1996.
2. Georges Devereux, *Cléomène, le roi fou. Étude d'histoire ethnopsychanalytique*, Paris, Aubier, 1995.
3. Nathan Wachtel, *Le Retour des ancêtres. Les Indiens Urus de Bolivie XXe-XVIe siècle. Essai d'histoire régressive*, Paris, Gallimard, 1990.
4. Nathan Wachtel, *La Foi du souvenir. Labyrinthes marranes, op. cit.*

Le rayon histoire semblait plus facile à ranger : d'abord un sort à part à la théorie, le reste suivant l'ordre chronologique jusqu'à la Deuxième Guerre mondiale, voire la fin du XXe siècle. C'était oublier cette « complication de l'histoire », selon l'expression de Claude Lefort[1], qui lui-même circule entre philosophie politique et histoire contemporaine. Restaient également ceux, de plus en plus nombreux, qui, s'attachant à de nouveaux objets (les mentalités, les gestes, les manières...), sautaient volontiers d'une époque à l'autre. Et puis, il y avait les polarités de certains sujets d'étude. Il fallait donc prévoir plusieurs étagères sur l'antisémitisme, beaucoup d'autres sur le génocide, puis un très grand pan, assez mal classé, concernant les Juifs, qu'il s'agisse de religion, de tradition, d'histoire ou de culture. Un parti pris discutable, là encore, sur fond de question irrésolue : jusqu'à quel point, surtout dans la période moderne de la diaspora, dissocier l'histoire, la culture ou la production artistique juives de celles des pays où vivent les Juifs ? C'était au moins une solution fonctionnelle du point de vue de mes recherches pendant de longues années. Avec, comme toujours, des choix sujets à caution, par exemple Martin Buber d'un côté (le côté juif), Walter Benjamin de l'autre, le côté des inclassables...

Ce même Benjamin, bibliophile, collectionneur, farouchement attaché à sa bibliothèque dont il s'est trouvé dépossédé au fil des exils, expliquait dans un texte de 1931, quand il avait encore ses précieux volumes : « Lorsque j'ai commencé, il y a dix ans, à classer mes livres, de plus en plus consciencieusement, je suis bien vite tombé sur des volumes que je ne pouvais me résoudre à écarter, sans être prêt pour autant à les

---

1. Claude Lefort, *La Complication. Retour sur le communisme*, Paris, Fayard, 1999.

tolérer davantage à l'endroit où je les avais trouvés[1]. » Il s'agissait de curiosités, de textes dérangeants, atypiques, voire bizarres, qu'il avait « chassés de section en section », et qui se retrouvaient ensemble dans une sorte de « bibliothèque pathologique », le rayon des égarés, en somme. Chez nous, les égarés, les frontaliers, les atypiques, souvent nos préférés, s'accumulaient. Jusqu'à cette décision, finalement assez simple, de créer une catégorie dilatée et floue, que nous avons appelée, faute de mieux, « les penseurs du social ». C'était une manière de lier dignité de la pensée et questions de fond sur les sociétés. Il suffisait ensuite de suivre le classement éminemment démocratique de l'ordre alphabétique. Ainsi, Cornelius Castoriadis, philosophe assurément mais mâtiné de psychanalyste et naviguant volontiers de la théorie politique à l'engagement dans la cité, se rangeait (bien que le terme convienne mal à ce penseur insurgé) entre Robert Castel et Michel de Certeau. On pouvait enfin se repérer, classiques et inclassables ensemble, écrits disciplinaires et indisciplinés mêlés.

Il y a sans nul doute des sommes de savoir chez les premiers, mais c'est sur les seconds, les inclassables, ou du moins quelques-uns d'entre eux, que je veux m'arrêter, pour insister sur les avantages et la fécondité de quelques postures de pensée décentrées. Si une expérience de minoritaire, un destin d'exilé ou un parcours de transfuge peuvent inciter à se défaire des évidences familières, à déplacer le regard et à penser ailleurs, on peut aussi, par méthode, esprit critique et goût de la connaissance, « jouer l'étranger », selon l'expression de Steven Shapin et Simon Schaffer[2].

---
1. Walter Benjamin, *Je déballe ma bibliothèque*, Paris, Rivages, « Petite Bibliothèque », 2000, p. 65.
2. Steven Shapin et Simon Schaffer, *Leviathan et la pompe à air. Hobbes et Boyle entre science et politique*, Paris, La Découverte, 1993, p. 12.

Pourquoi, se demandaient ces deux historiens des sciences, la méthode expérimentale fait-elle scientifiquement preuve avec tant de certitude ? Pour répondre à cette question insolite, il leur fallait, disaient-ils en invoquant Alfred Schutz, suspendre leur perception routinière sur l'évidence de l'expérience et aborder « leur » culture de l'expérimentation à la manière dont un étranger percevait une culture autre que la sienne. Cela les conduisait à repenser les rapports du pouvoir scientifique et du pouvoir politique, à travers la relecture d'une querelle oubliée du XVIIe siècle entre Thomas Hobbes (penseur du politique s'intéressant aussi à la science) et Robert Boyle (scientifique, inventeur de la pompe à air et initiateur de la méthode expérimentale, s'intéressant aussi à la politique).

Il y a bien des façons de « jouer l'étranger », ou encore d'occuper « le site de l'étranger », selon l'expression du psychanalyste Pierre Fédida[1]. Transgressions des frontières, braconnage disciplinaire, comparatisme raisonné, décentrements et détours, je n'en retiens que quelques-unes. Mes exemples sont affinitaires, mais aussi fruits de l'arbitraire et du hasard des lectures. C'est un petit choix d'auteurs, nécessairement partiel et partial. Ils viennent grossir les rangs de tous ceux avec qui l'on a déjà cheminé dans ce livre. Certains me sont familiers, proches même, d'autres pas. Tous ont cherché à frayer de nouvelles voies. Pour chacun, il s'agit moins de résumer une œuvre que de dire une manière. En plongeant dans l'histoire des idées, on pourrait en citer des milliers. Ils formeraient une vaste encyclopédie des déplacés, une immense bibliothèque imaginaire.

---

1. Pierre Fédida, *Le Site de l'étranger*, Paris, PUF, 1995.

Comparaisons et croisements

Changer de temps, de lieu, de société, de continent, comparer obstinément pour rafraîchir le regard, contourner les préjugés, sortir la pensée des chemins balisés, c'est ainsi que Jack Goody conduit ses recherches depuis quarante ans. Ce grand voyageur est un homme de terrain passionné. Étudiant en littérature, lié à la Nouvelle Gauche anglaise et, brièvement, au Parti communiste avant 1940, il doit en partie sa vocation à son expérience durant les années de guerre. Fait prisonnier en tant qu'officier britannique dans la campagne d'Afrique du Nord, interné dans les Abruzzes et se retrouvant sans livres, il a commencé à se demander ce que pouvait être une société sans écriture, puis, en cavale en Italie après son évasion, il a découvert une sociabilité dont il n'avait pas idée et, de nouveau interné en Allemagne, il est tombé par hasard sur *Le Rameau d'or*, le maître ouvrage de l'anthropologue James Frazer. Ces circonstances et hasards ont décalé durablement son regard sur le monde et lui ont donné le goût de l'anthropologie [1].

Dans le fil de cette expérience, il rêvait de se consacrer à l'étude des sociétés méditerranéennes. Mais ce n'était pas un terrain sérieux, surtout pour un début, aux yeux de l'ombrageux Edward Evans-Pritchard et de l'aimable Meyer Fortes, ses professeurs d'Oxford. Il lui fallait élire une société lointaine, il opta donc pour l'Afrique de l'Ouest en s'inscrivant en thèse avec Fortes. Lors de leur premier entretien, celui-ci l'avait d'abord curieusement questionné sur ses parents et s'était montré soulagé en apprenant que sa mère était écossaise, bref qu'il n'était pas complètement anglais.

---

1. Jack Goody, *Au-delà des murs*, Marseille, Éditions Parenthèses/MMSH, 2004.

Fortes pensait en effet que l'anthropologie était une discipline dans laquelle mieux valait être un peu étranger ; lui-même était un Juif sud-africain venu en Angleterre poursuivre ses études et « il se considérait comme doublement marginal : en tant que Sud-Africain et en tant que Juif[1] ».

Goody a donc commencé sa carrière d'ethnologue en séjournant longtemps chez les LoDagaa du nord-ouest du Ghana, non pour devenir un spécialiste (il récuse d'ailleurs le qualificatif d'africaniste), mais déjà avec l'idée de confronter cultures et sociétés, de chercher les contrastes, les similitudes et les éclairages mutuels. Bourlingueur infatigable autant qu'érudit avaleur de livres, anthropologue mâtiné d'historien, respectable professeur aujourd'hui retraité de l'université de Cambridge et anticonformiste comme savent l'être certains universitaires britanniques, Jack Goody est un savant qui fait, avant tout, profession d'une immense curiosité pour les affaires et organisations humaines. En témoigne la diversité de ses travaux, partiellement traduits en français ; ils concernent les effets de l'écriture sur les formes du raisonnement[2], les liens entre les vivants et les morts[3], les rapports entre l'élaboration de la cuisine et les stratifications sociales[4], la culture et la symbolique des fleurs en différentes contrées[5], la place des images comme la peur des représentations dans les sociétés

---

1. Jack Goody, *L'Homme, l'écriture et la mort, Entretiens avec Pierre-Emmanuel Dauzat*, Paris, Les Belles Lettres, 1996, p. 45.
2. Jack Goody, *La Raison graphique : la domestication de la pensée sauvage*, Paris, Minuit, 1979 ; *La Logique de l'écriture : aux origines des sociétés humaines*, Paris, Armand Colin, 1986 ; et *Entre l'oralité et l'écriture*, Paris, PUF, 1994.
3. Jack Goody, *Death, Property and the Ancestors*, Stanford, Stanford University Press, 1962.
4. Jack Goody, *Cuisines, cuisine et classes*, Paris, Centre Georges-Pompidou, 1984.
5. Jack Goody, *La Culture des fleurs*, Paris, Seuil, 1994.

humaines[1], ou encore la famille, le mariage et l'économie tant en Occident que dans cet Extrême-Orient trop vite rangé au magasin des archaïsmes et des curiosités[2].

Car, pour ne prendre que ce dernier exemple, les vieilles oppositions ont la vie dure : d'un côté les systèmes traditionnels de parenté élargie, les clans, tribus ou lignages, où les femmes sont toutes pareillement des biens qui circulent, s'échangent et s'achètent ; de l'autre, les systèmes « évolués », complexes, dynamiques, les familles restreintes où les femmes, inégalement selon leur condition sociale, bénéficient de stratégies successorales destinées à garantir l'intégrité des fermes, terres et patrimoines. En somme, d'un côté, presque tout le vaste monde, du moins avant qu'il ait été gagné par notre modernité ; de l'autre, la petite et puissante portion occidentale. Eux et nous. Eux, dont le développement fut plus lent, et nous, qui avions une grande coudée d'avance, grâce, notamment, à une astucieuse organisation familiale permettant l'accumulation du capital. Une dichotomie simpliste à laquelle, Goody le rappelle, Max Weber lui-même n'a pas tout à fait échappé : outre les « affinités électives » entre l'éthique protestante et l'esprit du capitalisme, le sociologue allemand avait aussi souligné l'importance de la famille restreinte et il considérait que le clan chinois ou la caste indienne entravaient, au contraire, un tel développement économique. Mais lui, au moins, ne mettait pas tous les systèmes de parenté extraeuropéens dans le même sac, au mépris de leur diversité. Vaste et arrogante confusion

---

1. Jack Goody, *La Peur des représentations. L'ambivalence à l'égard des images, du théâtre, de la fiction, des reliques et de la sexualité*, Paris, La Découverte, 2003.
2. Jack Goody, *L'Évolution de la famille et du mariage en Europe*, Paris, Armand Colin, 1985 ; *Famille et Mariage en Eurasie*, Paris, PUF, 2000 ; et *La Famille en Europe*, Paris, Seuil, 2001.

qui scandalise Jack Goody et contre laquelle il bataille depuis longtemps.

En 1976, déjà, il avait mis en évidence d'importantes différences entre les systèmes matrimoniaux et familiaux en Afrique et en Asie, différences liées à leurs systèmes de production respectifs, ce qui était un premier démenti à la « primitivisation » de l'Orient [1]. Puis, en 1983, il avait étudié l'évolution de la famille et du mariage en Europe et expliqué comment celle-ci avait abandonné des pratiques courantes comme l'adoption et le mariage « rapproché » sous l'influence de l'Église chrétienne qui, en inventant simultanément une parenté spirituelle, maximisait les transferts de biens à son profit [2]. En mettant ensuite les systèmes familiaux des grandes sociétés d'Asie et ceux de l'Europe préindustrielle en miroir, il a démontré qu'ils étaient moins différents qu'on avait voulu le croire [3]. Pour cela, il a entrepris un grand périple à travers l'espace et le temps, d'est en ouest, du passé récent aux époques lointaines, pour finalement retrouver le présent. Parti de la Chine prérévolutionnaire, il est passé par le Tibet, s'est arrêté en Inde, et aventuré dans le Moyen-Orient ancien, avant de revenir dans le bassin méditerranéen vers la Grèce d'hier et celle d'aujourd'hui. Une entreprise aussi ample que hardie, témoignant d'une érudition foisonnante.

À chaque étape, comme dans ses travaux précédents, Jack Goody a mis les institutions familiales et domestiques en relation avec les modes de vie, les systèmes de production et les formes d'accumulation, car, pour lui, on ne peut étudier la parenté hors de tout contexte social comme le fait l'anthropologie

---
1. Jack Goody, *Production and Reproduction : a Comparative Study of the Domestic Domain*, Cambridge, Cambridge University Press, 1976.
2. Jack Goody, *L'Évolution de la famille et du mariage en Europe*, op. cit.
3. Jack Goody, *Famille et Mariage en Eurasie*, op. cit.

structurale. Ce faisant, il a révélé diverses stratégies successorales (dots, transferts de biens) au profit des femmes, destinées à favoriser l'endogamie et à empêcher le morcellement des terres, stratégies qui présentent des similitudes évidentes avec celles qui avaient cours dans le Moyen-Orient ancien comme dans la Grèce antique, ou encore, plus près de nous, avec celles observées chez des bergers grecs ou des paysans montagnards d'Albanie aujourd'hui.

Le comparatisme ambitieux de Goody invite donc à plus de modestie : le monde oriental est abusivement perçu comme statique et archaïque, et la « singularité occidentale », porteuse d'un exceptionnel potentiel de modernisation, est un peu trop vite (auto) proclamée. Dans un autre ouvrage[1], il poursuit cette démonstration en critiquant la thèse selon laquelle le progrès des sociétés occidentales, depuis la Renaissance, s'expliquerait non seulement par des formes familiales particulières, mais aussi par d'autres caractéristiques et capacités spécifiques : l'essor de l'individualisme, un rationalisme propre, des outils logiques et des techniques comptables exclusives. À y regarder un peu sérieusement, ces prétendues singularités existent en Orient. Bref, avec Jack Goody, l'exception occidentale a du plomb dans l'aile, et il n'a de cesse de le prouver.

Ainsi, après les attentats du 11 Septembre, en voyant monter l'antagonisme contre un islam réduit à sa caricature extrémiste, cet infatigable humaniste reprend du service et publie un livre clair, synthétique et salutaire[2], destiné à être lu au-delà des cercles universitaires, pour rappeler que depuis treize siècles la

---

1. Jack Goody, *L'Orient en Occident*, Paris, Seuil, 1999.
2. Jack Goody, *L'Islam en Europe. Histoire, échanges, conflits*, Paris, La Découverte, 2004.

civilisation musulmane fait partie de l'histoire européenne. Restituant les rencontres comme les conflits et les influences mutuelles, il retrace les voies de passage passées et présentes : la route des Arabes à travers le Maghreb, l'Espagne et l'Europe méditerranéenne, celle des Turcs à travers la Grèce et les Balkans et celle des Mongols au sud de la Russie jusqu'en Pologne et en Lituanie. Jack Goody passe ainsi aisément de l'anthropologie à l'histoire, ou encore de la comparaison entre aires culturelles aux interactions entre civilisations, cultures et sociétés. Différences, socles communs, influences et interférences, tout est à prendre en compte. En ce sens, il fait aussi figure de pionnier, par rapport à la promotion récente d'une « histoire croisée [1] », ou à celle d'un « comparatisme constructif entre historiens et anthropologues [2] ».

Telle que la définissent Michael Werner et Bénédicte Zimmermann, l'histoire croisée, à l'instar de la *connected history* (histoire reliée), attentive aux mixages et mélanges [3], ou de la *shared history* (histoire partagée), vise à dépasser les approches en termes de transfert ou d'emprunt, jugées trop univoques, pour saisir les interrelations dynamiques entre cultures et groupes sociaux dans une perspective transnationale. C'est aussi pour extraire l'histoire de la logique nationale dans laquelle elle s'est construite, et qu'elle a amplement contribué à forger, que Marcel Detienne a rédigé un vigoureux pamphlet théorique, en forme d'invitation à « comparer l'incomparable ».

Avec Jean-Pierre Vernant et Pierre Vidal-Naquet notamment, Detienne a brillamment contribué au

---

1. Michael Werner et Bénédicte Zimmermann (éd.), *De la comparaison à l'histoire croisée*, *Le Genre humain*, Paris, Seuil, 2004.
2. Marcel Detienne, *Comparer l'incomparable*, Paris, Seuil, 2000.
3. Voir Serge Gruzinski, « Les mondes mêlés de la monarchie catholique et autres *connected histories* », Annales HSS, 56-1, 2001, p. 85-117.

renouveau des études sur la Grèce ancienne. Pourquoi cet helléniste réputé a-t-il décidé de sortir de sa « spécialité » pour se frotter à la connaissance d'autres sociétés et le revendiquer avec l'éclat provocant du pamphlet ? La forme est affaire de tempérament sans doute. Les raisons tiennent à un air du temps qui l'inquiète où l'identitaire fait recette, à un regard de plus en plus critique sur sa corporation, au recul des ambitions comparatistes et des curiosités anthropologiques qui avaient été celles des nouveaux hellénistes des années soixante et soixante-dix, et, enfin, à sa conviction que les Grecs, tirés de leur incommensurable « miracle », sont justement « d'excellents opérateurs » de comparaison[1]. Il avait d'ailleurs défendu, en 1992, l'idée de « faire de l'anthropologie *avec* les Grecs », c'est-à-dire d'embarquer ces derniers dans une odyssée qui, cette fois, ne tournait pas dans une mer fermée et ne revenait pas à Ithaque. Mais, au Collège de France, en dépit du soutien d'Yves Bonnefoy, et à deux voix près, la chaire d'Anthropologie comparative de la Grèce ancienne qu'il espérait ainsi subvertir n'avait pas été créée. Une déception qui l'a probablement incité à saisir l'occasion de travailler sous d'autres cieux. Il enseigne et pratique maintenant l'analyse comparée des mythes et des sociétés à l'université Johns Hopkins de Baltimore.

Dans ses récents textes polémiques[2], il y a de l'ironie, de la vindicte et de l'excès, c'est la loi du genre. On y trouve quelques effets de manche un peu faciles et guère amènes. Mais aussi des critiques agiles qui font mouche et des perspectives de recherches originales et fécondes. Son cheval de bataille : dénoncer la

---

1. Marcel Detienne, *Comparer l'incomparable, op. cit.*, p. 13.
2. Marcel Detienne, *Comparer l'incomparable, op. cit.*, et *Comment être autochtone. Du pur Athénien au Français raciné*, Paris, Seuil, 2003.

tendance lourde de la discipline historique à s'enfermer dans l'exceptionnalité d'une histoire nationale, et cela tant en Angleterre, ou en Allemagne, qu'en France. Résultat, si le comparatisme est familier à nombre d'anthropologues, il l'est beaucoup moins aux historiens, rétifs à s'engager loin de leurs contrées. Fernand Braudel, l'historien de la *Méditerranée*, des formes du capitalisme entre le XVe et le XVIIIe siècle, l'homme des économies-mondes, qui avait ouvert l'histoire aux sciences sociales, ne finissait-il pas par céder lui-même à cette tendance, dans *L'Identité de la France*, en traçant sur la très longue durée « notre » histoire depuis la préhistoire [1] ? Quant au plaidoyer de Marc Bloch pour une histoire comparée des sociétés européennes, bien rares étaient ceux qui voulaient l'entendre [2]. On n'en est plus tout à fait là sans doute, et l'histoire s'est quelque peu anthropologisée, mais l'on reste, déplore Detienne, entre soi, c'est-à-dire entre histoires proches, au motif apparemment raisonnable, mais en fait contestable, que l'on ne peut comparer que du comparable.

Car, dit-il, c'est bien le contraire qui est intellectuellement fructueux : un comparatisme constructif, non pas seulement entre historiens de pays voisins, mais entre historiens et anthropologues, prêts à envisager « l'ensemble des représentations culturelles entre les sociétés du passé, les plus distantes comme les plus proches, et les groupes humains vivants observés sur la planète, hier ou aujourd'hui [3] ». Vaste travail excédant, et de loin, les capacités d'un seul homme ; il ne peut être réalisé que par un groupe de chercheurs travaillant ensemble à partir de leurs apports respec

---

1. Marcel Detienne, *Comment être autochtone, op. cit.*, p. 139-144
2. Marcel Detienne, *Comparer l'incomparable, op. cit.*, p. 29-30.
3. *Ibid.*, p. 43.

tifs. A l'initiative de Marcel Detienne, plusieurs chantiers ont ainsi été lancés. Ils ont abouti à des publications collectives qui, au-delà des pamphlets théoriques, donnent consistance à cette perspective comparatiste.

L'un des plus intéressants porte sur l'appropriation des lieux, la formation des territoires, leur tracé et leurs limites [1]. Africanistes, japonisants, indianistes, américanistes, hellénistes se sont réunis pour réfléchir à ce qu'était une fondation de territoire, dans les cultures sur lesquelles ils travaillaient. C'était *a priori* une catégorie bonne à penser pour tous. Or, il fallut se rendre à l'évidence, il y avait des sociétés, tels le Japon ou l'Inde védique, qui ignoraient l'idée de fondation. La première fonctionne sur le modèle d'une « création continuée » dépourvue d'origine et régénérée (temples reconstruits, sanctuaires domestiques refaits...) à intervalles réguliers. La seconde valorise le nomadisme et le feu sans lieu assigné du sacrifice. Il y a aussi ces Indiens forestiers (les Guayaki et les Yanomani) de l'Amérique du Sud, qui n'habitent que des lieux éphémères dont ils effacent les traces. Enfin, chez les autres, des constructions de Haute-Volta aux premières cités grecques, de l'Inde contemporaine à la Rome de Romulus, les « tracés de fondation », les façons de circonscrire, nommer, marquer et instituer un site par des personnages et des gestes inauguraux, se révèlent d'une grande diversité.

Mais ce n'est pas la diversité en tant que telle qui est recherchée dans ces croisements, et certainement pas l'exhaustivité, non plus qu'une typologie, ou une morphologie, autrement dit un catalogue des modes ou des formes de fondation de par le monde et les époques. À travers ce « monnayage conceptuel », ces

---

[1]. Marcel Detienne (dir.), *Tracés de fondation*, Louvain/Paris, Peeters, 1990.

échanges et comparaisons, cette « approche contrastive », attentive aux dissonances qui décentrent les évidences et font bouger les catégories, il s'agit de saisir des mécanismes de pensée et leurs enchaînements logiques, à partir d'une option première (parmi divers possibles). Cette option, ce peut être le fait que les membres d'une société localisée se considèrent comme étant « nés de la terre ». À partir de là, c'est toute une configuration du rapport au monde et à l'altérité qui se déploie, configuration repérable et comparable à d'autres. Du pur Athénien en son autochtonie au Français « de souche » lepéniste, en passant par la célébration de la terre et des morts chère à Barrès, les exemples de Marcel Detienne ne doivent rien au hasard.

Ces sujets savants sont aussi des sujets politiques. Et il en va de même quand il propose à ses collègues historiens et anthropologues un autre chantier de comparaison, portant, cette fois, sur la façon dont divers groupes de population organisent la délibération des affaires communes [1], soit des formes de pratiques démocratiques. Car celles-ci ne sont pas l'exclusivité d'un seul monde, et la ligne directe entre la démocratie athénienne et les diverses révolutions européennes est un peu rapide. Retour donc sur quelques expériences oubliées : en Grèce même il n'y avait pas qu'Athènes, et, en Vénétie comme en Toscane ou sur les bords de la mer Noire, dès le VIIIe siècle avant notre ère, de nombreuses petites cités ont initié pour leur compte des assemblées à vocation égalitaire. Sans compter ce qui s'est fait en d'autres temps et d'autres lieux, par exemple chez les Cosaques de Zaporojie au XVe siècle, ou bien chez les Ochollo du sud de

---

[1]. Marcel Detienne (dir.), *Qui veut prendre la parole ?*, *Le Genre humain*, n° 40-41, Paris, Seuil, 2003.

l'Éthiopie. Ce sont autant d'inventions du politique qui, même si elles sont restées limitées ou se sont arrêtées, dessinent néanmoins des figures du possible.

Marcel Detienne revendique la « valeur éthique de l'activité comparative » : dans le miroir des différences et le croisement des regards, elle « invite à mettre en perspective les valeurs et les choix de la société à laquelle on appartient[1] ».

Détours et dédales

Le détour par l'ailleurs, qui permet en retour de s'étonner des us et manières de sa propre société, n'est certes pas chose nouvelle. Montaigne s'y plaisait déjà. Plus tard, pour Montesquieu, Voltaire ou Diderot, l'étranger deviendra « la figure en laquelle se délègue l'esprit perspicace et ironique du philosophe[2] ». Mais c'est encore là une figure de style, une fiction agile pour soutenir la critique sociale.

Philosophe et sinologue, François Jullien met le « détour stratégique » en pratique et érige le décentrement en méthode : seule la confrontation avec « une pensée du dehors[3] » peut permettre de reconsidérer radicalement les catégories et présupposés de la pensée occidentale. Or, la Chine offre pour cela un point de vue privilégié, tant elle est restée durablement un lieu autre, une « hétérotopie » selon le terme de Michel Foucault[4]. Car s'il y eut des contacts, des voyageurs, des missionnaires (dont les premiers récits

---

1. Marcel Detienne, *Comparer l'incomparable*, op. cit., p. 59.
2. Julia Kristeva, *Étrangers à nous-mêmes*, Paris, Fayard, 1989, p. 196.
3. François Jullien et Thierry Marchaisse, *Penser d'un dehors (la Chine)*, Paris, Seuil, 2000, p. 17.
4. Qui part d'ailleurs d'un texte de Borgès sur « une certaine encyclopédie chinoise ». Michel Foucault, *Les Mots et les Choses*, Paris, Gallimard, « Tel », 2002, p. 7-9.

surprirent justement Montaigne, après lui Pascal et, par la suite, les hommes des Lumières), les influences ou emprunts furent longtemps quasiment inexistants. Ce n'est qu'au milieu du XIXᵉ siècle que la guerre de l'Opium, l'ouverture forcée des ports et l'imposition des concessions ouvrirent une brèche européenne en Chine. Une longue histoire séparée, donc, et, de part et d'autre, rien de semblable ou d'apparenté dans la langue, l'écriture, les catégories de pensée. La Chine n'est pas différente, elle est résolument ailleurs et en quelque sorte indifférente, explique François Jullien [1]. Pas question, dans ces conditions, de comparatisme. Et moins encore du goût de l'exotisme ou de la tentation de passer de l'autre côté, de privilégier ou de prôner la sagesse orientale ou, pis, de cautionner l'irrationalisme de pacotille qui s'en revendique. Partir de ce grand écart pour « mettre en regard ce qui ne se regarde pas [2] » et se servir de ce lointain extrême comme d'un « révélateur d'autres modes d'intelligibilité [3] », telle est la voie dans laquelle François Jullien s'est engagé depuis une trentaine d'années.

Rien, pourtant, ne l'y poussait particulièrement. Élève à l'École normale supérieure, au début des années soixante-dix, il était passionné par le monde grec, mais avec un fond d'impatience ou d'instabilité peut-être. Les choix intellectuels ou théoriques sont aussi affaire de caractère, même si on ne le reconnaît guère, et l'instabilité, si négativement connotée, peut se révéler une qualité. Quoi qu'il en soit, la voie était trop tracée, il lui fallait sortir d'un ordre philosophique imposant mais clos, se déranger, se déplacer, se déshabituer, créer de l'inconfort dans la pensée. Et,

---

1. François Jullien et Thierry Marchaisse, *Penser d'un dehors (la Chine)*, *op. cit.*, p. 248.
2. *Ibid.*, p. 189.
3. *Ibid.*, p. 261.

contrairement à la plupart de ses compagnons de voyage, il n'était pas maoïste quand il est parti en 1975, pour deux ans, en Chine, au lieu d'aller apprendre le chinois à Harvard, comme on l'y invitait. Depuis, il a beaucoup écrit et gagné en notoriété, mais il demeure atypique : bizarre chez les philosophes, où il fait figure d'orientaliste, comme chez les sinologues qui, eux, s'intéressent à la Chine pour la Chine, il se décrit comme quelqu'un qui lit et lie les deux côtés en un « dévisagement mutuel [1] ».

L'un de ses premiers étonnements est venu d'une phrase très utile quand on apprend le chinois et que l'on traduit généralement par « qu'est-ce que c'est que ça ? » ou « qu'est-ce que c'est que cette chose ? », alors que, littéralement, elle signifie « qu'est-ce que c'est que cet *est-ouest* ? » Une phrase du langage ordinaire, déroutante avant de devenir familière. Comment la chose en elle-même, isolée, atomisée, saisie dans sa singularité, cette chose à laquelle nous sommes si habitués, pouvait-elle ainsi perdre toute substance pour devenir une relation bipolaire ?

Ce n'était que le préambule d'une longue série de décentrements et de dépaysements des idées, souvent à partir des mots. Par exemple ce terme chinois qui veut dire « fin-début », on le traduit généralement par « début-fin » en introduisant une logique, l'alpha et l'oméga, un ordre ou une causalité très occidentaux qui n'existent pas dans la pensée chinoise. « Car si l'on dit "fin-début" en chinois, c'est tout simplement parce que toute fin *est* un début : tout achèvement est en même temps un nouveau départ, tout instant est une transition et le monde une variation continue [2]. » Nul arrêt, donc, il n'y a que processus et mouvement

---

1. *Ibid.*, p. 262.
2. *Ibid.*, p. 207.

fluide de transformation de la vie. Ainsi, tandis que notre philosophie morale repose sur un moi sujet, doué de volonté et de liberté, la pensée chinoise accorde le primat à la relation et au fond d'existence commun du vivant. Dès lors, par exemple, la pitié n'est ni une énigme, ni une vertu dont il faut explorer, comme l'ont fait nombre de philosophes, les conditions de possibilité : c'est une réaction spontanée au fait que ce fond commun est mis à mal chez l'autre.

Si tout passe, il en va de même de la pensée, c'est pourquoi, selon ce qui est dit de Confucius, « un sage est sans idée ». Cela signifie qu'il n'en privilégie aucune : il se laisse porter, disponible à ce qui vient, attentif au mouvant, au mouvement, sans parti pris sur la réalité, sans point de vue arrêté[1]. Il n'affirme ni ne défend rien, se tient dans un « juste milieu » qui n'est pas compromis ou demi-mesure, mais lieu du passage quand tout est transitions et variations. La sagesse comme antiphilosophie, en somme, et c'est bien ce que révèle cette opposition qui retient François Jullien. Car le philosophe, lui, est en quête de vérité ou en quête de sens, il s'attache à une idée, l'avance au détriment des autres possibles, en fait un principe, le développe en système, s'engage dans un débat, arguments contre réfutations, et la dispute est sans fin. La philosophie ne cesse de creuser son sillon, « d'élever sa provocation pour répondre au défi d'un monde conçu comme une énigme[2] », elle a une histoire. La sagesse n'en a pas, elle n'est ni déchiffrement ni exploration, elle n'explique rien, elle s'immerge dans un fonds d'immanence.

Encore une fois, pas question de choisir, d'opter

---

1. François Jullien, *Un sage est sans idée ou l'autre de la philosophie*, Paris, Seuil, 1998.
2. *Ibid.*, p. 18

pour la sagesse contre la philosophie, ou l'inverse. Il s'agit de réfléchir et la critique s'exerce des deux côtés. On peut penser sans prendre position, soit. Mais cela a un prix, notamment politique : « En considérant, comme le penseur taoïste, que toute position, par le démarquage qu'elle opère, fait perdre le plan égal des choses et de la pensée ; comme en prétendant, à l'instar du penseur confucéen, occuper toujours la position du "centre" pour épouser le "possible", à chaque "moment" et sans se bloquer d'aucun côté, le sage chinois s'est privé de toute possibilité de résistance[1]. » Dans la tradition chinoise, il n'y a pas d'élaboration des formes-régimes politiques, seulement de bons ou de mauvais princes ; il y a, en revanche, une élaboration poussée du pouvoir politique en tant qu'appareil, qui n'est pas sans conséquences jusqu'à aujourd'hui. Guère de propension à la résistance non plus dans cette stratégie chinoise de l'efficience : elle n'est pas fondée sur un modèle, un objectif à atteindre, comme notre notion d'efficacité, avec son enchaînement but/moyens/volonté, mais repose sur l'évaluation des situations, leurs potentialités et leur évolution[2]. Et il s'agit moins d'agir sur elles que d'en tirer parti, d'épouser les circonstances, d'en profiter plutôt que de prétendre les modifier. Un peu comme la *métis*, cette ruse qui était celle d'Ulysse, mais que les Grecs et leur postérité auraient perdue.

C'est dans le domaine esthétique que le décalage se révèle le plus étonnant. Il y a, dans la culture chinoise, un art de la fadeur quand la saveur s'ébauche à peine et que les différences sont estompées[3]. Ou encore un art du flou pour approcher un « fond des

---

1. *Ibid.*, p. 224.
2. François Jullien, *Traité de l'efficacité*, Paris, Grasset, 1996.
3. François Jullien, *Éloge de la fadeur*, Paris, Biblio Essais, 1993.

choses » indifférencié. En lisant les traités que les lettrés chinois ont consacrés à la peinture sur près de deux millénaires, François Jullien montre que, pour eux, il s'agissait moins de cerner des formes que de suggérer des processus, une instabilité, un état passager, d'où ces techniques du lavis, de l'estompe, de la nuée, du pinceau léger jusqu'à la disparition ou de l'esquisse inachevée [1]. Frappante aussi, cette absence du nu dans la peinture chinoise. Les personnages pourtant n'y manquent pas, non plus d'ailleurs qu'un sens aigu des détails pour rendre l'aile d'un insecte ou le jarret d'un cheval, mais les corps humains sont généralement couverts, souvent massifs et sans modelé. Même dans les scènes érotiques peintes au XVIe siècle, où le nu apparaît, la grâce et la finesse du tracé se perdent quand les habits tombent. D'où vient ce refus du nu ? La question rebondit aussitôt : d'où vient le trait évident, omniprésent, du nu en Occident ? Ce n'est pas simplement une question de pudeur pour les uns et de célébration de l'humaine beauté pour les autres. Il en va, là encore, de deux rapports au monde : celui qui cherche le fondu à peine visible de la vie et celui qui vise l'être et l'idéal absolu de la présence, dans leur intensité.

C'est finalement les implicites de la culture occidentale qui sont mis à nu, ceux que l'on ne discerne plus quand le pli est pris et que l'on redécouvre ici, vus d'ailleurs. François Jullien entend « ouvrir la raison », la reconsidérer à nouveaux frais, nullement renoncer à son exigence. Son entreprise singulière fait jouer à fond les différences, mais ces différences, en même temps, ne peuvent être complètement incommensurables, sinon l'entreprise serait impossible. Comme le

---
[1]. François Jullien, *La Grande Image n'a pas de forme ou du non-objet par la peinture*, Paris, Seuil, 2003.

souligne Jean-Marie Schaeffer, il faut bien qu'il y ait « des points de passage, et donc des points d'accroche communs[1] ». Il faut bien, en somme, qu'il y ait de l'intelligible à partager. En mettant ainsi en vis-à-vis deux modes de pensée, François Jullien ne se tient pas en surplomb dans on ne sait quelle extériorité, il va et vient, il est dans l'entre-deux, un espace de contraste qui est également un espace de liaison, de transition, de traduction. D'où son attention au choix des mots susceptibles de passer d'un bord à l'autre, « fadeur », « propension », « efficience », etc. : des « termes *en marge* du discours philosophique et même, plus généralement, de notre outillage conceptuel », explique-t-il, qui deviennent ainsi « des ponts linguistiques et théoriques[2] ».

L'« anthropologie réciproque », mise en œuvre par le sémioticien Umberto Eco et l'anthropologue Alain Le Pichon, est une autre façon de jeter de tels ponts. Le réseau Transcultura, qu'ils ont créé en 1987, réunit des chercheurs africains, européens et chinois. L'expérience a commencé par un renversement de l'observation : des chercheurs d'Afrique de l'Ouest sont venus faire de l'ethnologie de la France et des universitaires de Canton ont été invités à étudier une région d'Italie. Dans sa symétrie, la démarche pouvait tomber sous la critique de ce qu'elle prétendait contester, mais elle avait au moins l'avantage de déranger les usages et fit, pour cela, événement. Elle se poursuit de façon plus convaincante dans une confrontation des approches, des modes d'expression

---

[1]. Jean-Marie Schaeffer, « De la philosophie à l'anthropologie », in Thierry Marchaisse (éd.) et Le Huu Khoa (coll.), *Dépayser la pensée. Dialogues hétérotopiques avec François Jullien sur son usage philosophique de la Chine*, Paris, Les Empêcheurs de penser en rond, 2003, p. 89.
[2]. François Jullien, *La Grande Image n'a pas de forme ou du non-objet par la peinture*, *op. cit.*, p. 289.

et des modèles de connaissance, par un travail en commun sur des mots, des concepts ou des images, qui permet de baliser les accords comme les malentendus[1]. Ce qui ne va pas toujours sans difficulté car s'il y a des différences et des écarts qui permettent, là aussi, de faire bouger la réflexion anthropologique, il y a également des interférences, des influences, des rapports inégaux et des situations de domination.

Les cultures et les sociétés auxquelles les ethnologues ont affaire sont de moins en moins séparées, constate déjà Georges Balandier à la fin des années quatre-vingt. Lorsqu'il part à Dakar, l'été 1946, au lendemain de la guerre et au sortir de la Résistance, après avoir écrit un roman de jeunesse très autobiographique où il annonce crânement, *Tous comptes faits*, repartir de zéro et larguer les amarres[2], il découvre la situation coloniale et la vie d'une grande cité africaine. Expérience décisive, il ne se met pas en quête d'une population isolée, d'une culture « pure » ou presque, d'une microsociété immobile ou froide. Il ne va pas, comme il est alors d'usage dans le métier, étudier des traditions supposées intactes, mais il s'intéresse d'emblée à la réalité protéiforme des villes, aux interactions et transformations du présent, à la politique et à l'histoire africaine dans ses rapports avec le système colonial, en récusant l'opposition simpliste entre tradition et modernité[3] et en faisant converger ethnologie et sociologie. À partir de cette étape inaugurale, le détour par l'Afrique, chez Georges Balandier, fait jouer le rapprochement plus que la distance.

---

1. Voir notamment Yue Dai Yun et Alain Le Pichon (éd.), *La Licorne et le dragon. Les malentendus dans la recherche de l'universel*, Paris, Éditions Charles Leopold Mayer, 2003.
2. Georges Balandier, *Tous comptes faits*, Éditions du Pavois, 1947.
3. Georges Balandier, *Sociologie des Brazzavilles noires*, Paris, Armand Colin, 1955, et *Afrique ambiguë*, Paris, Plon, « Terre Humaine », 1957.

Fort de cette expérience de terrain et enrichi par les multiples rencontres et amitiés tissées avec des intellectuels et leaders africains en cette période d'effervescence[1], il reporte ensuite son regard du fonctionnement du pouvoir dans les sociétés africaines à celui des pays occidentaux. Plus qu'une comparaison, c'est bien, là encore, une façon de se déprendre du familier et, ainsi, de déconcerter la pensée. Cela lui permet de montrer, et il est alors en France le premier, l'importance, même dans les sociétés les plus laïcisées et les démocraties les plus rationalisées, de la ritualisation du politique, de la mise en scène solennisée du pouvoir et de ses attributs symboliques[2]. Quels que soient au fond les systèmes et les régimes, tous sont théâtralisés. De même, en partant des périodes d'interrègne dans les sociétés « autres », de ces moments de vacance et de chaos ritualisés entre la mort d'un souverain et l'avènement du suivant, il revient questionner l'instabilité, non ritualisée celle-là, de sa propre société dans un livre intitulé justement *Le Détour*[3]. Réflexion ensuite élargie au jeu continuel de l'ordre et du désordre dans toutes les sociétés, celles de la tradition comme celles de la modernité[4].

Depuis la publication de son livre intitulé *Le Dédale*[5], soit depuis une dizaine d'années, Georges Balandier s'est essentiellement tourné vers l'exploration de sa propre société, en gardant toutefois la curiosité décentrée du regard anthropologique. Du détour au dédale, donc, et de l'ailleurs à l'ici énigmatique de notre monde contemporain, il a ainsi ouvert la voie à cette

---

1. Georges Balandier, *Histoires d'Autres*, Paris, Stock, 1977.
2. Georges Balandier, *Anthropologie politique*, Paris, PUF, 1967, et *Le Pouvoir sur scènes*, Paris, Balland, 1980.
3. Georges Balandier, *Le Détour. Pouvoir et modernité*, Paris, Fayard, 1985.
4. Georges Balandier, *Le Désordre. Éloge du mouvement*, Paris, Fayard, 1988.
5. Georges Balandier, *Le Dédale. Pour en finir avec le XXe siècle*, Paris, Fayard, 1994.

ethnologie du « proche » qui a fait des émules de talent, mais qui n'était guère reconnue au moment où il a commencé, au début des années quatre-vingt, quand seuls les terrains lointains étaient légitimes. L'ethnologie de la France, de toute façon moins digne que l'étude des sociétés et des cultures « exotiques », concernait alors exclusivement le monde rural, les arts et traditions populaires, les savoirs et pratiques en perdition. L'anthropologie de la modernité, qu'il a initiée, ne se réduit pas au transfert de quelques notions empruntées à l'ethnologie (les rites ou les tribus dans nos contrées...). Elle prend acte du fait que la modernité (ou la surmodernité), dans ses incertitudes et sa complexité, est déroutante, dépaysante, donc intéressante pour un regard dépaysé.

TRANSGRESSIONS

Franchir les barrières entre disciplines plus ou moins voisines, désenclaver les savoirs et en créer de nouveaux dans les zones frontalières, tout cela est fort utile et n'est guère facile. Mais franchir, en théorie, la barrière des espèces en liant nature et culture, humanité et animalité, comme l'ont fait audacieusement, au début des années soixante-dix, Serge Moscovici ou Edgar Morin, plus qu'un franchissement, c'est une transgression. Certes, on peut invoquer des précédents. Tel Montaigne, encore lui, critiquant « l'humaine suffisance » et se faisant le chantre de l'intelligence animale au point d'affirmer qu'il se trouve « plus de différence de tel homme à tel homme que de tel animal à tel homme [1] ». Et d'autres, bien sûr, en quête de bienfaisante nature ou de paradis

---

1. Montaigne, *Essais*, Livre II, chap. XII, *op. cit.*, p. 444.

perdu. Mais ce ne sont pas les plus écoutés. Car cela fait longtemps que prévaut l'idée d'une frontière absolue entre l'animal et l'homme, ce dernier étant considéré comme tout entier être de raison, ou être de culture.

En 1972, Serge Moscovici publiait *La Société contre nature*, un titre qu'il entendait bien prendre à contre-pied, dans un livre audacieux et ambitieux qui commençait par ces mots : « Pour se convaincre de sa singularité, le genre humain – ou la partie du genre humain qui s'arroge le droit de parler en son nom – élève des barrières autour de soi, se pose par contraste avec le reste des êtres animés[1]. » Il y récusait toute conception linéaire de l'histoire et des sociétés et, en allant voir les savoirs d'à côté, en s'appuyant notamment sur des avancées de la biologie comme de la primatologie ou de la paléontologie, s'attaquait à ce qui était alors une conviction établie : la rupture radicale de l'hominisation, le saut de la nature à la culture, la brèche dans l'évolution. Quel que soit le facteur retenu pour expliquer ce moment inaugural – la station debout, le développement cérébral, l'outil, le langage ou la prohibition de l'inceste –, aucun ne résistait à l'examen. Au vu des connaissances disponibles et sérieusement inventoriées, il fallait se rendre à l'évidence : nature et société ne s'excluaient pas mutuellement. La première ne pouvait être pensée indépendamment de l'homme qui n'avait cessé de la créer, de la façonner et de la redéfinir (Moscovici l'avait déjà montré dans un livre précédent[2]) ; la seconde n'était pas née avec l'homme et n'était pas son apanage exclusif. Dès lors, c'est là un des

---

1. Serge Moscovici, *La Société contre nature*, Paris, 10/18, 1972, p. 7.
2. Serge Moscovici, *Essai sur l'histoire humaine de la nature*, Paris, Flammarion, 1968.

fondements de l'écologie, il n'y a pas plus à défendre l'homme contre la nature que la nature contre l'homme. Et la seule question qui vaille est « le devenir humain du social et non pas le devenir social de l'humain [1] ». Ce qui incite aussi, face à l'ambition tenace et au courant dominant qui entend domestiquer la vie et perfectionner l'homme, à reconsidérer un autre courant, insistant, hétérodoxe et hérétique : le naturalisme et son invitation subversive à ensauvager la vie [2].

Cette même année 1972, Edgar Morin et Massimo Piatelli-Palmarini organisaient un grand colloque à l'abbaye de Royaumont sur le thème de « L'unité de l'homme », qui réunissait une quarantaine de chercheurs de divers pays et disciplines : biologistes, ethnologues, sociologues, physiciens, éthologistes, paléontologues, etc [3]. Il y était question du pont entre le primate et l'homme, du développement de l'humanité, de l'articulation de l'inné et de l'acquis, du cerveau humain et de ses extraordinaires capacités (dont celle de s'auto-étudier), du rêve, des apprentissages, du langage et, couronnant le tout, du projet d'une anthropologie fondamentale, apte à saisir l'humanité dans sa complexité. Dans sa conférence, intitulée « Le paradigme perdu : la nature humaine », qui allait ensuite être développée dans un ouvrage portant le même titre [4], Edgar Morin en dessinait les enjeux et les attentes. Il s'agissait d'en finir avec la conception d'un monde fait de trois strates superposées, hiérarchisées et qui ne communiquaient pas entre elles : l'univers physico-chimique, la sphère de la vie et de la

---
1. Serge Moscovici, *La Société contre nature*, op. cit., p. 39.
2. Serge Moscovici, *Hommes domestiques et hommes sauvages*, Paris, 10/18, 1974.
3. Edgar Morin et Massimo Piatelli-Palmarini (éd.), *L'Unité de l'homme, Pour une anthropologie fondamentale*, 3 t., Paris, Points Seuil, 1978.
4. Edgar Morin, *Le Paradigme perdu : la nature humaine*, Paris, Points Seuil, 1979.

nature et celle de l'homme et des cultures. Relier les connaissances disponibles, saisir l'homme comme un être bio-anthropo-social, doué de raison, certes, mais aussi d'un imaginaire producteur de mythes, de fantasmes, de création artistique, de pensée magique, d'erreur et de folie, *homo sapiens* oui, mais également et en même temps *homo demens,* telle était l'ambition.

Elle suscitait l'enthousiasme de Serge Moscovici ; invité à commenter les communications, il déclarait, optimiste : « Ces communications avertissent sur tous les tons : ça change, ça doit changer. Pourquoi ? C'est l'évidence même. Les choses ne sont plus à leur place dans le tableau des catégories intellectuelles : ni la culture ni la nature, ni l'homme ni le primate, ni la parenté ni le mythe, ni l'histoire ni l'anthropologie, ni le structuralisme ni le marxisme, ni l'inné ni l'acquis. Les termes réputés séparés sont associés et réciproquement. La science n'avait que des problèmes : désormais les paradoxes la submergent. Au temps des phénomènes purs voici que succède le temps des phénomènes hybrides ; au temps de la sélection celui des croisements. L'impression de flux, de mouvement, d'incertitude prévaut. Les découvertes nouvelles dans le domaine éthologique, anthropologique, génétique, préhistorique y sont pour une part. Les problèmes politiques pour une autre [1]. »

Vent nouveau ! L'annonce ne manquait pas d'allure. Pourtant, cela ne changeait pas si facilement alentour, dans ce milieu universitaire français cloisonné où Serge Moscovici comme Edgar Morin étaient des francs-tireurs souvent critiqués. Qu'est-ce qui les avait poussés, chacun de son côté, et à peu près au même moment, à s'interroger tout simplement sur

---

1. Serge Moscovici, « Quelle unité : avec la nature ou contre ? », in Edgar Morin et Massimo Piatelli-Palmarini (éd.), *L'Unité de l'homme, op. cit.,* p. 286.

la nature humaine ? Un contexte, des données scientifiques inédites, de nouvelles théories, bien sûr. Mais aussi, pour s'initier à celles-ci et s'en emparer, une insatiable curiosité que ne venait pas borner l'ordre des disciplines et des spécialités, une immense capacité d'étonnement et une juvénile attirance pour les questions premières – concernant l'énigme de la vie, de la création et des capacités de l'esprit –, attirance restée comme inentamée depuis l'adolescence.

Au-delà de leurs différences et de la singularité de la personnalité de chacun, ils évoquent de façon très similaire la permanence de leurs étonnements initiaux. Serge Moscovici raconte ainsi comment, de longue date, sa curiosité à la fois admirative, naïve et mêlée d'anxiété s'est focalisée sur la créativité humaine. La découverte d'un poème ou d'une chanson comme, plus tard, celle d'un concerto de Mozart ou d'un livre d'Einstein sur l'évolution de la physique, suscitait chaque fois la même question : « Comment un être humain avait-il pu inventer cela [1] ? » Une interrogation toujours aussi vivante en lui aujourd'hui. Edgar Morin, de son côté, confie avoir gardé la curiosité et le questionnement de l'enfance : « Je n'ai pas fait le deuil de mes interrogations et aspirations d'adolescence, je n'ai été que superficiellement et insuffisamment adulte [2]. » Enclin à l'introspection, il fait le lien entre ce trait de caractère et l'impossible deuil d'une mère décédée quand il avait neuf ans. Il invoque aussi, en arrière-fond de sa « curiosité omnivore » et de son refus des pensées sélectives, le caractère bénéfique d'une imprégnation culturelle faible et d'une identité incertaine de « juif non juif » ou de « post-marrane [3] ».

---

1. Serge Moscovici, *Chronique des années égarées*, Paris, Stock, 1997, p. 284.
2. Edgar Morin, *Mes démons*, Paris, Stock, 1994, p. 317.
3. *Ibid.*, p. 140.

Plus réservé, Serge Moscovici laisse néanmoins, lui aussi, entrevoir les « filiations psychiques[1] » des questions jamais posées à des parents très tôt manquants (surtout cette mère qui l'a abandonné tout jeune après avoir divorcé), et il retrace, dans sa *Chronique des années égarées* (autobiographie de sa naissance à Braïla, en Roumanie, jusqu'à son arrivée à Paris, en 1948), une jeunesse brinquebalée, persécutée et tôt livrée à elle-même, sans guide ni maître. Secrets et souffrances d'enfance, identité flottante ou années d'apprentissage bousculées par l'histoire (la Résistance en France pour Morin, les persécutions raciales en Roumanie pour Moscovici), tout cela a pu les pousser dans la voie atypique qu'ils ont choisie, c'est possible, plausible et évidemment toujours insuffisant, comme les explications trop exclusives. Car les facteurs sont multiples et ils croisent le hasard des rencontres ou des opportunités.

Dans le cheminement de Serge Moscovici, la rencontre et l'enseignement d'Alexandre Koyré, qui l'a initié à la philosophie et à l'histoire des sciences, ont été très importants. Dans celui d'Edgar Morin, le séjour, en 1969-1970, au Salk Institute for Biological Studies à San Diego, en Californie, a marqué un tournant. Auparavant, il avait lu le manuscrit du livre de Jacques Monod *Le Hasard et la Nécessité*, et s'était initié aux avancées de la biologie comme à la pensée cybernétique en participant à un cercle de réflexion, le « groupe des dix », animé par Jacques Robin. Mais en Californie, invité dans cette pépinière de prix Nobel sans autre contrainte que de réfléchir et d'apprendre, étudiant comme il a toujours aimé l'être, il découvrait un foisonnement de théories nouvelles en même temps que le mouvement effervescent de la jeunesse

---

1. Serge Moscovici, *Chronique des années égarées, op. cit.*, p. 284.

californienne. C'était la grande époque de la « révolution biologique », on avait établi que le vivant était constitué des mêmes ingrédients physico-chimiques que le reste de l'univers, de là à l'y réduire, il n'y avait qu'un pas, franchi par certains biologistes. Pour élucider ce qui faisait l'originalité du vivant, il fallait chercher non du côté des composants, mais du côté de son organisation. Or, l'émergence d'autres connaissances – la cybernétique, la théorie générale des systèmes, le principe du « hasard organisateur » notamment – ouvrait des pistes, quand elles ne se refermaient pas sur elles-mêmes. C'était le moment où surgissait la problématique écologique, qui transformait l'idée de nature comme celle de la relation entre l'homme et son environnement. Dans cet extraordinaire bouillonnement, théories et concepts voyageaient en contrebande d'un savoir à l'autre et migraient aussi d'un continent à l'autre.

À son retour de Californie, Edgar Morin lançait le Centre Royaumont pour une science de l'homme[1], puis ce fameux colloque sur *L'Unité de l'homme*. C'était le prélude à *La Méthode*[2], œuvre maîtresse, somme si l'on veut, à condition de ne pas y voir un cumul ou une vaste synthèse, car l'incomplétude est en son principe. « Je n'ai pas cherché la connaissance encyclopédique, mais la connaissance encyclopédante, qui met en cycle les connaissances disjointes afin qu'elles prennent sens en se reliant les unes aux autres », explique

---

1. Le CIEBAF (Centre international d'études bio-anthropologiques et d'anthropologie fondamentale), créé en 1971, avec le soutien de Jacques Monod, François Jacob, Jonas Salk et avec l'aide de Massimo Piatelli-Palmarini, est devenu le Centre Royaumont pour une science de l'homme (1972-1978).
2. Edgar Morin, *La Méthode*, t. 1 : *La Nature de la Nature*, Paris, Seuil, 1977, t. 2 : *La Vie de la Vie*, Paris, Seuil, 1980, t. 3 : *La Connaissance de la Connaissance*, Paris, Seuil, 1986, t. 4 : *Les Idées. Leur habitat, leur vie, leurs mœurs, leur organisation*, Paris, Seuil, 1991, et t. 5 : *L'Humanité de l'Humanité, 1. L'identité humaine*, Paris, Seuil, 2001.

Morin[1], s'amusant d'un de ces jeux de mots qu'on lui a souvent reprochés. Il y a un *homo ludens* chez cet *homo sapiens*, et « encyclopédant » lui va bien, assurément. En effet, *La Méthode* révèle à la fois une pensée dérangeante, déplacée, bousculant les formes habituelles du raisonnement, et une pensée mobile, attentive au déplacement créateur et à l'écart, aux possibilités illimitées de la réflexivité.

Il suffit ici de rappeler les principaux mouvements de cette pensée de la complexité. Au principe de non-contradiction, elle substitue la « dialogique », qui permet de maintenir la dualité au sein de l'unité en associant deux termes à la fois complémentaires et antagonistes, tels l'ordre et le désordre ou la raison et la déraison. Cette dialogique se distingue de la dialectique qui, chez Hegel, conduit au dépassement de la contradiction ; elle se rapproche, en revanche, de l'analyse du rôle dynamique et fécond des tensions et conflits, chez Simmel. Au principe de causalité, elle préfère celui de « récursivité » selon lequel les produits et effets sont en même temps producteurs et causes de ce qui les produit (l'évolution du cerveau a rendu possible une évolution culturelle qui elle-même a entraîné une évolution biologique favorable au développement de la culture ; les individus façonnent la société qui façonne les individus, etc.). Enfin, au principe de simplification optant pour la réduction à l'élément singulier ou, à l'inverse, pour la totalisation oublieuse du particulier et du concret, elle substitue le principe « hologrammatique » selon lequel, comme dans l'image de l'hologramme dont un fragment restitue la totalité, la partie est dans le tout et le tout est dans la partie. Cela est vrai tant dans le monde biologique, où chaque cellule de l'organisme contient le

---

1. Edgar Morin, *Mes démons, op. cit.*, p. 54.

code génétique de l'ensemble, que dans le monde sociologique, où la société est tout entière présente en chacun de ses membres. Réfléchir et réviser nos façons de raisonner, lier sciences et humanités, connaissance et réflexivité, tel est le pari argumenté que propose Edgar Morin, infatigablement, depuis trente ans. L'enjeu n'est pas seulement le devenir du savoir et ne concerne pas que les savants : réformer la pensée et, dans le même mouvement, réformer l'éducation, c'est pouvoir enseigner la condition humaine, ses risques, ses richesses et ses aléas [1]. Une ambition démesurée et modeste à la fois, qui affirme que penser, c'est dialoguer avec l'incertitude.

Le développement des sciences cognitives, les avancées de la paléoanthropologie ou la théorie de la coévolution cerveau/culture, par exemple [2], sont venues confirmer des intuitions qui étaient déjà dans *Le Paradigme perdu*. De même, l'intérêt pour l'imaginaire dès 1951, dans l'analyse des rapports de l'homme à la mort [3], puis dans les études sur le cinéma [4] ou la rumeur [5], comme le rôle accordé à l'événement et à la crise, ou encore la curiosité dénuée du mépris des lettrés pour la culture de masse [6], ont abouti à des livres précurseurs. Dans bien des domaines, Edgar Morin a donc été pionnier mais, on le sait, le dur destin des pionniers est que l'on oublie leur antériorité quand leurs idées ont été confirmées et se sont

---
1. Edgar Morin, *La Tête bien faite*, Paris, Seuil, 1999. Voir aussi *Relier les connaissances. Le défi du XIX*e *siècle*, Paris, Seuil, 1999, et *Les Sept Savoirs nécessaires à l'éducation du futur*, Paris, Seuil, 2000.
2. Voir l'excellente synthèse de Jean-François Dortier, *L'Homme, cet étrange animal... Aux origines du langage, de la culture et de la pensée*, Paris, Éditions Sciences humaines, 2004.
3. Edgar Morin, *L'Homme et la Mort*, Paris, Corréa, 1951.
4. Edgar Morin, *Le Cinéma ou l'Homme imaginaire*, Paris, Minuit, 1956, et *Les Stars*, Paris, Seuil, 1957.
5. Edgar Morin, *La Rumeur d'Orléans*, *op. cit.*
6. Edgar Morin, *L'Esprit du temps*, Paris, Grasset, 1962.

égaillées. Une part de lui, sans doute, aurait aimé faire école, se sentir compris en étant repris, répété à l'envi, tout en sachant bien que, par définition, seules les pensées scholastiques fabriquent de dévots disciples. De là vient peut-être le caractère insistant, ressassant parfois, de certains de ses textes. Il s'est toujours senti un peu marginal : pour les uns, pas assez sociologue et trop « journaliste » (le vilain défaut, même si les textes de Siegfried Kracauer ou ceux des sociologues de Chicago, qui ne s'embarrassent pas de telles distinctions, sont désormais auréolés d'une légitimité renforcée par la traduction tardive et la patine du temps...) ; pour d'autres, « touche-à-tout » (autre vilain défaut) mais pas vraiment philosophe. Bref, pas assez ceci, pas assez cela, jamais à sa place, connu sans être vraiment reconnu, du moins en France. Car en Europe du Sud comme en Amérique latine, il jouit d'un grand prestige intellectuel. Il avait eu le projet, en 1974, d'écrire un livre intitulé *Je ne suis pas des vôtres*, un titre en forme de pied de nez pour revendiquer sa marginalité, dans un moment où il la sentait moins assurée. C'est devenu finalement, vingt ans après, *Mes démons*, une autre façon d'expliciter sa dissidence.

Edgar Morin a bien évidemment (éminemment) sa place dans cette petite bibliothèque des déplacés. Mais aussi une place à part, car c'est avec lui et grâce à lui que j'ai commencé à travailler au sortir de l'université. Comme souvent, au départ, il y eut un hasard. Nous avons fait connaissance à l'occasion d'une fête, cela devait être en 1967, lui et sa femme Johanne avaient enregistré l'excellente musique brésilienne sur laquelle nous dansions, rendez-vous fut pris entre Johanne et Alain qui était alors mon mari, pour repiquer les enregistrements. Nous sommes ainsi, très vite, devenus amis. Du premier contrat de recherche qu'il m'a trouvé, et que j'ai très mal honoré, à ce livre-ci, j'ai, en le côtoyant, beaucoup appris et ma dette est immense. Je me souviens qu'après ma soutenance de thèse, mon père lui avait déclaré, un peu solennel comme à l'accoutumée : « J'aurais voulu avoir un directeur comme vous. »

Edgar Morin ne dirige pas, il oriente, il fraye des voies, il jette des ponts. Et nul hasard s'il aime tant citer le poème de Machado : « Caminante, no hay camino, el camino se hace al andar. » (« Toi qui chemines, il n'y a pas de chemin, le chemin se fait en marchant. »)

Mots de passe

J'aime les accents. Échos d'une langue dans une autre, ils rappellent traversées et passages. Ils séduisent et étonnent en déplaçant l'attention, en faisant sonner les phrases différemment. Au théâtre, bien des metteurs en scène en ont tiré parti, l'accent d'un acteur déshabitue le spectateur d'un texte trop connu, il met l'écoute en éveil, déconstruit l'évidence du sens, fait tinter et vaciller les mots. Le théâtre d'Antoine Vitez, par exemple, loin d'être un conservatoire de langue et de diction pures, était conçu, dit Georges Banu, comme un laboratoire vivant où acteurs français et étrangers œuvraient ensemble à déployer le sens et la sonorité des textes[1]. Vitez lui-même s'en enchantait : « Les gens qui disent avec un accent étranger de beaux textes français me font réagir à ma propre langue : je l'entends comme parlée d'ailleurs, je l'entends mieux, j'ai toujours été émerveillé par les différences que les accents font apparaître dans la langue elle-même. Lorsque, à un accent français plus ou moins unifié, se mêlent des accents étrangers, on jouit mieux

---

[1]. Voir Georges Banu, « L'étranger ou le théâtre enrichi », *Tumultes*, n° 5, 1994, p. 135-137.

et plus de la langue[1]. » Comme lui, d'autres tels Ariane Mnouchkine ou Peter Brook ont su jouer de ces variations, en optant pour des distributions bigarrées et polyphoniques, afin de mieux faire résonner leur propos.

Il y a, c'est vrai, des accents qui m'émeuvent particulièrement, parce qu'ils m'évoquent un monde révolu, comme cet accent yiddish que bientôt l'on entendra plus. De mon enquête sur les Juifs de Plock[2], j'ai gardé des piles de bandes magnétiques, de longs entretiens enregistrés avec des personnes qui, pour la plupart, ont disparu. J'en ai remis certaines aux enfants de celles et ceux que j'avais interviewés. J'ai songé un moment à confier les autres à un dépôt d'archives puis, hésitant sur le statut de ces documents privés, je les ai mis de côté avec le projet de les transférer sur un support moins fragile. Mais je me souviens que certains m'avaient dit combien, longtemps, ils avaient souffert de cet accent qui me charmait mais dont parfois leurs enfants, dans le passé, avaient eu honte.

Les accents peuvent, en effet, s'avérer redoutables en révélant une origine, régionale, nationale, « ethnique » ou sociale. Le (bon ou mauvais) ton, comme le nom, classe (déclasse, surclasse), dit d'où vient celui ou celle qui parle, suscitant, selon les cas, la reconnaissance, la sympathie, la méfiance, voire le mépris social ou l'hostilité xénophobe. On se souvient du courroux de Richard Hoggart quand un employé des chemins de fer soupçonneux s'était étonné de le voir assis en première classe. Certains, las des rejets et discriminations, changent de nom, sans pour autant

---

1. Antoine Vitez, « Le cuisinier hollandais », *Journal de Chaillot*, n° 12, juin 1983, cité par Georges Banu, « L'étranger ou le théâtre enrichi », art. cit.
2. Nicole Lapierre, *Le Silence de la mémoire*, *op. cit.*

renier histoire et filiation [1], d'autres décident de gommer leur accent. Dans *Adieu, vive clarté* de Jorge Semprun, le narrateur, qui ressemble à l'adolescent qu'il a été, raconte comment, blessé par les invectives xénophobes d'une boulangère, il s'est juré de parler le français sans la moindre trace d'intonation espagnole : « Pour préserver mon identité d'étranger, pour faire de celle-ci une vertu intérieure, secrète, fondatrice et confondante, je vais me fondre dans l'anonymat d'une prononciation correcte [2]. » Anonymat que le nom d'auteur, l'entrée en littérature et l'écriture, en français justement, vont à leur tour effacer. Or, gommer l'effacement, c'est en quelque sorte une revanche glorieuse de l'accent.

Derrida, lui aussi, a raconté avec lucidité comment il s'est efforcé de normaliser sa prononciation, pour mieux accéder à la dignité du français : « On n'entrait dans la littérature française qu'en perdant son accent. Je crois n'avoir pas perdu mon accent, pas tout perdu de mon accent de "Français d'Algérie". L'intonation est plus apparente dans certaines situations "pragmatiques" (la colère ou l'exclamation en milieu familial ou familier, plus souvent en privé qu'en public, et c'est au fond un critère assez fiable pour l'expérience de cette étrange et précaire distinction). Mais je crois pouvoir espérer, j'aimerais tant qu'aucune publication ne laisse rien transparaître de mon "français d'Algérie". Je ne crois pas, pour l'instant et jusqu'à démonstration du contraire, qu'on puisse déceler *à la lecture*, et si je ne le déclare pas moi-même, que je suis un "Français d'Algérie". De la nécessité de cette transformation vigilante je garde sans doute une sorte de réflexe acquis. Je n'en suis pas fier, je n'en fais pas

---

1. Nicole Lapierre, *Changer de nom*, Paris, Stock, 1995.
2. Jorge Semprun, *Adieu, vive clarté*, Paris, Gallimard, 1998, p. 79.

une doctrine mais c'est ainsi : l'accent, quelque accent français que ce soit, et avant tout le fort accent méridional, me paraît incompatible avec la dignité intellectuelle d'une parole publique[1]. »

Né dans une famille juive d'Algérie où l'on ne parlait ni l'hébreu ni l'arabe, le français était sa langue, sa seule langue même. Cependant, cette langue unique ne pouvait être tout à fait sienne. L'appartenance était d'emblée fêlée sur deux versants : d'un côté, le français était associé au pouvoir et aux institutions qui, en 1942, lui avaient retiré la citoyenneté et l'avaient exclu sans explication du lycée ; de l'autre, il était auréolé d'une légitimité et d'une autorité aussi prestigieuses que lointaines. Il lui fallait donc conquérir cette langue, dans un purisme sans accent ni scorie, se l'approprier et, en même temps, la réinventer, la plier à son désir, dévoiler le simulacre de sa pureté, la diffracter avec jubilation en multiples éclats. Se jouer de sa prétention à l'unité, en somme. Ce qu'atteste la déconstruction derridienne, c'est qu'il y a toujours « plus d'une langue » ou, si l'on préfère, toujours du divers dans la langue. C'est ce qui en fait la richesse, les ambiguïtés, l'inachèvement et les infinies potentialités, dont les écrivains, justement, s'emparent. Dans sa relecture de Franz Kafka, Elias Canetti et Georges Perec, Régine Robin montre bien comment ces auteurs, en maîtrisant admirablement la langue dans laquelle ils écrivent, y inscrivent une altérité et une instabilité qui la fissurent de l'intérieur[2].

La défense d'une prétendue langue pure ou inaltérée, comme celle d'une culture vierge de tout contact, est une absurde et dangereuse illusion, à laquelle

---

1. Jacques Derrida, *Le Monolinguisme de l'autre*, Paris, Galilée, 1996, p. 77-78.
2. Régine Robin, *Le Deuil de l'origine. Une langue en trop. La langue en moins*, Paris, Kimé, 2003.

s'affronte la séduction provocante de ces mots étrangers, dont Adorno et son ami Erich aimaient, adolescents, émailler leurs propos. Ces mots, qui étaient « de minuscules cellules de résistance » au nationalisme ambiant pendant la Première Guerre mondiale, avaient, se souvient-il, le charme troublant des amours exotiques, ils attiraient comme « une sorte d'exogamie de la langue », ils « faisaient rougir, comme le fait de prononcer un nom secrètement aimé [1] ». Les utiliser, c'était céder à un désir de diversité, usage coupable que leurs professeurs biffaient d'un trait rouge et rageur. Alors, on ne rayait encore que les mots.

Les intellectuels juifs de Mitteleuropa qui ont fui le nazisme étaient germanophones et, pour la plupart, polyglottes. Ils avaient le goût des termes, des textes, des expressions venus d'ailleurs, qu'ils lisaient dans leur langue originale, qu'ils traduisaient souvent en allemand. Confrontés à l'exil, il leur fallut choisir. Dans quelle langue écrire ? Choix d'autant plus difficile qu'il venait buter sur la question des affinités entre une langue et une pensée. La plupart ont adopté l'anglais, sans l'habiter tout à fait, et sans abandonner le lien premier avec l'allemand, comme l'expliquait Hannah Arendt : « J'ai toujours refusé, consciemment, de perdre ma langue maternelle. J'ai toujours maintenu une certaine distance tant vis-à-vis du français que je parlais très bien autrefois, que vis-à-vis de l'anglais que j'écris maintenant [2]. » Pour tous, traduire était aussi essentiel à la vie quotidienne qu'à la vie de l'esprit.

Loin d'être une malédiction jetant la confusion sur Babel, selon le récit de la Genèse, la diversité des langues, en témoignant de l'incomplétude de chacune,

---

[1]. Theodor W. Adorno, *Mots de l'étranger et autres essais. Notes sur la littérature II*, Paris, Éditions de la MSH, 2004, p. 61.
[2]. Hannah Arendt, *La Tradition cachée, op. cit.*, p. 240.

invite à cet art de l'entre-deux et du déplacement fécond qu'est la traduction. Sans elle, il ne peut y avoir de circulation des idées et des œuvres. Pourtant, elle suscite souvent méfiance ou mépris. Rappelant que « le rejet de la traduction traverse toute l'histoire de l'Occident[1] », Antoine Berman en dénonce les deux arguments symétriques et récurrents. D'un côté, le dogme de l'intraduisibilité, de l'inévitable trahison, appliqué au texte sacré, à la poésie, et plus généralement au génie propre d'un auteur considéré comme indissociable du génie de sa langue ; c'est alors « toute une culture qui défend contre "l'exil" qu'est la traduction ses propres "monstres sacrés"[2]. » De l'autre, l'axiome inverse de la traduisibilité universelle, selon lequel l'opération, bénigne, serait une simple transmission de sens, sans trace ni perte, un transfert discret, modeste et à la limite inapparent, aboutissant à un texte lissé d'où, en quelque sorte, tout accent serait gommé.

Qu'il n'y ait pas entière proximité et parfaite identité entre l'original et la traduction et que le passage de l'un à l'autre ne soit pas simple transmission de sens, tel était déjà le constat que faisait Walter Benjamin. Une traduction digne de ce nom ne cherche pas la ressemblance ou l'imitation. Naviguant entre fidélité et liberté, elle ménage la trace, ne réduit pas l'intervalle, mais « fait résonner l'original, aux seuls endroits où dans sa propre langue, elle peut faire entendre l'écho d'une œuvre écrite dans une langue étrangère[3] ». La traduction, écrit de son côté Paul Ricœur, est à la fois sauvetage et perte, travail du souvenir et travail du deuil, son rapport avec l'original est

---

1. Antoine Berman, *L'Épreuve de l'étranger. Culture et traduction dans l'Allemagne romantique*, Paris, Gallimard, 1984, p. 298.
2. *Ibid.*, p. 299.
3. Walter Benjamin, « La tâche du traducteur », in *Mythe et Violence, op. cit.*

fait de liaison et de séparation, c'est pourquoi elle n'est jamais définitive, jamais assurée, les retraductions étant toujours possibles, qui sont sa seule épreuve de vérité. « Trahison créatrice de l'original, appropriation également créatrice par la langue d'accueil [1] », elle produit une « équivalence sans identité [2] », et c'est précisément dans cet écart, jamais comblé, entre équivalence et identité que s'ouvre l'espace de « l'hospitalité langagière [3] ».

En France, on l'a vu à propos de nombreux auteurs étrangers dans ce livre, cette hospitalité est assez limitée. On traduit en effet avec parcimonie et retard, ce qui conforte, dans le domaine des idées en particulier, un mélange d'arrogance et de provincialisme. Ce pays est aussi, comme le déplore Régine Robin, « désespérément monolingue et on n'y parle qu'avec un accent légitime [4] ». Les littératures hybrides, les écritures migrantes, les textes polyphoniques, qui ont tant régénéré les lettres anglaises notamment grâce aux écrivains de la migration, peinent à s'y déployer. L'air est comme raréfié et l'inspiration manque pour ce que Michel de Certeau appelle la « langue traversière ». Il utilise l'expression pour désigner la langue des mystiques, ces déclassés et déplacés d'une époque bouleversée, mais la définition qu'il en donne pourrait convenir à des poétiques d'aujourd'hui et d'ailleurs : « Le parler mystique est fondamentalement "traducteur". Il est passeur. Il forme un tout par d'incessantes opérations sur des mots étrangers. Avec ce matériau bigarré, il organise une suite orchestrale de décalages, de camouflages aussi et de citations lexicales. Ce style d'écriture

---

1. Paul Ricœur, *Sur la traduction*, Paris, Bayard, 2003, p. 66.
2. *Ibid.*, p. 40.
3. *Ibid.*, p. 19.
4. Régine Robin, *Le Deuil de l'origine, op. cit.*, p. 222.

est un permanent exercice de translation[1]. » On songe, évidemment, à la « créolisation » de la langue dans l'œuvre d'Édouard Glissant, qui mêle art de traduire et pensée de la trace[2], ou aux dissonances, interférences, jeux de mots et jeux de sens d'un Salman Rushdie, et plus généralement à ces textes mutants dans lesquels les études littéraires postcoloniales décèlent de nouveaux modèles culturels, à la croisée, écrit Homi Bhabha (dans un jeu de mots difficile à traduire justement) du *transnational* et du *translational*[3]. De l'éloge du déplacement à l'éloge de la traduction, le mouvement est continu. Penser ailleurs, c'est être (ou jouer) « l'étranger-traducteur[4] » et pratiquer, entre les textes et les cultures, comme entre les disciplines et les savoirs, ce qu'Isaac Joseph appelait « la langue des intervalles[5] ». Celle qui permet de faire migrer les idées, de les traduire en gardant l'accent, de les écrire en mêlant les tons, sans jamais les laisser s'installer tout à fait.

Je n'entendais pas l'accent de mon père, sauf à y prêter une attention particulière. Je ne percevais pas ce roulement des *r*, marqué pourtant, me disait-on. C'était une trace du polonais, sa langue maternelle, car dans cette famille juive assez bourgeoise, on ne parlait pas le yiddish. Le français, depuis bien longtemps, lui était courant, spontané, naturel, mais il y restait cet écho d'une autre langue que désormais je ne peux plus écouter. L'amour que je portais à cet homme déplacé m'a sans nul doute poussée à écrire ce livre, qui est aussi de diversion, d'échappée et de deuil.

---

1. Michel de Certeau, *La Fable mystique 1, op. cit.*, p. 164.
2. Édouard Glissant, *Traité du Tout-Monde, op. cit.*, p. 28-29.
3. Homi K. Bhabha, *The Location of Culture, op. cit.*, p. 172.
4. Isaac Joseph, *Le Passant considérable. Essai sur la dispersion de l'espace public*, Paris, Librairie des Méridiens, 1984, p. 8.
5. *Ibid.*, p. 79.

Index des noms

ADORNO, Theodor W. : 21 ; 22 ; 25 ; 35 ; 74 ; 75 ; 113 ; 275
AMIN, Shahid : 201 ; 202
AMSELLE, Jean-Loup : 228-231
ANDERSON, Benedict : 206
ANDERSON, Nels : 159-163 ; 166
APPADURAÏ, Arjun : 204-208
ARENDT, Hannah : 21-26 ; 79 ; 82-88 ; 91 ; 205 ; 275
ARNOLD, Matthew : 99
ARON, Raymond : 100
ASTURIAS, Miguel : 228
ATLAN, Henri : 174 ; 237
AUERBACH, Erich : 114-115
AZZAOUI, Benaceur : 138

BAKHTINE, Mikhaïl : 77
BAKOUNINE, Mikhaïl : 121
BALANDIER, Georges : 258-260
BANU, Georges : 271
BARRÈS, Maurice : 250
BARTH, Fredrik : 64-65
BARTHES, Roland : 50 ; 76
BARTÓK, Béla : 89
BATAILLE, Georges : 190
BATALLA, Jean : 133
BAUDRILLARD, Jean : 216
BAUMAN, Zygmunt : 111
BECKER, Carl Heinrich : 95
BECKER, Howard S. : 163 ; 166-168
BELORGEY, Jean-Michel : 134
BENJAMIN, Walter : 21 ; 24-25 ; 34 ; 73 ; 75 ; 191 ; 203 ; 236 ; 238 ; 276
BERADT, Charlotte : 22-25
BERADT, Martin : 22 ; 24-25
BERGSON, Henri : 43 ; 89

BERMAN, Antoine : 276
BERNAND, Carmen : 220
BERNARD, Claude : 146
BHABHA, Homi K. : 204 ; 209 ; 211 ; 278
BISSO NA BISSO : 231
BLANCHOT, Maurice : 124 ; 190
BLEYL, Fritz : 36
BLOCH, Ernst : 56 ; 75
BLOCH, Marc : 248
BLÜCHER, Heinrich : 22
BOGART, Humphrey : 205
BOLTANSKI, Luc : 151
BONNEFOY, Yves : 247
BONNIN, Philippe : 41
BORDES-BENAYOUN, Chantal : 178
BOULANGER, Nadia : 133
BOULET, Marc : 132 ; 134
BOURDIEU, Pierre : 130 ; 139-144 ; 147-148
BOYARIN, Daniel : 172-178 ; 213
BOYARIN, Elissa : 169-172
BOYARIN, Jonathan : 169-174 ; 177-178 ; 180-181 ; 213 ; 215
BOYLE, Robert : 240
BRAUDEL, Fernand : 248
BRECHT, Bertolt : 203
BRECKENRIDGE, Carol : 205-206
BRETON, André : 228
BROOK, Peter : 272
BRUNET, Roger : 47
BUBER, Martin : 75 ; 238

CANETTI, Elias : 274
CARLYLE, Thomas : 99
CARPENTIER, Alejo : 228

CASADESUS, Robert : 133
CASSIRER, Ernst : 89
CASTEL, Robert : 239
CASTORIADIS, Cornélius : 206 ; 239
CATALDO, Toni : 165
CAYTON, Horace : 186
CELAN, Paul : 32 ; 68
CERTEAU, Michel de : 124 ; 239 ; 277
CHAPLIN, Charlie : 79 ; 83
CHIVA, Isac : 67-69
CHRISTIE, Agatha : 78
CICÉRON : 226
CLIFFORD, James : 212-214
COLUCHE : 151
CONFUCIUS : 254
COOPER, Gary : 78
CRANACH, Lucas : 38
CURTIUS, Ernst Robert : 96-97
CUSSET, François : 216

DALMIA, Vasudha : 202
DANTE : 45
DELACOMPTÉE, Jean-Michel : 13
DELANY, Martin Robinson : 185
DELEUZE, Gilles : 180 ; 200 ; 216 ; 218 ; 231-233
DERRIDA, Jacques : 46 ; 180 ; 200-201 ; 211 ; 216 ; 236 ; 273
DESPOIX, Philippe : 76
DESPRÈS, Léo A. : 65
DETIENNE, Marcel : 246 ; 249-251
DETŒUF, Auguste : 122
DEVEREUX, Georges : 227 ; 236
DEWÈVRE, Brigitte : 49
DICKENS, Charles : 156
DIDEROT, Denis : 251
DOMINICI, Gaston : 50
DOUGLAS, Kirk : 78
DRACULA, comte : 110

DRAKE, Saint Clair : 186
DRESSEN, Marnix : 125-128 ; 135
DU BOIS, William E.B. : 185 ; 190 ; 192-194
DU BOS, Charles : 56
DUBOST, Françoise : 41
DUBOST, Nicolas : 129
DÜRER, Albrecht : 38
DURKHEIM, Émile : 61
ECO, Umberto : 257
EINSTEIN, Albert : 264
ÉLÉAZAR BEN YAIR : 175
ELIAS, Norbert : 96 ; 101-106
ELIOT, T.S. : 99
ENFANTIN, Père : 126
EVANS-PRITCHARD, Edward : 241
EWALD, François : 232

FANON, Frantz : 210
FÉDIDA, Pierre : 240
FISCHLER, Claude : 49
FLAVIUS, Josèphe : 174-175 ; 179
FOGARASI, Adalbert : 89
FORTES, Meyer : 241-242
FOUCAULT, Michel : 139 ; 199 ; 216 ; 231-233 ; 251
FRAZER, James : 241
FRÉDÉRIC-AUGUSTE II : 38
FREUD, Sigmund : 19 ; 24 ; 179
FREUND, Julien : 31 ; 42
FREYER, Hans : 98
FRIEDLÄNDER, Julius : 56
FRIEDMANN, Jonathan : 214

GABEL, Joseph : 90 ; 101
GABIN, Jean : 78
GANDHI : 193-194
GAUS, Günter : 82
GAY, Peter : 81
GIDE, André : 13

GILROY, Paul : 182-185 ; 190 ; 192 ; 197 ; 210 ; 213 ; 217-218
GLISSANT, Édouard : 217-219 ; 278
GOETHE, J.W. von : 203
GOFFMAN, Erving : 168
GOLDMANN, Lucien : 101
GOLDSTERN, Eugénie : 68-69
GOODY, Jack : 241-246
GOSH, Amitav : 213
GRAMSCI, Antonio : 199
GREENAWAY, Peter : 225
GRIFFIN, John Howard : 132 ; 134
GRIGNON, Claude : 149
GROETHUYSEN, Bernard : 56
GRUZINSKI, Serge : 222-226 ; 229
GUATTARI, Félix : 180 ; 200 ; 218
GUHA, Ranajit : 199
GUILLAUME II : 54
GURVITCH, Georges : 100
GUSTI, Dimitri : 67

HALL, Stuart : 158 ; 180
HALPERN, Bernard : 146
HANNERZ, Ulf : 212
HAUSER, Arnold : 89
HAZAN, Éric : 48
HECKEL, Erich : 36-37
HEGEL, G.W F. : 101 ; 267
HEIDEGGER, Martin : 91
HEINE, Heinrich : 83
HELLIS, Henry Havelock : 60
HESCHEL, Abraham : 173
HILL, Joe : 162
HITCHCOCK, Alfred : 78
HITLER, Adolf : 73 ; 82 ; 104
HOBBES, Thomas : 240
HOBSBAWM, Eric : 199
HOGGART, Richard : 151-158 ; 272
HOMÈRE : 45
HORKHEIMER, Max : 22 ; 91

HORTHY, amiral : 90
HUSSERL, Edmund : 73 ; 91

IMAMURA, Shohei : 33
IMPRESSIONS (The) : 184

JACCARD, Roland : 20
JANKÉLÉVITCH, Vladimir : 33-34 ; 44-45
JOHNSON, Alvin : 73
JOSEPH, Isaac : 76 ; 278
JUBILEE SINGERS : 184
JULIEN l'APOSTAT : 14
JULLIEN, François : 251-257

KAFKA, Franz : 23 ; 83 ; 203 ; 274
KANT, Emmanuel : 62 ; 233
KANTÉ, Souleymane : 230
KAUFMANN, Jean-Claude : 127
KEATON, Buster : 78
KIRCHNER, Ernst Ludwig : 36-37 ; 39
KLEMPERER, Victor : 25
KOYRÉ, Alexandre : 265
KRACAUER, Lili : 75
KRACAUER, Siegfried : 22-23 ; 33 ; 56 ; 73-81 ; 88 ; 269
KROPOTKINE, Petr : 60 ; 64
KUGELMASS, Jack : 169
KUN, Béla : 90

LA BOÉTIE, Étienne de : 11 ; 13
LACAN, Jacques : 180
LAHIRE, Bernard : 149
LAPLANTINE, François : 226-228
LAWRENCE, D.H. : 156
LAZARE, Bernard : 83 ; 88
LE PICHON, Alain : 257
LEAVIS, Frank Raymond : 157
LEFEBVRE, Henri : 236

LEFORT, Claude : 238
LÉNINE : 236
LEPENIES, Wolf : 96
LEROY, Pierre : 49
LÉVI-STRAUSS, Claude : 67 ; 224
LEZNAI, Anna : 89
LINHART, Robert : 129-132
LINHART, Virginie : 135
LINNEBACH, Gabrielle : 39
LONDON, Jack : 117 ; 119 ; 159
LOPEZ DE VILLANUEVA, Antoinette : 14
LÖWY, Michael : 90
LUKÁCS, György : 56 ; 89 ; 92-94 ; 101 ; 112
LUMET, Sidney : 78

MACDONALD, Ian : 77
MACHADO, Antonio : 270
MANNHEIM, Gustav : 89
MANNHEIM, Karl : 26 ; 56 ; 88-107 ; 119 ; 158
MANNHEIM, Rosa : 89
MANNONI, Maud : 190
MAO TSE-TOUNG : 120
MARCUS, George E. : 231
MARIENSTRAS, Richard : 172
MARTUCCELLI, Danilo : 55
MARX BROTHERS : 78
MARX, Karl : 89 ; 100 ; 236
MAUGER, Gérard : 100
MAUSS, Marcel : 52 ; 61
MC SOLAAR : 168
MERLEAU-PONTY, Maurice : 15
MICHELET, Jules : 138 ; 140
MNOUCHKINE, Ariane : 272
MONOD, Jacques : 265
MONTAIGNE, Michel de : 11-16 ; 20, 29 ; 226 ; 251-252 ; 260
MONTESQUIEU : 251

MORIN, Edgar : 50 ; 67 ; 260 ; 262-270
MORIN, Johanne : 269
MOSCOVICI, Serge : 68 ; 236 ; 260-261 ; 263-265
MOSSE, George L. : 106-111
MOSSE, Rudolf : 110
MOZART, Wolfgang A. : 264
NIBORSKI, Itzhok : 169
NIETZSCHE, Friedrich : 55
NIZAN, Paul : 144
NOIRIEL, Gérard : 136-140 ; 148-150
NOLDE, Emil : 38
NOUSS, Alexis : 226
NOVALIS, Friedrich : 203

OFFENBACH, Jacques : 75
OPPENHEIMER, Franz : 91
OSTER, Daniel : 32
OVIDE : 223 ; 225

PALMIER, Jean-Michel : 81
PARK, Robert E. : 72 ; 160 ; 162
PASCAL, Blaise : 252
PASCAL, Henri : 49
PASSERON, Jean-Claude : 149-152
PECHSTEIN, Max : 37
PÉGUY, Charles : 236
PELS, Dick : 91
PEREC, Georges : 235 ; 274
PÉRET, Benjamin : 228
PERIVOLAROPOULOU, Nia : 100
PESSÔA, Fernando : 226-227
PIATELLI-PALMARINI, Massimo : 262
PIE XII : 120
PIERRE, abbé : 48
PLATON : 16 ; 236
PLUTARQUE : 16
PRAKASH, Gyan : 201

QUINN, Anthony : 78

Rabbi Eli'ezer : 176
RAPHAËL, Freddy : 69
RAVELLO, George : 166
REMBRANDT : 35-36 ; 38
RENOIR, Jean : 32 ; 78
REVEL, Jacques : 152
RICKERT, Heinrich : 55
RICŒUR, Paul : 276
RINGELBLUM, Emmanuel : 25
ROBIC, Marie-Claire : 47
ROBIN, Jacques : 265
ROBIN, Régine : 274 ; 277
ROBINS, Harold : 205
ROTH, Joseph : 79-80
ROY, Arundhati : 197
RUSHDIE, Salman : 197 ; 204 ; 208-209 ; 212 ; 278

SAID, Edward : 111-115 ; 200 ; 209-211 ; 216
SAINT-JOHN PERSE : 21
SAINT-VICTOR, Hugues de : 115
SARTRE, Jean-Paul : 151 ; 187 ; 190
SCHAEFFER, Jean-Marie : 257
SCHAFFER, Simon : 239
SCHMIDT-ROTTLUFF, Karl : 36
SCHNAPPER, Dominique : 65 ; 67
SCHOPENHAUER, Arthur : 54
SCHUTZ, Alfred : 70-73 ; 88 ; 240
SCHWARTZ, Olivier : 162-163
SEMPRUN, Jorge : 273
SHAPIN, Steven : 239
SIMMEL, Georg : 22 ; 26 ; 30-31 ; 33-36 ; 38 ; 40 ; 42-44 ; 46 ; 48 ; 51 ; 54 ; 56-57 ; 61-63 ; 69-75 ; 77 ; 80 ; 88-89 ; 93 ; 118 ; 161 ; 190 ; 192-194 ; 267
SIMMEL, Gertrud : 56 ; 61
SIMON, Michel : 32
SMITH, Zadie : 197-198 ; 203

SOUVARINE, Boris : 122
SPIVAK, Gayati C. : 200 ; 209 ; 216
STAHL, Henri H. : 67
STAROBINSKI, Jean : 12-13
STEAKLEY, Jim : 108
STEFFENS, Lincoln : 164
STURGES, John : 78

TEMPLE, William : 99
THOMPSON, Edward P. : 158 ; 199
TILLICH, Paul : 91
TITIEN : 225
TODOROV, Tzvetan : 114
TOURNEUR, Jacques : 78
TRAVERSO, Enzo : 74-75
TREITSCHKE, Heinrich von : 194
TRILLAT, Marcel : 138
TRISTAN, Anne : 132 ; 134
TURNER, Frederick Jackson : 65
TURNER, Victor : 53

VALETTE, Alfred : 58
VAN GENNEP, Arnold : 51-53 ; 56-65 ; 69
VERNANT, Jean-Pierre : 246
VIDAL DE LA BLACHE, Paul : 47
VIDAL-NAQUET, Pierre : 179 ; 246
VITEZ, Antoine : 271
VOLTAIRE : 251
WACHTEL, Nathan : 237
WACQUANT, Loïc : 141
WAILERS (The) : 184
WALRAFF, Günter : 132 ; 134
WASHINGTON, Booker : 161
WEBER, Alfred : 96
WEBER, Max : 55 ; 89 ; 96 ; 243
WEIL, Simone : 113 ; 121-125 ; 131
WENDERS, Wim : 77

283

WERNER, Michael : 246
WHYTE, William Foote : 163-166
WIEVIORKA, Annette : 169
WILLIAMS, Raymond : 158
WIRTH, Louis : 165 ; 186
WRIGHT, Richard : 185-190
WRIGHT MILLS, Charles : 73

ZEHRER, Hans : 97-98
ZIEGLER, Theobald : 62
ZIMMERMANN, Bénédicte : 246
ZINNEMANN, Fred : 77
ZWEIG, Lotte : 19-20
ZWEIG, Stefan : 19-20

Bibliographie

ADORNO, Theodor W., et BENJAMIN, Walter, *Correspondance 1928-1940*, Paris, La Fabrique, 2002.
ADORNO, Theodor W., « L'anse, le pichet et la première rencontre », *Notes sur la littérature*, Paris, Flammarion, 1984.
ADORNO, Theodor W., « Un étrange réaliste. Siegfried Kracauer », *Notes sur la littérature III*, Paris, Flammarion, 1984.
ADORNO, Theodor W., *Minima Moralia. Réflexions sur la vie mutilée*, Paris, Petite Bibliothèque Payot, 2003.
ADORNO, Theodor W., *Mots de l'étranger et autres essais. Notes sur la littérature II*, Paris, Éditions de la MSH, 2004.
AMIN, Shahid, « Sortir du ghetto les histoires non occidentales », *L'Homme*, n° 156, octobre-décembre 2000.
AMSELLE, Jean-Loup, *Logiques métisses*, Paris, Payot, 1999.
AMSELLE, Jean-Loup, *Branchements. Anthropologie de l'universalité des cultures*, Paris, Flammarion, 2001.
ANDERSON, Benedict, *L'Imaginaire national. Réflexions sur l'origine et l'essor du nationalisme*, Paris, La Découverte, 1996.
ANDERSON, Nels, *Le Hobo. Sociologie du sans-abri*, Paris, Nathan, 1993.
APPADURAÏ, Arjun, « Savoir, circulation et biographie collective », *L'Homme*, n° 156, octobre-décembre 2000.
APPADURAÏ, Arjun, *Après le colonialisme. Les conséquences culturelles de la globalisation*, Paris, Payot, 2001.
ARENDT, Hannah, *La Tradition cachée. Le Juif comme paria*, Paris, Christian Bourgois, 1987.
ARENDT, Hannah, *Vies politiques*, Paris, Gallimard, « Tel », 2001.
ARENDT, Hannah, *Les Origines du totalitarisme*, Paris, Gallimard, « Quarto », 2002.
ARON, Raymond, *La Sociologie allemande contemporaine*, Paris, PUF, 1950.
ASSAYAG, Jackie, et BÉNÉÏ, Véronique (éd.), « Intellectuels en diaspora et théories nomades », *L'Homme*, n° 156, octobre-décembre 2000.
ATLAN, Henri, *Entre le cristal et la fumée*, Paris, Seuil, 1979.

AUERBACH, Erich, *Mimésis. La représentation de la réalité dans la littérature occidentale*, Paris, Gallimard, « Tel », 1977.
BAKHTINE, Mikhaïl, *Esthétique et Théorie du roman*, Paris, Gallimard, 1978.
BALANDIER, Georges, *Tous comptes faits*, Paris, Éditions du Pavois, 1947.
BALANDIER, Georges, *Sociologie des Brazzavilles noires*, Paris, Armand Colin, 1955.
BALANDIER, Georges, *Afrique ambiguë*, Paris, Plon, « Terre Humaine », 1957.
BALANDIER, Georges, *Anthropologie politique*, Paris, PUF, 1967.
BALANDIER, Georges, *Histoires d'Autres*, Paris, Stock, 1977.
BALANDIER, Georges, *Le Pouvoir sur scènes*, Paris, Balland, 1980.
BALANDIER, Georges, *Le Détour. Pouvoir et modernité*, Paris, Fayard, 1985.
BALANDIER, Georges, *Le Désordre. Éloge du mouvement*, Paris, Fayard, 1988.
BALANDIER, Georges, *Le Dédale. Pour en finir avec le XX*e* siècle*, Paris, Fayard, 1994.
BANU, Georges, « L'étranger ou le théâtre enrichi », *Tumultes*, n° 5, 1994.
BARTH, Fredrik, « Les groupes ethniques et leurs frontières », in Philippe Poutignat et Jocelyne Streiff-Fenart, *Théories de l'ethnicité*, Paris, PUF, 1995.
BARTHES, Roland, *Mythologies*, Paris, Seuil, 1970.
BAUMAN, Zygmunt, *Modernity and Ambivalence*, Cambridge, Polity Press, 1991.
BECKER, Howard S., *Outsiders*, Paris, Métailié, 1985.
BELMONT, Nicole, *Arnold Van Gennep : le créateur de l'ethnographie française*, Paris, Payot, 1974.
BELORGEY, Jean-Michel, *Transfuges. Voyages, ruptures et métamorphoses : des Occidentaux en quête d'autres mondes*, Paris, Autrement, 2000.
BÉNAT-TACHOT, Louise, et GRUZINSKI, Serge, *Passeurs culturels. Mécanismes de métissage*, Paris, Presses universitaires de Marne-la-Vallée/Éditions de la MSH, 2001.
BENJAMIN, Walter, « La tâche du traducteur », in *Mythe et Violence*, Paris, Denoël, 1971.

BENJAMIN, Walter, *Paris, capitale du XIXe siècle. Le livre des passages*, Paris, Cerf, 1989.
BENJAMIN, Walter, *Je déballe ma bibliothèque*, Paris, Rivages poche, Petite Bibliothèque, 2000, p. 65.
BENOIT (Lapierre), Nicole, DEFRANCE, Philippe, FISCHLER, Claude, et PAILLARD, Bernard, « Deux études de sociologie événementielle », Rapport CORDES (Commissariat du Plan), Paris, avril 1973.
BERADT, Charlotte, *Rêver sous le IIIe Reich*, Paris, Payot, 2002.
BERMAN, Antoine, *L'Épreuve de l'étranger. Culture et traduction dans l'Allemagne romantique*, Paris, Gallimard, 1984.
BERNAND, Carmen, « Mestizos, mulatos y ladinos en Hispanoamérica », in *Motivos de la anthropologia americanista*, Mexico, FCE, 2001.
BHABHA, Homi K., « DissemiNation : Time, Narrative, and the Margins of the Modern Nation », in Homi K. Bhabha (ed.), *Nation and Narration*, Londres/New York, Routledge, 1990.
BHABHA, Homi K., *The Location of Culture*, Londres/New York, Routledge, 1994.
BLANCHOT, Maurice, *L'Entretien infini*, Paris, Gallimard, 1986.
BOLTANSKI, Luc, *L'Amour et la justice comme compétences*, Paris, Métailié, 1990.
BONNIN, Philippe, « Dispositifs et rituels du seuil, une topologie sociale. Détour japonais », *Communications*, n° 70, Paris, Seuil, 2000.
BONNIOL, Jean-Luc, *La Couleur comme maléfice. Une illustration créole de la généalogie des « Blancs »*, Paris, Albin Michel, 1992.
BONNIOL, Jean-Luc (dir.), *Paradoxes du métissage*, Paris, Éditions du CTHS, 2001.
BORDES-BENAYOUN, Chantal, « Revisiter les diasporas », *Diasporas. Histoire et sociétés*, n° 1, 2002.
BOULET, Marc, *Dans la peau d'un intouchable*, Paris, Seuil, 1994.
BOURDIEU, Pierre, *Questions de sociologie*, Paris, Minuit, 1980.
BOURDIEU, Pierre, *Choses dites*, Paris, Minuit, 1987.
BOURDIEU, Pierre, avec Loïc J. D. Wacquant, *Réponses*, Paris, Seuil, 1992.
BOURDIEU, Pierre (dir.), *La Misère du monde*, Paris, Seuil, 1993.

BOURDIEU, Pierre, *Science de la science et réflexivité*, Paris, Raisons d'agir, 2001.

BOURDIEU, Pierre, *Esquisse pour une auto-analyse*, Paris, Raisons d'agir, 2004.

BOYARIN, Jonathan, et BOYARIN, Daniel, *Powers of Diaspora. Two Essays on the Relevance of Jewish Culture*, Minneapolis, University of Minnesota Press, 2002.

BOYARIN, Jonathan, « Un lieu de l'oubli : le Lower East Side des Juifs », *Communications*, n° 49, 1989.

BOYARIN, Jonathan, *Palestine and Jewish History. Criticism at the Borders of Ethnography*, Minneapolis, University of Minnesota Press, 1996.

BOYARIN, Jonathan, *Thinking in Jewish*, Chicago, University of Chicago Press, 1996.

BREDIN, Jean-Denis, *Bernard Lazare*, Paris, Éditions de Fallois, 1992.

BRUNET, Roger, *Champs et Contrechamps. Raisons de géographe*, Paris, Belin, 1997.

CASTORIADIS, Cornélius, *L'Institution imaginaire de la société*, Paris, Seuil, 1975.

CAYTON, Horace, et DRAKE, Saint Clair, *Black Metropolis. A Study of Negro Life in a Northern City*, Chicago, The University of Chicago Press, 1945.

CELAN, Paul, *La Rose de personne*, Paris, Le Nouveau Commerce, 1979.

CENTLIVRES, Pierre, et HAINARD, Jacques (éd.), *Les Rites de passage aujourd'hui*, Lausanne, L'Âge d'Homme, 1986.

CENTLIVRES, Pierre, et VAUCHER, Philippe, « Les tribulations d'un ethnographe en Suisse. Arnold Van Gennep à Neuchâtel (1912-1915) », *Gradhiva*, n° 15, 1994.

CERTEAU, Michel de, *La Fable mystique, 1. XVIe – XVIIe siècle*, Paris, Gallimard, « Tel », 1995.

CHAPOULIE, Jean-Michel, *La Tradition sociologique de Chicago 1892-1961*, Paris, Seuil, 2001.

CHIVA, Isac, et JEGGLE, Utz (éd.), *Ethnologies en miroir. La France et les pays de langue allemande*, Paris, Éditions de la MSH, 1987.

CHIVA, Isac, « Entre livre et musée. Émergence d'une ethnologie de la France », in Isac Chiva et Utz Jeggle (éd.), *Ethnologies en miroir. La France et les pays de langue allemande*, Paris, Éditions de la MSH.

CHIVA, Isac, « L'affaire Eugénie Goldstern : l'histoire d'une non-histoire », *Hommage à Freddy Raphaël, Revue des sciences sociales*, n° 31, 2003.

CHIVALLON, Christine, *La Diaspora noire des Amériques. Expériences et théories*, Paris, CNRS Éditions, 2003.

CLIFFORD, James, *Routes. Travel and Translation in the Late Twentieth Century*, Cambridge (Massachusetts), Harvard University Press, 1997.

COHEN, Robin, *Global Diasporas : An Introduction*, Londres, UCL Press, 1997.

CUSSET, François, *French Theory. Foucault, Derrida, Deleuze & Cie et les mutations de la vie intellectuelle aux États-Unis*, Paris, La Découverte, 2003.

DAI YUE, Yun, et LE PICHON, Alain (éd.), *La Licorne et le dragon. Les malentendus dans la recherche de l'universel*, Éditions Charles Leopold Mayer, 2003.

DALMIA, Vasudha, « Franchir barrières et frontières », *L'Homme*, n° 156, octobre-décembre 2000.

DELACOMPTÉE, Jean-Michel, *Et qu'un seul soit l'ami. La Boétie*, Paris, Gallimard, 1995.

DELEUZE, Gilles, *Critique et Clinique*, Paris, Minuit, 1993.

DEROCHE-GURCEL, Lilyane, « Postface » à Georg Simmel, *Rembrandt*, Paris, Circé, 1994.

DEROCHE-GURCEL, Lilyane, *Simmel et la modernité*, Paris, PUF, 1997.

DERRIDA, Jacques, *La Dissémination*, Paris, Seuil, 1972.

DERRIDA, Jacques, *Le Monolinguisme de l'autre*, Paris, Galilée, 1996.

DESPOIX, Philippe, « Avant-propos » de Siegfried Kracauer, *Le Voyage et la danse. Figures de ville et vues de films*, Paris, Presses universitaires de Vincennes, 1997.

DETIENNE, Marcel (dir.), *Tracés de fondation*, Louvain/Paris, Peeters, 1990.

DETIENNE, Marcel, *Comparer l'incomparable*, Paris, Seuil, 2000.

DETIENNE, Marcel (dir.), *Qui veut prendre la parole ? Le Genre humain*, n° 40-41, Paris, Seuil, 2003.

DETIENNE, Marcel, *Comment être autochtone. Du pur Athénien au Français raciné*, Paris, Seuil, 2003.

DEVEREUX, Georges, *Cléomène, le roi fou. Étude d'histoire ethnopsychanalytique*, Paris, Aubier, 1995.

DEVEREUX, Georges, *Ethnopsychiatrie des Indiens mohaves*, Paris, Les Empêcheurs de penser en rond, 1996.

DORTIER, Jean-François, *L'Homme, cet étrange animal... Aux origines du langage, de la culture et de la pensée*, Paris, Éditions Sciences humaines, 2004.

DOUGLAS, Mary, *De la souillure. Études sur la notion de pollution et de tabou*, Paris, La Découverte, 1992.

DRESSEN, Marnix, *De l'amphi à l'établi. Les étudiants maoïstes à l'usine (1967-1989)*, Paris, Belin, 2000.

DRESSEN, Marnix, *Les Établis, la chaîne et le syndicat*, Paris, L'Harmattan, 2000.

DU BOIS, W.E.B., *Dark Princess : A Romance*, New York, Harcourt, Brace and Co, 1928.

DU BOIS, W.E.B., *The Autobiography of W.E.B. Du Bois*, New York, Internationale Publishers, 1968.

DU BOIS, W.E.B., *Dusk of Dawn*, New York, Library of America, 1986.

DU BOIS, W.E.B., *The Souls of Black Folk*, New York, Bantam, 1989.

DUBOST, Françoise, « Les agréments de l'entrée », *Communications*, n° 70, Paris, Seuil, 2000.

DUBOST, Nicolas, *Flins sans fin*, Paris, Maspero, 1979.

DUFOIX, Stéphane, *Les Diasporas*, PUF, « Que sais-je ? », 2003.

DURKHEIM, Émile, « Compte rendu de Georg Simmel : *Philosophie des Geldes* », *L'Année sociologique*, t. V, 1900-1901.

ELIAS, Norbert, *Norbert Elias par lui-même*, Paris, Fayard, 1991.

FABRE, Daniel, « Le *Manuel de folklore français* d'Arnold Van Gennep », in Pierre Nora (dir.), *Les Lieux de mémoire. III. Les France, 2. Traditions*, Paris, Gallimard, 1992.

FANON, Frantz, *Peau noire, masques blancs*, Paris, Points Seuil, 1971.

FASSIN, Éric, « Résistances de Foucault. Politique de la théorie au miroir transatlantique », in Didier Éribon (éd.), *L'Infréquentable Michel Foucault. Renouveaux de la pensée critique*, Paris, EPEL, 2001.

FÉDIDA, Pierre, *Le Site de l'étranger*, Paris, PUF, 1995.

FOUCAULT, Michel, *L'Archéologie du savoir*, Gallimard, 1972.

FOUCAULT, Michel, *Dits et Écrits*, Paris, Gallimard, 1994.

FOUCAULT, Michel, *Les Mots et les Choses*, Paris, Gallimard, « Tel », 2002.

FREUND, Julien, « Introduction » à Georg Simmel, *Sociologie et Épistémologie*, Paris, PUF, 1981.

FRIEDMANN, Jonathan, « Des racines et (dé) routes. Tropes pour trekkers », *L'Homme*, n° 156, octobre-décembre 2000.

FRISBY, David, *The Alienated Mind : The Sociology of Knowledge in Germany 1918-1933*, Londres, Routledge, 1992.

GABEL, Joseph, *Mannheim et le marxisme hongrois*, Paris, Méridiens Klincksieck, 1987.

GAULEJAC, Vincent de, *La Névrose de classe*, Paris, Hommes et groupes, 1987.

GAULEJAC, Vincent de, *L'Histoire en héritage. Roman familial et trajectoire sociale*, Paris, Desclée de Brouwer, 1999.

GAY, Peter, *Le Suicide d'une République. Weimar 1918-1933*, Paris, Gallimard, 1995.

GEERTZ, Clifford, *Ici et là-bas. L'anthropologue comme auteur*, Paris, Métailié, 1996.

GHOSH, Amitav, *Un infidèle en Égypte*, Paris, Seuil, 1994.

GIDE, André, *Essai sur Montaigne*, œuvres complètes réunies par Louis-Martin Chauffier, t. 15, Paris, NRF, 1939.

GILROY, Paul, *L'Atlantique noir. Modernité et double conscience*, Paris, Éditions Kargo, 2003.

GLISSANT, Édouard, *Poétique de la relation*, Paris, Gallimard, 1991.

GLISSANT, Édouard, *Tout-Monde*, Paris, Gallimard, 1993.

GLISSANT, Édouard, *Traité du Tout-Monde*, Paris, Gallimard, 1997.

GLISSANT, Édouard, « De l'esclavage au Tout-Monde », Table ronde, in Jacques Chevrier (dir.), *Poétiques d'Édouard Glissant*, Paris, Presses de l'université de Paris-Sorbonne, 1999.

GOLDMANN, Lucien, *Sciences humaines et Philosophie*, Paris, PUF, 1952.

GOLDSTERN, Eugénie, *Bessans. Vie d'un village de Haute-Maurienne*, Apremont, Curandera, « Savoisiennes », 1987.

GOODY, Jack, *Death, Property and the Ancestors*, Stanford, Stanford University Press, 1962.

GOODY, Jack, *Production and Reproduction : a Comparative Study of the Domestic Domain*, Cambridge, Cambridge University Press, 1976.

GOODY, Jack, *La Raison graphique : la domestication de la pensée sauvage*, Paris, Minuit, 1979.

GOODY, Jack, *Cuisines, cuisine et classes*, Paris Centre Georges-Pompidou, 1984

GOODY, Jack, *L'Évolution de la famille et du mariage en Europe*, Paris, Armand Colin, 1985.

GOODY, Jack, *La Logique de l'écriture : aux origines des sociétés humaines*, Paris, Armand Colin, 1986.

GOODY, Jack, *La Culture des fleurs*, Paris, Seuil, 1994.

GOODY, Jack, *Entre l'oralité et l'écriture*, Paris, PUF, 1994.

GOODY, Jack, *L'Homme, l'écriture et la mort, Entretiens avec Pierre-Emmanuel Dauzat*, Paris, Les Belles Lettres, 1996.

GOODY, Jack, *L'Orient en Occident*, Paris, Seuil, 1999.

GOODY, Jack, *Famille et Mariage en Eurasie*, Paris, PUF, 2000.

GOODY, Jack, *La Famille en Europe*, Paris, Seuil, 2001.

GOODY, Jack, *La Peur des représentations. L'ambivalence à l'égard des images, du théâtre, de la fiction, des reliques et de la sexualité*, Paris, La Découverte, 2003.

GOODY, Jack, *L'Islam en Europe. Histoire, échanges, conflits*, Paris, La Découverte, 2004.

GOODY, Jack, *Au-delà des murs*, Marseille, Éditions Parenthèses/ MMSH, 2004.

GRAFMEYER, Yves, et JOSEPH, Isaac (éd.), *L'École de Chicago. Naissance de l'écologie urbaine*, Paris, Aubier, 1990.

GRIFFIN, John Howard, *Dans la peau d'un noir*, Paris, Gallimard, « Folio », 1976.

GRIGNON, Claude, et PASSERON, Jean-Claude, *Le Savant et le Populaire. Misérabilisme et populisme en sociologie et en littérature*, Paris, Gallimard/Seuil, « Hautes Études », 1989.

GRUZINSKI, Serge, *La Colonisation de l'imaginaire*, Paris, Gallimard 1988.

GRUZINSKI, Serge, *La Guerre des images*, Paris, Fayard, 1990.

GRUZINSKI, Serge, *La Pensée métisse*, Paris, Fayard, 1999.

GRUZINSKI, Serge, « Les mondes mêlés de la monarchie catholique et autres *connected histories* », Annales HSS, 56-1, 2001.

GRUZINSKI, Serge, *Les Quatre Parties du monde. Histoire d'une mondialisation*, Paris, Éditions de La Martinière, 2004.

GURVITCH, Georges (éd.), *Traité de sociologie*, t. 2, Paris, PUF, 1960.

HALL, Stuart, « Cultural Identity and Diaspora », in Jonathan Rutherford (ed.), *Identity : Community, Culture, Difference*, Londres, Lawrence & Wishart, 1990.

HALPERIN, Jean, *Saint Foucault*, Paris, EPEL, 2000.

HAMON, Hervé, et ROTMAN, Patrick, *Génération 2. Les années de poudre*, Paris, Seuil, 1988.

HANCOCK, Ian, *We Are the Romani People*, Hatfield, University of Hertfordshire Press, 2003.

HANNERZ, Ulf, *Transnational Connections*, Londres/New York, Routledge, 1996.

HARDT, Michael, et NEGRI, Antonio, *Empire*, Paris, Exils, 2000.

HARTOG, François, *Mémoire d'Ulysse. Récits sur la frontière en Grèce ancienne*, Paris, Gallimard, 1996.

HAZAN, Éric, *L'Invention de Paris. Il n'y a pas de pas perdus*, Paris, Seuil, 2002.

HESCHEL, Abraham, *Les Bâtisseurs du temps*, Paris, Minuit, 1978.

HOGGART, Richard, *33 Newport Street. Autobiographie d'un intellectuel issu des classes populaires*, Paris, Gallimard/Seuil, « Hautes Études », 1991.

HOGGART, Richard, « Writing about People and Places. Les mots, les gens, les lieux », in Jean-Claude Passeron (dir.), *Richard Hoggart en France*, Paris, BPI, 1999.

JAMA, Sophie, *L'Histoire juive de Montaigne*, Paris, Flammarion, 2001.

JANKÉLÉVITCH, Vladimir, *L'Aventure, l'ennui, le sérieux*, Paris, Aubier 1963.

JANKÉLÉVITCH, Vladimir, « Georg Simmel, philosophe de la vie », introduction à Georg Simmel, *La tragédie de la culture et autres essais*, Paris, Rivages, 1988.

JEGGLE, Utz, et RAPHAËL, Freddy (éd.), *D'une rive à l'autre. Rencontres ethnologiques franco-allemandes*, Paris, Éditions de la MSH, 1997.

JOSEPH, Isaac, *La Ville sans qualités*, Paris, Éditions De l'Aube, 1998.

JOSEPH, Isaac, *Le Passant considérable. Essai sur la dispersion de l'espace public*, Paris, Librairie des Méridiens, 1984.

JULLIEN, François, et MARCHAISSE, Thierry, *Penser d'un dehors (la Chine)*, Paris, Seuil, 2000.

JULLIEN, François, *Éloge de la fadeur*, Paris, Biblio Essais, 1993.

JULLIEN, François, *Traité de l'efficacité*, Paris, Grasset, 1996.

JULLIEN, François, *Un sage est sans idée ou l'autre de la philosophie*, Paris, Seuil, 1998.

JULLIEN, François, *La Grande Image n'a pas de forme ou du non-objet par la peinture*, Paris, Seuil, 2003.

KAPLAN Leslie, *L'Excès-Usine*, Paris, Hachette-POL, 1982.

KAUFMANN, Jean-Claude, « Portes, verrous et clés : les rituels de fermeture du chez-soi », *Ethnologie française*, XXVI (2), 1996.

KAUFMANN, Jean-Claude, *Ego. Pour une sociologie de l'individu*, Paris, Nathan, 2001.

KETTLER, David, MEJA, Volker, et STEHR, Nico, *Karl Mannheim*, Paris, PUF, 1987.

KILMINSTER, Richard, « Norbert Elias and Karl Mannheim : Closeness and Distance », *Theory, Culture and Society*, vol. 10, n° 3, 1993.

KLEMPERER, Victor, *LTI, La langue du IIIe Reich, Carnets d'un philologue*, Paris, Albin Michel, 1996.

KRACAUER, Siegfried, *Genêt*, Paris, Gallimard, 1933.

KRACAUER, Siegfried, *History. The Last Things Before the Last*, New York, Oxford University Press, 1969.

KRACAUER, Siegfried, *De Caligari à Hitler. Une histoire du cinéma allemand 1919-1933*, Paris, Flammarion, 1987.

KRACAUER, Siegfried, *Jacques Offenbach ou le secret du Second Empire*, Paris, Le Promeneur, 1994.

KRACAUER, Siegfried, *Rues de Berlin et d'ailleurs*, Paris, Le Promeneur, 1995.

KRACAUER, Siegfried, *Le Voyage et la Danse. Figures de ville et vues de films*, Paris, Presses universitaires de Vincennes, 1997.

KRACAUER, Siegfried, *Les Employés*, Paris, Éditions Avinus, 2000.

KREBS, Claudia, *Siegfried Kracauer et la France*, Paris, Éditions Suger, 1998.

KRISTEVA, Julia, *Étrangers à nous-mêmes*, Paris, Fayard, 1989.

KROEBER, Alfred L., *Culture Patterns and Processes*, New York/Londres, First Harbinger Books, 1963.

KUGELMASS, Jack, et BOYARIN, Jonathan, *From a Ruined Garden. The Memorial Books of Polish Jewry*, New York, Schocken Books, 1983.

LACOUTURE, Jean, *Montaigne à cheval*, Paris, Points Seuil, 1998.

LAHIRE, Bernard, *La Culture des individus. Dissonances culturelles et distinction de soi*, Paris, La Découverte, 2004.

LAPIERRE, Nicole, « Les chroniqueurs du désastre », in Jean-François Chiantaretto et Régine Robin (dir.), *Témoignage et écriture de l'Histoire*, Paris, L'Harmattan, 2003.

LAPIERRE, Nicole, *Changer de nom*, Paris, Stock, 1995.

LAPIERRE Nicole, *Le Silence de la mémoire. À la recherche des Juifs de Plock*, Paris, Biblio Essais, 2001.

LAPLANTINE, François, et NOUSS, Alexis, *Métissages de Arcimboldo à Zombi*, Paris, Pauvert, 2001.

LAPLANTINE, François, *Transatlantique. Entre Europe et Amériques latines*, Paris, Payot, 1994.

LAZARE, Bernard, *Le Fumier de Job*, Strasbourg, Circé, 1990.

LE RIDER, Jacques, *Le Cas Otto Weininger. Racines de l'antiféminisme et de l'antisémitisme*, Paris, PUF, 1982.

LEFORT, Claude, *La Complication. Retour sur le communisme*, Paris, Fayard, 1999.

LEMIEUX, Cyril, « Une critique sans raison ? L'approche bourdieusienne des médias et ses limites », in Bernard Lahire (dir.), *Le Travail sociologique de Pierre Bourdieu. Dettes et critiques*, Paris, La Découverte, 1999.

LEPENIES, Wolf, *Les Trois Cultures. Entre science et littérature, l'avènement de la sociologie*, Paris, Éditions de la MSH, 1991.

LEPRIEUR, François, *Quand Rome condamne dominicains et prêtres ouvriers*, Paris, Cerf, 1989.

LÉVINAS, Emmanuel, *Humanisme de l'autre homme*, Paris, Biblio Essais, 1972.

LÉVI-STRAUSS, Claude, *L'Identité*, Paris, Grasset, 1977.

LINHART, Robert, *L'Établi*, Paris, Minuit, 1978.

LINHART, Virginie, *Volontaires pour l'usine. Vies d'établis 1967-1977*, Paris, Seuil, 1994.

LINIERS, Antoine, « Objections contre une prise d'armes », in François Furet, Antoine Liniers et Philippe Raynaud, *Terrorisme et Démocratie*, Paris, Fayard, 1985.

LINNEBACH, Gabrielle, « La Brücke et le fauvisme », in *Paris Berlin*, 1900-1933, Centre Georges-Pompidou, Paris, 1978

LONDON, Jack, *Les Temps maudits*, Paris, 10/18, 1973.

LONDON, Jack, *Martin Eden*, Paris, 10/18, 1973.

LOURAU, René, *Le Gai Savoir des sociologues*, Paris, 10/18 1977.

LÖWY, Michael, *Rédemption et Utopie. Le judaïsme libertaire en Europe centrale*, Paris, PUF, 1988.

LÖWY, Michael, « Karl Mannheim, intellectuel sans attaches », *Critique*, t. XLVI, n° 517-518, juin-juillet 1990.

LUKÁCS, György, *Histoire et conscience de classe*, Paris, Minuit, 1960.

MACÉ-SCARON, Joseph, *Montaigne, notre nouveau philosophe*, Paris, Plon, 2002.

MANNHEIM, Karl, *Ideology and Utopia*, Londres, Routledge & Kegan Paul, 1968. *Idéologie et Utopie*, Paris, Marcel Rivière, 1956.

MANNHEIM, Karl, « Die Grundprobleme der Kulturphilosophie », in Eva Karady, Erzébet Vezér (Hrsg.), *Georg Lukács, Karl Mannheim und der Sonntagskreis*, Francfort-sur-le-Main, Sendler Verlag, 1985.

MANNHEIM, Karl, *Le Problème des générations*, Paris, Nathan, 1990.

MARCUS, George E., « Ethnography in/of the World System : the Emergence of a Multi-Sited Ethnography », *Annual Review of Anthropology*, n° 24, 1995.

MARIENSTRAS, Richard, *Être un peuple en diaspora*, Paris, Maspero, 1975.

MARTIN, Jean-Pierre, *Le Laminoir*, Seyssel, Champ Vallon, 1995.

MARTUCCELLI, Danilo, *Sociologies de la modernité*, Paris, Gallimard, « Folio Essais », 1999.

MATTELART, Armand, et NEVEU, Érik, *Introduction aux Cultural Studies*, Paris, La Découverte, 2003.

MAUSS, Marcel, « Les rites de passages de Arnold van Gennep », *L'Année sociologique*, t. IX, 1906-1909.

MERLEAU-PONTY, Maurice, *Signes*, Paris, Gallimard, « Folio Essais », 2001.

MILON, Alain, *L'Étranger dans la ville. Du rap au graff mural*, Paris, PUF, 1999.

MOELLER, Magdalena M., *Die Brücke*, Munich, Hirmer Verlag, 2000.

MONOD, Jean-Claude, « Une politique du symbolique », in Bernard Lahire (dir.), *Le Travail sociologique de Pierre Bourdieu. Dettes et critiques* Paris, La Découverte, 1999.

MONTAIGNE, Michel de, *Essais, Œuvres complètes*, Paris, Gallimard, « Bibliothèque de la Pléiade », 1962.

MORIN, Edgar, *L'Homme et la Mort*, Paris, Corréa, 1951.

Morin, Edgar, *Le Cinéma ou l'Homme imaginaire*, Paris, Minuit, 1956.
Morin, Edgar, *Les Stars*, Paris, Seuil, 1957.
Morin, Edgar, *L'Esprit du temps*, Paris, Grasset, 1962.
Morin, Edgar, *La Rumeur d'Orléans*, Paris, Seuil, 1969.
Morin, Edgar, *La Méthode*, t. 1 : *La Nature de la Nature*, Paris, Seuil, 1977 ; t. 2 : *La Vie de la Vie*, Paris, Seuil, 1980 ; t. 3 : *La Connaissance de la Connaissance*, Paris, Seuil, 1986 ; t. 4 : *Les Idées. Leur habitat, leur vie, leurs mœurs, leur organisation*, Paris, Seuil, 1991 ; et t. 5 : *L'Humanité de l'Humanité, 1. L'identité humaine*, Paris, Seuil, 2001.
Morin, Edgar, *Le Paradigme perdu : la nature humaine*, Paris, Points Seuil, 1979.
Morin, Edgar, *Mes démons*, Paris, Stock, 1994.
Morin, Edgar, *La Tête bien faite*, Paris, Seuil, 1999.
Morin, Edgar, *Relier les connaissances. Le Défi du XXIe siècle*, Paris, Seuil, 1999.
Morin, Edgar, *Les Sept Savoirs nécessaires à l'éducation du futur*, Paris, Seuil, 2000.
Morin, Edgar, et Piatelli-Palmarini, Massimo (éd.), *L'Unité de l'homme. Pour une anthropologie fondamentale*, 3 t., Paris, Points Seuil, 1978.
Moscovici, Serge, *Essai sur l'histoire humaine de la nature*, Paris, Flammarion, 1968.
Moscovici, Serge, *La Société contre nature*, Paris, 10/18, 1972.
Moscovici, Serge, *Hommes domestiques et hommes sauvages*, Paris, 10/18, 1974.
Moscovici, Serge, « Quelle unité : avec la nature ou contre ? », in Edgar Morin et Massimo Piatelli-Palmarini (éd.), *L'Unité de l'homme. Pour une anthropologie fondamentale*, t. 3, Paris, Points Seuil, 1978.
Moscovici, Serge, *Chronique des années égarées*, Paris, Stock, 1997.
Mosès, Stéphane, *L'Ange de l'histoire. Rosenzweig, Benjamin, Scholem*, Paris, Seuil, 1992.
Mosse, George L., *The Nationalization of the Masses : Political Symbolism and Mass Movement in Germany, from the Napoleonic Wars through the Third Reich*, New York, Howard Fertig, 1975.

Mosse, George L., *Toward the Final Solution : a History of European Racism*, New York, Howard Fertig, 1977.

Mosse, George L., *Nationalism and Sexuality. Respectability and Abnormal Sexuality in Modern Europe*, New York, Howard Fertig, 1985.

Mosse, George L., *Fallen Soldiers. Shaping the Memory of the World Wars*, Oxford, Oxford University Press, 1990.

Mosse, George L., *L'Image de l'homme. L'invention de la virilité moderne*, Paris, Éditions Abbeville, 1997.

Mosse, George L., *Confronting History. A Memoir*, Madison, The Wisconsin University Press, 2000.

Nietzsche, Friedrich, *Considérations inactuelles*, Paris, Aubier, 1970.

Nizan, Paul, *Antoine Bloyé*, Paris, Grasset, 1933.

Noiriel, Gérard, et Azzaoui, Benaceur, *Vivre et lutter à Longwy*, Paris, Maspero, 1980.

Noiriel, Gérard, *Longwy. Immigrés et prolétaires*, Paris, PUF, 1984.

Noiriel, Gérard, *Sur la « crise » de l'histoire*, Paris, Belin, 1996.

Noiriel, Gérard, *Penser avec, penser contre. Itinéraire d'un historien*, Paris, Belin, 2003.

Nordau, Maxime, « Muskeljudentum », in P. R. Mendes-Flohr et J. Reinharz (eds), *The Jew in the Modern World : A Documentary History*, New York, Oxford University Press, 1980.

Oriol, Philippe, *Bernard Lazare*, Paris, Stock, 2003.

Oster, Daniel, « Fragments d'un cadastre », *Territoires, frontières, passages, L'Inactuel* n° 8, automne 1997.

Palmier, Jean-Michel, *Weimar en exil. Exil en Europe. Exil en Amérique*, Paris, Payot Histoire, 1990.

Park, Robert E., « Human Migration and the Marginal Man », *Race and Culture*, Glencoe (Illinois), Free Press, 1950.

Passeron, Jean-Claude, « Présentation de Marseille à Richard Hoggart, et vice versa », in Jean-Claude Passeron (dir.), *Richard Hoggart en France*, Paris, BPI, 1999.

Passeron, Jean-Claude, « Mort d'un ami, disparition d'un penseur », in Pierre Encrevé et Rose-Marie Lagrave (dir.), *Travailler avec Pierre Bourdieu*, Paris, Flammarion, 2003.

Payen, Pascal, « L'exil, cité de l'historien », *Diasporas. Histoire et sociétés*, n° 1, 2002.

PELS, Dick, *The Intellectual as Stranger. Studies in Spokespersonship*, Londres/New York, Routledge, 2000.

PEREC, Georges, *Penser/Classer*, Paris, Seuil, 2003.

PERIVOLAROPOULOU, Nia, et DESPOIX, Philippe (éd., avec la collaboration de Joachim Umlauf), *Culture de masse et Modernité. Siegfried Kracauer sociologue, critique, écrivain*, Paris, Éditions de la MSH, 2001.

PLENEL, Edwy, *La Découverte du monde*, Paris, Stock, 2002.

POPKIN, Richard H., *Histoire du scepticisme d'Érasme à Spinoza*, Paris, PUF, 1995.

POUCHEPADASS, Jacques, « Les *Subaltern Studies* ou la critique postcoloniale de la modernité », *L'Homme*, n° 156, octobre-décembre 2000.

PRAKASH, Gyan, « Les lieux de production du discours savant », *L'Homme*, n° 156, octobre-décembre 2000.

PREVELAKIS, Georges (éd.), *Les Réseaux des diasporas*, Paris, L'Harmattan/Kyrem, 1996.

RAPHAËL, Freddy, « Critique de la raison identitaire », in Utz Jeggle et Freddy Raphaël (éd.), *D'une rive à l'autre. Rencontres ethnologiques franco-allemandes*, Paris, Éditions de la MSH, 1997.

REVEL, Jacques, « Préface » à *Richard Hoggart en France*, in Jean-Claude Passeron (dir.), *Richard Hoggart en France*, Paris, BPI, 1999.

RICŒUR, Paul, *Sur la traduction*, Paris, Bayard, 2003.

ROBIC, Marie-Claire, « Confins, routes et seuils : l'au-delà du pays dans re géographie française du début du XXe siècle », *Communications*, n° 70, Paris, Seuil, 2000.

ROBIN, Régine, *Le Deuil de l'origine. Une langue en trop. La langue en moins*, Paris, Kimé, 2003.

ROLIN, Jean, *L'Organisation*, Paris, Gallimard, 1996.

RONDEAU, Daniel, *L'Enthousiasme*, Paris, Quai Voltaire, 1988.

ROTH, Cecil, *Histoire des Marranes*, Paris, Liana Levi, 1990.

RUSHDIE, Salman, *Patries imaginaires*, Paris, Christian Bourgois, 1995.

SAFRAN, William, « Diasporas in Modern Societies : Myths of Homeland and Return, *Diaspora*, 1 (1), printemps 1991.

SAID, Edward W., *The World, the Text and the Critic*, Cambridge (Massachusetts), Harvard University Press, 1983.

SAID, Edward W., *Culture et Impérialisme*, Paris, Fayard/Le Monde diplomatique, 2000.
SAID, Edward W., *Reflexions on Exile*, Cambridge (Massachussets), Harvard University Press, 2002.
SAID, Edward W., *À contre-voie. Mémoires*, Paris, Le Serpent à Plumes, 2002.
SCHAEFFER, Jean-Marie, « De la philosophie à l'anthropologie », in Thierry Marchaisse (éd.) et Le Huu Khoa (coll.), *Dépayser la pensée. Dialogues hétérotopiques avec François Jullien sur son usage philosophique de la Chine*, Paris, Les Empêcheurs de penser en rond, 2003.
SCHNAPPER, Dominique, *La Relation à l'autre. Au cœur de la pensée sociologique*, Paris, Gallimard, 1998.
SCHNEIDER, Pierre, *Lenz*, Paris, Flammarion, 1979.
SCHOPENHAUER, Arthur, *Contre la philosophie universitaire*, Paris, Payot & Rivages, 1994.
SCHUTZ, Alfred, « The Stranger : An Essay in Social Psychology », *Collected Papers II. Studies in Social Theory*, édités par Arvid Brodersen, La Haye, Martinius Nijhoff, 1976.
SCHWARTZ, Olivier, « Présentation » de Nels Anderson, *Le Hobo. Sociologie du sans-abri*, Paris, Nathan, 1993.
SEGALEN, Martine, *Rites et Rituels contemporains*, Paris, Nathan, 1998.
SEMPRUN, Jorge, *Adieu, vive clarté*, Paris, Gallimard, 1998.
SHAPIN, Steven, et SCHAFFER, Simon, *Leviathan et la pompe à air. Hobbes et Boyle entre science et politique*, Paris, La Découverte, 1993.
SHEFFER, Gabriel (ed.), *Modern Diasporas in International Politics*, Londres, Croom Helm, 1986.
SHEFFER, Gabriel, *Diasporas Politics. At Home abroad*, Cambridge, Cambridge University Press, 2003.
SIMMEL, Georg, *La Tragédie de la culture et autres essais*, Paris, Rivages, 1988.
SIMMEL, Georg, « L'aventure », in *Philosophie de la modernité I*, Paris, Payot, 1989.
SIMMEL, Georg, « Le conflit de la culture moderne », *Philosophie de la modernité II*, Paris, Payot, 1990.
SIMMEL, Georg, *Le Conflit*, Paris, Circé, 1992.
SIMMEL, Georg, *Rembrandt*, Paris, Circé, 1994.

SIMMEL, Georg, *Les Pauvres*, Paris, PUF, « Quadrige », 1998.
SIMMEL, Georg, « Le conte de la couleur », in *Le Cadre et autres essais*, Paris, Le Promeneur/Gallimard, 2003.
SIMMEL, Georg, *Sociologie. Études sur les formes de la socialisation*, Paris, PUF, 1999.
SLUGA, Hans, « Foucault à Berkeley. L'auteur et le discours », *Critique, Michel Foucault : du monde entier*, n° 471-472, août-septembre 1986.
SMITH, Zadie, *Sourires de loup*, Paris, Gallimard, « Folio », 2003.
SOUDIÈRE, Martin de La, « Le paradigme du passage », *Communications*, n° 70, Paris, Seuil, 2000.
STAROBINSKI, Jean, *Montaigne en mouvement*, Paris, Gallimard, 1993.
STONEQUIST, Everett, *The Marginal Man*, New York, Charles Scribners, 1937.
TODOROV, Tzvetan, *L'Homme dépaysé*, Paris, Seuil, 1996.
TODOROV, Tzvetan, « Portrait partial d'Edward Said », *Esprit*, mai 2004.
TOUMSON, Roger, *Mythologie du métissage*, Paris, PUF, 1998.
TRAVERSO, Enzo, *Les Juifs et l'Allemagne. De la « symbiose judéo-allemande » à la mémoire d'Auschwitz*, Paris, La Découverte, 1992.
TRAVERSO, Enzo, *Siegfried Kracauer. Itinéraire d'un intellectuel nomade*, Paris, La Découverte, 1994.
TRISTAN, Anne, *Au front*, Paris, Gallimard, 1987.
TRISTAN, Anne, *Clandestine*, Paris, Stock, 1993.
TURNER, Victor W., *Le Phénomène rituel. Structure et contre-structure*, Paris, PUF, 1990.
VAN GENNEP, Arnold, « De l'utilisation du subconscient dans l'étude des langues vivantes », *La Psychologie et la vie*, 1re année, n° 3, mai 1927.
VAN GENNEP, Arnold, « La Sexualité, fait naturel », *La Psychologie et la vie*, 6e année, n° 8, août 1932.
VAN GENNEP, Arnold, *Les Rites de passage* [1909], Paris, Picard, 1994.
VAN GENNEP, Arnold, *Les Demi-Savants*, Paris, Mercure de France, 1911.
VAN GENNEP, Arnold, *Religions, mœurs et légendes*, Paris, Mercure de France, t. 5, 1914.
VARIKAS, Eleni, « La figure du paria : une exception qui éclaire la

règle », in Martine Leibovici et Eleni Varikas (éd.), *Le Paria. Une figure de la modernité*, Paris, *Tumultes*, n° 21-22, novembre 2003.

VIDAL-NAQUET, Pierre, *Les Juifs, la mémoire et le présent*, Paris, Petite collection Maspero, 1981.

VIDAL-NAQUET, Pierre, *Les Juifs, la mémoire et le présent II*, Paris, La Découverte, 1991.

VIDAL-NAQUET, Pierre, *Mémoires 2. Le trouble et la lumière 1955-1998*, Paris, La Découverte, 1998.

VIEILLARD-BARON, Jean-Louis, « Introduction » à Georg Simmel, *Philosophie de la modernité*, Paris, Payot, 1990.

VIGNA, Xavier, *Actions ouvrières et politique à l'usine en France dans les années 68*. Thèse, Université Paris VIII, 4 décembre 2003.

VITEZ, Antoine, « Le cuisinier hollandais », *Journal de Chaillot*, n° 12, juin 1983.

WACHTEL, Nathan, *Le Retour des ancêtres. Les Indiens Urus de Bolivie XXe – XVIe siècle. Essai d'histoire régressive*, Paris, Gallimard, 1990.

WACHTEL, Nathan, *La Foi du souvenir. Labyrinthes marranes*, Paris, Seuil, 2001.

WALRAFF, Günter, *Tête de Turc*, Paris, Le Livre de Poche, 1997.

WEIL, Simone, *Œuvres complètes*, Paris, Gallimard, « Quarto », 1999.

WERNER, Michael, et ZIMMERMANN, Bénédicte (éd.), *De la comparaison à l'histoire croisée*, *Le Genre humain*, Paris, Seuil, 2004.

WHYTE, William Foote, *Street Corner Society. La structure sociale d'un quartier italo-américain*, Paris, La Découverte, 1996.

WIEVIORKA, Annette, et NIBORSKI, Itzhok, *Les Livres du souvenir. Mémoriaux juifs de Pologne*, Paris, Gallimard/Julliard, 1983.

WILSON, Nancy, *Bernard Lazare*, Paris, Albin Michel, 1985.

WINKELVOSS, Karine, « Préface » à Georg Simmel, *Le Cadre et autres essais*, Paris, Gallimard, « Le cabinet des lettrés », 2003.

WIRTH, Louis, *Le Ghetto*, Grenoble, Champ Urbain, 1980.

WRIGHT, Richard, *Le Transfuge*, Paris, Gallimard, « Folio », 1979.

WRIGHT MILLS, Charles, *Les Cols Blancs (essai sur les classes moyennes américaines)*, Paris, Maspero, 1966.

ZWEIG, Stefan, *Montaigne*, Paris, PUF, « Quadrige », 1992.

ZWEIG, Stefan, *Le Monde d'hier. Souvenirs d'un Européen*, Paris, Le Livre de Poche, 2000.

Table des matières

Chemin faisant   11

1. *Passages*   29
   La promesse du pont   30
   La porte et le seuil   39
   Les terrains vagues de l'aventure   43
   Limites et frontières   54

2. *Déplacements*   67
   L'étranger   70
   Du marginal à l'exterritorial   73
   Le paria conscient   82
   L'intellectuel sans attaches   88
   L'intellectuel exilique   111

3. *Mobiles*   117
   Les « établis »   120
   Les transfuges   135
   Les traversiers   158

4. *Diasporas*   169
   Périples juifs   172
   L'Atlantique noir   182

5. *Mélanges*   197
   Études « subalternes » et universitaires nomades   199
   Créolisation et mondialité   217
   Métissages et branchements   220

6. *Dépaysements*	235
Comparaisons et croisements	241
Détours et dédales	251
Transgressions	260
Mots de passe	271
Index des noms	279
Bibliographie	285

DANS LA MÊME COLLECTION

Berlin chantiers
Régine Robin, 2001.

Le Venin
Corinne Boujot, 2001.

L'Empire des masques
Rolande Bonnain, 2001.

L'Ogre du jugement
Jean-François Laé, 2001.

Sur la frontière
Michel Warschawski, 2002.

Sciences agents doubles
Vincent Jullien, 2002.

La Découverte du monde
Edwy Plenel, 2002.

Pieds-noirs mémoires d'exils
Michèle Baussant, 2002.

Le Crépuscule des lieux
Florence Heymann, 2003.

La Mémoire saturée
Régine Robin, 2003.

La Dernière Génération d'octobre
Benjamin Stora, 2003.

Jouets et compagnie
Gilles Brougère, 2003.

Franz Kafka rêveur insoumis
Michael Löwy, 2004.

Hollywood et la difficulté d'aimer
Laurent Jullier, 2004.

Une lente impatience
Daniel Bensaïd, 2004.

Imprimé en France
FROC021752270520
24120FR00028B/638